ck von Dr. F. P. Datterer & Cie., Freising-München.

Das

Bayerische Ausführ

zum Bürgerlichen G

Mit Erläuterun

von

H. Steinert,

Landgerichtsdirektor in Ke

1930

München, Berli

J. Schweitzer Verlag (

D

Vorwort.

Das Bayerische Ausführungsgesetz zum Bürgerlichen Gesetzbuch hat im Laufe der Zeit wiederholt Änderungen erfahren. Außerdem wird die Rechtsauslegung durch die Entwicklung der Reichs- und Landesgesetzgebung in einschneidendem Maße beeinflußt. Für eine Nachprüfung des Inhalts nach dem jetzigen Stande unter Heranziehung der Rechtsprechung dürfte daher ein Bedürfnis bestehen.

Herr Gerichtsassessor Hans Haege von Kempten hat sich an der Durchsicht der Druckbogen beteiligt und die Herstellung des Sachverzeichnisses übernommen. Ich spreche ihm hiemit den aufrichtigsten Dank aus.

Kempten, im Juli 1930. H. Steinert.

Inhaltsverzeichnis.

Verzeichnis der Abkürzungen.

A = Artikel, ohne nähere Bezeichnung: Artikel des Ausführungsgesetzes zum Bürgerlichen Gesetzbuch.
Achilles, BGB. = Bürgerliches Gesetzbuch nebst Einführungsgesetz von Dr. A. Achilles, nunmehr in Verbindung von J. Altstötter, Dr. J. Kieckebusch, O. Meyer. Dr. O. Strecker herausgegeben von Dr. M. Greiff, 13. Auflage.
ADK. = Anordnung des Demobilmachungskommissärs.
AGGBO. = Bayerisches Ausführungsgesetz zur Grundbuchordnung.
AGGVG. = Bayerisches Ausführungsgesetz zum Gerichtsverfassungsgesetz.
AGZPO. = Bayerisches Ausführungsgesetz zur Zivilprozeßordnung.
AGZVG. = Bayerisches Ausführungsgesetz zum Gesetz über die Zwangsversteigerung und über die Zwangsverwaltung.
a. M. = anderer Meinung.
Anschütz RV. = Anschütz, Die Verfassung des Deutschen Reichs, 12. Auflage.
ArbGG. = Arbeitsgerichtsgesetz vom 23. XII. 1926 (RGBl. I S. 507).
Baumbach ZPO. = Dr. Baumbach, Zivilprozeßordnung mit Gerichtsverfassungsgesetz und den wichtigsten Nebengesetzen, 5. Auflage.
BezO. = Bezirksordnung vom 17. X. 1927 (GVBl. S. 325).
BG. = Bayerisches Beamtengesetz vom 16. VIII. 1908 (GVBl. S. 581) nebst Änderungen.
BGB. = Bürgerliches Gesetzbuch.
Böhm-Klein = Das Bayerische Ausführungsgesetz zum Bürgerlichen Gesetzbuch, erläutert von Ferdinand Böhm und Max Klein.
DK. = Demobilmachungskommissär.
DRZ. = Deutsche Richterzeitung, herausgegeben vom Deutschen Richterbund.
Dyroff VGG. = Das Bayerische Gesetz über die Errichtung eines Verwaltungsgerichtshofes und das Verfahren in Verwaltungsrechtssachen vom 8. August 1879 (GVBl. S. 369) nebst Änderungen, erläutert von Dr. Anton Dyroff.
EGBGB. = Einführungsgesetz zum Bürgerlichen Gesetzbuch vom 18. VIII. 1896 (RGBl. S. 604).
EGVVG. = Einführungsgesetz zu dem Gesetz über den Versicherungsvertrag vom 30. V. 1908 (RGBl. S. 305).
Englert BO. = Die bayerische Bauordnung, Handausgabe mit Erläuterungen von Englert, neubearbeitet von Oskar Schmitt und Adolf Stauffer, 5. Auflage.
Enneccerus BGB. = Lehrbuch des Bürgerlichen Rechts von Dr. Ludwig Enneccerus, Dr. Theodor Kipp, Dr. Martin Wolff, 25. Auflage.
GBO. = Grundbuchordnung.
GDA. = Dienstanweisung für Grundbuchämter vom 27. Februar 1905.
GewO. = Gewerbeordnung.
GO. = Gemeindeordnung vom 17. X. 1927 (GVBl. S. 293).
Gruchot = Beiträge zur Erläuterung des deutschen Rechts, begründet von Gruchot.

GVBl. = Gesetz- und Verordnungsblatt für den Freistaat Bayern.
GVG. = Gerichtsverfassungsgesetz.
HGB. = Handelsgesetzbuch.
Helmreich GO. = Handausgabe der Bayerischen Gemeindeordnung vom 17. X. 1927 mit Erläuterungen von Dr. Karl Helmreich und Dr. Kurt Rock, 7. Auflage.
h.M. = herrschende Meinung.
Henle-Schneider = Die bayerischen Ausführungsgesetze zum Bürgerlichen Gesetzbuch von Dr. W. Henle und H. v. Schneider, 2. Auflage.
JMBl. = Justizministerialblatt für den Freistaat Bayern.
JWG. = Jugendwohlfahrtsgesetz vom 9. VII. 1922 (RGBl. S. 622).
KGO. = Kirchengemeindeordnung vom 24. September 1912 (GVBl. S. 911) nebst Änderungen.
Krazer VU. = Die Verfassungsurkunde des Freistaates Bayern vom 14. VIII. 1919, erläutert von Dr. Jakob Krazer.
KrO. = Kreisordnung vom 17. X. 1927 (GVBl. S. 327).
MABl. = Amtsblatt der Staatsministerien des Äußern und des Innern, nunmehr Ministerialamtsblatt der bayerischen inneren Verwaltung.
Meikel = Bayerische Ausführungsgesetze zum Bürgerlichen Gesetzbuche, zur Zivilprozeßordnung und zum Gerichtsverfassungsgesetz von G. Meikel, 2. Aufl.
Meisner = Das in Bayern geltende Nachbarrecht von Christian Meisner, 3. Auflage.
NotGes. = Notariatsgesetz vom 9. VI. 1899 (GVBl. S. 151) nebst Änderungen.
NotGeschO. = Geschäftsordnung für Notariate vom 30. X. 1913 (JMBl. S. 231) nebst Änderungen.
ObLG. = Sammlung der Entscheidungen des Bayerischen Obersten Landesgerichts in Zivilsachen.
OLG. = Rechtsprechung der Oberlandesgerichte auf dem Gebiete des Zivilrechts, herausgegeben von Mugdan und Falkmann.
Örtmann = Bayerisches Landesprivatrecht von Dr. Paul Örtmann.
Plank = Planks Kommentar zum Bürgerlichen Gesetzbuch, Bd. 1—4, 4. Auflage, Einführungsgesetz 3. Auflage.
PStG. = Polizeistrafgesetzbuch für Bayern.
Reindl BG. = Kommentar zum Bayerischen Beamtengesetz vom 16. VIII. 1908 von Dr. Max Reindl.
RG. = Entscheidungen des Reichsgerichts in Zivilsachen.
RGBl. = Reichsgesetzblatt.
RGK. = Das Bürgerliche Gesetzbuch, unter besonderer Berücksichtigung der Rechtsprechung des Reichsgerichts, erläutert von Busch, Schaffeld, Dr. Ebbecke, Erler, Krehl, Dr. Lobe, Dr. Mansfeld, Michaelis, Oegg, Schlieffen und Seyfferth, 6. Auflage.
RGSt. = Entscheidungen des Reichsgerichts in Strafsachen.
RM. = Reichsmark.
KO. = Konkursordnung.
RV. = Die Verfassung des Deutschen Reichs vom 11. VIII. 1919 (RGBl. S. 1383).
RVG. = Reichsvereinsgesetz vom 19. IV. 1908 (RGBl. S. 151).
RVO. = Reichsversicherungsordnung.
SA. = Seufferts Archiv.
SeuffA. = Seufferts Archiv.
Staub HGB. = Staubs Kommentar zum Handelsgesetzbuch, 12. u. 13. Auflage, bearbeitet von Dr. Koenige, Albert Pinner, Dr. Felix Bondi.
Staudinger = J. v. Staudingers Kommentar zum Bürgerlichen Gesetzbuch (§) und zum Einführungsgesetz (A = Artikel), 9. Auflage.

Stein-Jonas ZPO. = Zivilprozeßordnung für das Deutsche Reich, erläutert von Friedrich Stein, 14. Auflage von Dr. Martin Jonas.
ÜG. = Gesetz, betr. die Bayer. Übergangsvorschriften zum Bürgerlichen Gesetzbuch vom 9. Juni 1899 (GVBl. Nr. 28, Beilage zum Landtagsabschied S. 83ff.).
VGG. = Gesetz über die Errichtung eines Verwaltungsgerichtshofes und das Verfahren in Verwaltungsrechtssachen vom 8. VIII. 1878 (GVBl. S. 369) nebst Änderungen.
VGH. = Sammlung der Entscheidungen des Bayerischen Verwaltungsgerichtshofes.
VLO. = Verordnung, betreffend eine vorläufige Landarbeitsordnung vom 24. I. 1919 (RGBl. S. 111).
VO. = Verordnung.
VU. = Die Verfassungsurkunde des Freistaates Bayern vom 14. VIII. 1919 (GVBl. S. 531).
VVG. = Gesetz über den Versicherungsvertrag vom 30. V. 1908 (RGBl. S. 263).
Warneyer = Warneyers Jahrbuch der Entscheidungen, Ergänzungsband, Die Rechtsprechung des Reichsgerichts auf dem Gebiete des Zivilrechts.
Wassergeſ. = Wassergesetz vom 23. III. 1907 (GVBl. S. 157) nebst Änderungen.
ZfR. = Zeitschrift für Rechtspflege in Bayern, J. Schweitzer Verlag.
ZPO. = Zivilprozeßordnung.
ZustVO. = Königliche Allerhöchste Verordnung zur Ausführung des Bürgerlichen Gesetzbuches und seiner Nebengesetze (Zuständigkeitsverordnung) vom 24. XII. 1899.

Einleitung.

I. **Änderungen:** 1. Gesetz betr. das Nachlaßwesen vom 9. VIII. 1902 (GVBl. S. 463) zu A 104; 2. Armengesetz vom 21. VIII. 1914 (GVBl. S. 583) zu A 91 [a], 95, 95 [a], 96, 96 [a]; 3. Gesetz vom 23. VII. 1921 (GVBl. S. 379) und 4. Gesetz vom 11. IV. 1923 (GVBl. S. 147) zu A 85; 5. Gesetz vom 28. IV. 1928 (GVBl. S. 153) zu A 2; 6. bei Aufhebung des Armengesetzes vom 21. VIII. 1914 wurde durch A 53 II, III des Fürsorgegesetzes vom 14. III. 1930 (GVBl. S. 38) A 91 [a] aufrechterhalten. Daneben ist bei den einzelnen Gesetzesstellen zu prüfen, inwieweit sie durch die Entwicklung der Gesetzgebung beseitigt oder in der Wirkung eingeschränkt wurden.

II. **Einführung in den coburgischen Landesteilen:** Durch die Gesetze vom 18. XII. 1920 (GVBl. S. 498) u. 25. III. 1921 (GVBl. S. 132) wurden die einzelnen Staatsministerien ermächtigt, die bayerischen Gesetze und Verordnungen einzuführen. Derartige Anordnungen ergingen mit Bek. vom 14. IV. 1921 (GVBl. S. 256) wegen A 3, Bek. vom 27. IV. 1921 (GVBl. 1921 S. 299, 300) wegen A 60, 61; Bek. vom 27. IV. 1921 (GVBl. 1921 S. 307, 308), wegen A 81—84, 129—133; Bek. vom 30. V. 1922 (GVBl. 1922 S. 153), wegen A. 2, 6—12, 32—57, 85, 87—91 [a], 101—103, 105—108, 122—127, wegen A 55 u. 127 mit dem Abmaße, daß an Stelle der Worte „vor dem Inkrafttreten des Bürgerlichen Gesetzbuches" die Worte treten „vor dem Zeitpunkte der Einführung dieser Vorschriften in den vormals coburgischen Landesteilen".

Von den coburgischen Gesetzesbestimmungen sind:

1. aufgehoben (GVBl. 1922 S. 7): A 3 I S. 2, A 10, 39 § 5, A 45 Abs. I, A 56 des Ausführungsgesetzes zum Bürgerlichen Gesetzbuche vom 20. IX. 1899 (GesSammlg. Nr. 1302) in der Fassung des Ges. vom 2. III. 1906 zur Abänderung des AusführungsG. zum Bürgerlichen Gesetzbuch vom 20. XI. 1899 (GesSammlg. Nr. 1468);

2. aufrechterhalten (GVBl. 1922 S. 155):

a) A 4, 7, 8, 11 § 1, A 12, 15 § 1 und 2, A 17, 22 Ziff. 2, A 23—26, 28, 30, 33—35, 36 § 2, A 37, 42, 46, 47, 49—51, 54, 55, 57, 58 des AusführungsG. zum Bürgerlichen Gesetzbuche vom 20. November 1899 (Ges.-

Sammlg. Nr. 1302, und des Gesetzes vom 18. März 1908 zur Abänderung des AusführungsG. zum Bürgerlichen Gesetzbuche vom 20. November 1899 (Ges.Sammlg. Nr. 9).

b) §§ 5, 15, 19, 20, 22, 23 der Verordnung betreffend die Ausführung des Bürgerlichen Gesetzbuches und seiner Nebengesetze vom 28. Dezember 1899 (Ges.Sammlg. Nr. 1313).

III. **Verhältnis des Bürgerlichen Gesetzbuches zu den Landesgesetzen.** Nach der Reichsverfassung steht dem Reich von jeher die Gesetzgebung für das bürgerliche Recht zu (A 4 Ziff. 13 der früheren Reichsverfassung; nunmehr A 7 Ziff. 1 RV.). Reichsrecht bricht Landesrecht (A 2 f. RV.; A 13 I RV.). Es tritt daher an Stelle des Landesrechts, soweit zwischen beiden ein Widerspruch oder eine Übereinstimmung besteht (Anschütz RV. A 13, A 3 b).

Das BGB. umfaßt das gesamte bürgerliche Recht (Kodifikationsprinzip). Die privatrechtlichen Vorschriften der Länder wurden im allgemeinen außer Kraft gesetzt (A 55 EG.). Lediglich für einzelne Fragen wurde im BGB. und EG. (A 56—152) eine gesonderte Regelung offengelassen. Im Rahmen dieses Vorbehalts blieb das bisherige Recht aufrechterhalten und kann eine Neubildung des Rechts noch vor sich gehen (A 3 EG. 1). Unter Gesetz ist jede Rechtsnorm zu verstehen (A 2 EG.), also auch Gewohnheitsrecht, soweit es in Betracht kommt (Enneccerus, Lehrbuch des BGB. Bd. I § 37).

IV. **Das bayerische Ausführungsgesetz schlägt gegenüber den bisherigen Landesgesetzen** einen doppelten Weg ein. Die älteren Gesetze werden ohne nähere Bezeichnung nach bestimmten Richtlinien für fortdauernd erklärt (A 1); im übrigen (A 2—134) wird neues Recht geschaffen; hierunter fällt auch die Anpassung der bisherigen Gesetze an das BGB. (A 135—174). Ergänzend ist noch die Aufhebung einer Anzahl früherer Gesetze verfügt (A 175).

Ausführungsgesetz zum Bürgerlichen Gesetzbuche vom 9. Juni 1899

(Beilage zum Gesetz- und Verordnungsblatte 1899 Nr. 28 vom 12. Juni 1899 S. 1 bis 82).

Im Namen Seiner Majestät des Königs. Luitpold, von Gottes Gnaden Königlicher Prinz von Bayern, Regent.

Wir haben nach Vernehmung des Staatsrates mit Beirat und Zustimmung der Kammer der Reichsräte und der Kammer der Abgeordneten und in Ansehung der Artikel 135, 139, 140, des Artikel 166 Ziff. IX, des Artikel 171 Ziff. V, XI und des Artikel 174 unter Beobachtung der in Tit. X § 7 der Verfassungsurkunde vorgeschriebenen Formen beschlossen und verordnen, was folgt:

Aufrechterhaltung älterer Vorschriften.

Art. 1.

Neben dem Bürgerlichen Gesetzbuche bleiben die Vorschriften des bürgerlichen Rechts, welche aus der Zeit vor der Erlassung der Verfassungsurkunde vom 26. Mai 1818 stammen, nur insoweit in Geltung, als sie in den Artikeln 56 bis 59, 69, 74 bis 76, 78, 80, 89, 109, 111, 132, 133 des Einführungsgesetzes zum Bürgerlichen Gesetzbuch und im § 16 Nr. 1 des Einführungsgesetzes zur Zivilprozeßordnung vorbehalten sind.

Soweit in den in Kraft bleibenden Gesetzen und in diesem Gesetz auf örtliche Verordnungen oder auf das Herkommen verwiesen ist, behalten die bestehenden Verordnungen und das Herkommen ihre Geltung.

A. I. Die Aufrechterhaltung der älteren Gesetze in dieser Form kommt einer Sichtung des vorhandenen Materials ohne namentliche Aufzählung gleich.

1. Maßgebend ist zeitlich ein bestimmter Stichtag nach der Entstehung der Gesetze: die Erlassung der Verfassungsurkunde vom 26. Mai 1818.

2. Sachlich betrifft sie nur Gesetze, welche unter die besonders genannten Vorbehalte des EG. fallen.

Alle sonstigen Gesetze aus früherer Zeit sind demnach aufgehoben. Im Wege der Auslegung ist nunmehr festzustellen, welche Gesetze noch gelten.

An sich wäre hienach der größte Teil des in der Pfalz eingeführten Code civil beseitigt. Durch A 175[II] wurde jedoch das ganze Zivilgesetzbuch außer Kraft gesetzt.

Die Bedeutung des A 1 ist nach der Entwicklung der Gesetzgebung sehr herabgemindert worden. Zu den einzelnen Vorbehalten ist folgendes zu bemerken:

II. 1. A 56 EG. Staatsverträge mit ausländischen Staaten aus der Zeit vor 1818.

Derartige Staatsverträge sind bis jetzt nicht bekannt geworden. Der privatrechtliche Inhalt der Staatsverträge mit anderen deutschen Ländern fällt nicht unter die Bestimmung; er ist wie die sonstigen Landesgesetze zu behandeln.

2. A 57, 58 EG. Sonderrechte der landesherrlichen Familie sowie der vormals reichsständigen Häuser und ihnen gleichgestellten Familien.

Nachdem das Staatsgrundgesetz vom 4. I. 1919 Ziff. 11 (GVBl. S. 2) und das vorläufige Staatsgrundgesetz vom 17. III. 1919 (GVBl. S. 109) programmatisch die Vorrechte des Adels und der Geburt als aufgehoben erklärt hatte, wurde mit Ges. vom 28. III. 1919 (GVBl. S. 114) ausdrücklich die Aufhebung des Adels angeordnet. § 15[II] S. 1 VU. wiederholt die Aufhebung des Adels. Zweifellos ist damit der Programmvorschrift des A 109[III] RV. „die öffentlichrechtlichen Vorteile der Geburt und des Standes sind aufzuheben" Genüge geleistet. Damit sind zugleich die bisherigen Vorrechte des Adels beseitigt. (Kratzer, VU. § 15 A. 2c).

3. A 59 EG. Fideikommisse, Lehen, Stammgüter.

Schrifttum: v. Unzner, Die Aufhebung der Fideikommisse in Bayern. ZfR. 1919 S. 399ff., 1920 S. 12ff.

Die Familienfideikommisse und landwirtschaftlichen Erbgüter nach Ges. vom 22. II. 1855 wurden aufgehoben durch Ges. vom 28. III. 1919 (GVBl. S. 114, vgl. VO. vom 26. IX. 1919, AusfV. z. d. Ges. ü. d. Aufh. d. Fideikommisse GVBl. S. 647). Gegenstandslos wird damit das Verbot der Familienfideikommisse in der Pfalz (A 135[III]). Die Programmvorschrift A 155[II] S. 2 RV. ist in Bayern durchgeführt.

4. EG 69. a) Jagdrecht.

Schrifttum: M. Pollwein, Bayr. Ges. betr. die Ausübung der Jagd, 11. Aufl.; Behr, Das bayer. Jagdgesetz, 2. Aufl.

Das Ges. vom 30. III. 1850 betr. die Ausübung der Jagd gilt nur im rechtsrheinischen Bayern (eingeführt in den koburgischen Landesteilen mit Ges. vom 18. XII. 1920 GVBl. S. 498, Bek. StMInn. vom 14. IV. 1921 Anl. 1 Ziff. 22, GVBl. S. 253). Lediglich A 1 a Jagdges. in der Fassung des A 143 Abs. 1 Ziff. I wurde durch Abs. II a. a. O. auf die Pfalz ausgedehnt. Im übrigen bemißt sich das pfälzische Jagdrecht nach der VO. der österreichisch-bayerischen Landesadministration vom 21. IX. 1815.

Ein neues Jagdgesetz, welches auch für die Pfalz Geltung erlangen soll, wird vorbereitet.

b) Fischereirecht.

Schrifttum: J. Bleyer, Das bayerische Fischereigesetz, 3. Aufl.; Malsen-Hofer, Das bayerische Fischereirecht.

Das Fischereigesetz vom 15. VIII. 1908 (GVBl. S. 527), eingeführt in den cob. Landesteilen mit Ges. vom 18. XII. 1920 (GVBl. S. 498), Bek. StMInn.

vom 14. IV. 1921 Anl. 1 Ziff. 21 (GVBl. S. 253) hat auch bürgerlichrechtlich eine neue Grundlage geschaffen vorbehaltlich § 958^{II} BGB. Es unterscheidet zwischen Eigentumsfischereirechten (A 3—7) und selbständigen Fischereirechten (A 9). Fischereirechte, welche bisher Dienstbarkeiten waren, gelten je nach ihrem Inhalte als subjektive dingliche und subjektiv persönliche Rechte. Die Bestellung von Fischereirechten als Dienstbarkeiten ist ausgeschlossen (A 15). Wegen der Eintragung der selbständigen Fischereirechte in das Grundbuch A 14, A 17^{II} AG.z.GBO., Bek. StMJust. vom 15. III. 1909 (JMBl. S. 136).

5. A 74. Die Zwangs- und Bannrechte sind im rechtsrheinischen Bayern seit Anfang des vorigen Jahrhunderts, in der Pfalz seit 1791 beseitigt.

Die Realgewerbeberechtigungen kommen nur noch soweit in Betracht, als eine Konzessionspflicht besteht, also für die Apotheker-, Kaminkehrer- und Wirtschaftsgerechtsamen. Sie werden eingeteilt in radizierte Gerechtsame und nicht radizierte, sog. Realgewerbegerechtsame im engeren Sinne, welche vererblich und veräußerlich sind. Ihr Bestand wird nach den früheren Gesetzen beurteilt (ObLG. **13^{322}**). Die Entstehung der Realgewerbeberechtigung ist seit der Gewerbeordnung (§ 10^{II}), im besonderen für die realen Wirtschaftsgerechtsamen durch unvordenkliche Verjährung seit der landesherrlichen VO. vom 10. VI. 1805 ausgeschlossen (ObLG. **7^{262}, 10^{52}, 11^{370}**). Der Inhalt bestimmt sich nach den vorliegenden Urkunden, amtlichen Feststellungen und der früheren Übung. Wenn mit einer radizierten Brauereigerechtsame eine Taferngerechtsame verbunden ist, bildet sie im Zweifel einen Bestandteil der Brauereigerechtsame. Für die Taferngerechtsame ist der Nachweis erforderlich, daß sie als selbständiges Recht unabhängig von der Brauereigerechtsame ausgeübt wurde (ObLG. **10^{52}, 11^{370}, 13^{546}, 15^{200}**).

Realgewerbegerechtigkeiten können nur durch Auflassung und Eintragung in das Grundbuch übertragen werden. (§§ 873, 925 BGB. ObLG. **$14^{642, 646}$**.)

Radizierte Gewerberechte bilden ein Bestandteil des Grundstücks, auf dem sie ruhen (§ 96 BGB. Planck § 96 A. 2 ObLG. **8^{614}, 9^{318}**), sie teilen hinsichtlich der Verfügungen, namentlich der Eigentumsübertragung das rechtliche Schicksal dieses Grundstücks. Eine selbständige Veräußerung und Belastung ist ausgeschlossen. (Becher, Landeszivilrecht § 120 A. 8 S. 802; Henle-Schmitt, Grundbuchwesen AGGBO. A 17 A. 4 S. 338 ObLG. **$9^{635, 638}$**.) Die Übertragung erfolgt lediglich auf Grund der gewerbepolizeilichen Genehmigung (VGH. **11^{1}**, ObLG. **1^{598}, 7^{255}, 8^{530}, 15^{195}, 17 A^{236}**). Das Gericht hat nicht zu prüfen, ob die Entscheidung der Verwaltungsbehörde richtig ist (ObLG. **17 A^{236}**). Die Erlaubnis zum Gewerbebetrieb (§ 33 GewO.) ist auf jeden Fall zu erholen.

Die Realgewerbeberechtigungen erlöschen durch ausdrücklichen oder stillschweigenden Verzicht, ferner durch Nichtgebrauch und zwar während 30 Jahre nach gemeinem Recht (Roth, Bay. Zivilrecht, B. III Kap. 4 § 294 Bd. III S. 197), während 10 Jahre nach bayer. Landrecht (ObLG. **7^{610}, 10^{26}, 11^{370}, 17^{322}**); Berücksichtigung der Kriegsteilnehmer (ObLG. **25^{39}**); teilweise Ausübung hemmt die Verjährung (ObLG. **15^{128}**), jedoch nicht Versteuerung (ObLG. **10^{27}**); sie kann aber ein Anzeichen dafür sein, daß der Inhaber die Berechtigung aufrecht erhalten will (ObLG. **15^{138}**).

Nach § 24 des Gaststättengesetzes vom 28. IV. 1930 (RGBl. I S. 146, 150) werden die Realgewerbeberechtigungen insoferne anerkannt, als bei Erteilung der Erlaubnis zum Gewerbebetriebe die Vorschriften über den Bedürfnisnachweis (§ 1^{II}), über die Lage der Räume (§ 2 Ziff. 3) und über das öffentliche Interesse hinsichtlich der Verwendung der Räume (§ 2^{I} Ziff. 4) außer Betracht bleiben. Die

Berücksichtigung der Realgewerbeberechtigung entfällt jedoch, wenn die Gast- oder Schankwirtschaft innerhalb der 3 letzten Jahre vor Stellung des Antrags nicht betrieben worden ist. Die letztgenannte Vorschrift findet nur für das Verwaltungsverfahren Anwendung, bedeutet jedoch bürgerlichrechtlich noch kein Erlöschen der Realgewerbeberechtigung.

Ein Entschädigungsanspruch kann hieraus nicht abgeleitet werden (§ 24^{III} a. a. O., Ausnahme von A 153^{II} RV.).

Der öffentliche Glaube des Grundbuchs (§ 892 BGB.) hat für Realgewerbeberechtigungen keine Wirkung (ObLG. **8**^{530}, **15**^{195}); Eintragung in das GB. ist möglich auf Antrag, geboten bei Veräußerung oder Belastung (A 17 AGGBO.).

Über den Bestand entscheiden die Gerichte und zwar entweder im bürgerl. Streitverfahren oder im Feststellungsverfahren durch das AG. (A 15 AGGVG.) (ObLG. **25**^{39}); über den Inhalt und Umfang vom gewerbepolizeilichen Standpunkte die Verwaltungsbehörden (VGH. **11**^{463}, **25**^{192}, **33**^{226}). — Beschlüsse über die Feststellung einer Gewerbeberechtigung sind nicht anfechtbar (ObLG. **7**^{66} = ZfR. **1906**^{210}), haben aber auch weder zwischen den Beteiligten noch gegen Dritte eine Rechtskraftwirkung (Beschl. ObLG. 8. III. 1929 Reg. III Nr. 21, 1929).

Über die Ehehaften s. Örtmann § 116.

6. A 75. Versicherungsrecht. Gegenstandslos seit Erlassung des Ges. vom 10. V. 1908 über den Versicherungsvertrag (RGBl. S. 263) nebst Änderungen, welches eine ausschließliche Regelung des privaten Versicherungsrechts enthält (A 7 Ziff. 17, 13^{I} RV.). Die Vorschriften über Immobiliarversicherungswesen sind in Bayern noch nicht eingeführt (A 2 EGVVG.).

A 76. Verlagsrecht. Einschlägig ist das RG. vom 19. VI. 1901 betr. das Verlagsrecht (RGBl. S. 217) mit Änderung nach Ges. 22. V1. 910 (RGBl S. 796), zu § 2, welches den Schutz von Werken der Literatur und Tonkunst zum Gegenstande hat. Sonstige landesgesetzliche Vorschriften kommen nicht in Betracht.

7. A 78. Haftung der Beamten für die von ihnen angenommenen Stellvertreter und Gehilfen. In Betracht kommt nur noch die Haftung der Notare für die Gehilfen (A 20 NotG.) und die Notariatsverweser (A 115 a. a. O.). Die Bestimmung hat geringe Bedeutung, da nunmehr bei sämtlichen Behörden das Personal entweder in einem Beamtenverhältnis od. in einem Vertragsverhältnis zum Staate od. zu der öffentlichen Körperschaft steht.

8. A 80. Vermögensrechtliche Ansprüche und Verbindlichkeiten der Beamten, Geistlichen und der Lehrer an öffentlichen Unterrichtsanstalten aus dem Amts- oder Dienstverhältnisse mit Einschluß der Hinterbliebenen.

Das neue Beamtenrecht ist zunächst enthalten in A 129—131 RV. Im übrigen hat das Reich von dem ihm zustehenden Rechte der Grundsatzgesetzgebung (A 10 Ziff. 3 RV.) noch keinen Gebrauch gemacht. Die landesgesetzlichen Vorschriften sind daher aufrechterhalten (A 12 Abs. I RV.). Für Bayern ist einschlägig §§ 67, 68^{II}, 69^{I} VU. Über Begriff des Beamten A 1 Beamtenges. vom 16. VIII. 1908, GVBl. S. 581, eingeführt in den coburgischen Landesteilen nach Bek. vom 27. IV. 1921, GVBl. S. 299, 300 Beamte sind insbesondere die Beamten der öffentlichen Stiftungen (Reindl BG. A 189 Not. 3), die Beamten der Landesversicherungsanstalten für Invalidenversicherung einschließlich der im Hauptamte beschäftigten Bureau-, Kanzlei- und Unterbeamten (VO. vom 20. V. 1920, GVBl. S. 267), die Beamten der land- und forstwirtschaftlichen Berufsgenossenschaft, die

Gendarmerieoffiziere (A 1 Ges. vom 31. VII. 1919, GVBl. S. 409), die Polizeibeamten (Ges. vom 12. IV. 1928, GVBl. S. 193), die Volksschullehrer (Ges. vom 14. VIII. 1919 A 1[III], GVBl. S. 437), im übrigen sind die Lehrer an öffentlichen Schulen den Staatsbeamten gleichgestellt (A 143[III] RV.).

Die Beamteneigenschaft wird verneint bei Ministern und Staatssekretären (Kratzer VU. § 59 A. 8 a), Notaren (A 1 BG., Reindl BG. A 122 S. 14) und Notariatsbeamten (Notariatsbeamtenordnung vom 5. II. 1925, JMBl. S. 67).

Für alle vermögensrechtlichen Ansprüche der sämtlichen Beamten steht der Rechtsweg offen (A 129[I] S. 3 RV., § 67[II] S. 3 VU.). — der Ausschluß des Rechtswegs wegen der Umzugskosten und der Dienstreiseentschädigungen (A 176[II] BG.) ist hierdurch beseitigt. Für Gemeindebeamte vgl. A 78, 99[I] GO.

Wegen der Ansprüche der Landesbeamten i. R. aus Staatsverträgen gegen die Reichsbahngesellschaft als Nachfolgerin des Reichs ObLG. **29**[113].

Wegen der Fürsorge für die Hinterbliebenen vgl. A 72—88 BG. Den Ministern als solchen steht weder ein Ruhegehalt noch eine Hinterbliebenenversorgung zu (§ 60[I] S. 2 VU.).

Geistliche gelten, soweit sie im Dienste des Staates oder einer öffentlichen Körperschaft stehen, als Beamte (Hochschulprofessoren, Religionslehrer, Strafanstaltsgeistliche). Im übrigen bemessen sich die vermögensrechtlichen Ansprüche und Verpflichtungen aus ihrem Amt, ebenso die etwaige Haftung der Religionsgesellschaften, Orden, religiösen Kongregationen für Amtsverletzungen nach allgemeinem bürgerlichen Recht (§§ 89, 31 BGB.).

Die Einkommensverhältnisse sind z. Zt. geregelt für die Geistlichen durch A 10 des Konkordats vom 29. III. 1924 (GVBl. 1925 S. 53). Ges. vom 7. IV. 1925 über die Bezüge der Erzbischöfe, Bischöfe und Mitglieder des Domkapitel (GVBl. S. 135), Ges. vom 7. IV. 1925 über die Ergänzung des Einkommens der Seelsorgegeistlichen (GVBl. S. 137), Staatsvertrag mit der Vereinigten protestantisch-evangelisch-lutherischen Kirche vom 15. XI. 1924 A 14, 15, 18, 21, 22, 25 (GVBl. 1925 S. 65), Ges. vom 15. I. 1925 (GVBl. S. 53). Wegen der Ansprüche des Benefizianten gegen eine Pfründestiftung aus § 618 BGB. vgl. ObLG. **16**[74]. Das Pfründerecht der Geistlichen betreffen einzelne ältere vermögensrechtliche Vorschriften für die Pfalz s. Fischer-Henle A. [9].

9. A 89. Privatpfändungsrecht. Die früheren Bestimmungen sind aufgehoben durch A 20[II] des Feldschadensgesetzes vom 6. III. 1902 (GVBl. S. 99). Nunmehr sind A 6—12 des Gesetzes maßgebend. Vgl. noch A 88 Forstges. vom 4. VII. 1896 (GVBl. S. 288), A 87 Fischereiges. vom 15. VIII. 1908 (GVBl. S. 527).

10. A 119. Zwangsenteignung. Das Enteignungsrecht unterliegt an sich der Gesetzgebung des Reiches (A 7 Ziff. 12 RV.). Hievon wurde bis jetzt noch kein Gebrauch gemacht. Zwingendes Recht enthält ferner A 153[II] S. 1—3 RV.:

Eine Enteignung kann nur zum Wohle der Allgemeinheit und auf gesetzlicher Grundlage vorgenommen werden. Sie erfolgt gegen angemessene Entschädigung, soweit nicht ein Reichsgesetz etwas anderes bestimmt. Wegen der Höhe der Entschädigung ist im Streitfalle der Rechtsweg bei den ordentlichen Gerichten offen zu halten, soweit Reichsgesetze nichts anderes bestimmen.

Regelung für Bayern durch das Ges. über Zwangsabtretung von Grundstücken für öffentliche Zwecke vom 17. XI. 1837 (GVBl. S. 109) nebst späteren Änderungen nach Ges. vom 13. VIII. 1910 (GVBl. S. 621) und Ges. vom 9. V. 1918 (GVBl. S. 289). Aus älterer Zeit kommen für die Pfalz noch 3 Vorschriften aus französischer Zeit in Betracht (Fischer-Henle A.[11]). Vgl. noch A 153—150 Wassergeſ. vom 23. III. 1907 (GVBl. S. 157), Geſ. vom 28. III. 1919 betr. die Zwangsenteignung für Anſiedelungszwecke (GVBl. S. 117), Geſ. vom 25. II. 1920 über Torfwirtſchaft (GVBl. S. 42), RG. über ein Enteignungsrecht von Gemeinden bei Aufhebung oder Ermäßigung von Rayonbeſchränkungen vom 27. IV. 1920 (RGBl. S. 697), A 9 des Flurbereinigungsgeſ. vom 5. VIII. 1922 (GVBl. S. 433).

11. A 111. Eigentumsbeſchränkungen im öffentlichen Intereſſe. Für die Pfalz beſtehen noch 5 Vorſchriften aus früherer Zeit (ſ. Fiſcher-Henle A.[12]). Hieher ſind noch zu rechnen:

1. VO. vom 6. IX. 1908 über Ausgrabungen und Funde von prähiſtoriſch und hiſtoriſch merkwürdigen Gegenſtänden (GVBl. S. 762, A 226 Gemeindeordnung);
2. VO. vom 14. IX. 1901 über den Schutz von Denkmälern und Kunſtwerken (GVBl. S. 480);
3. Geſ. vom 22. XII. 1921 über die Aufforſtung landwirtſchaftlicher Grundſtücke (GVBl. S. 609);
4. VO. vom 5. V. 1922 über die Errichtung von Bauten für Umſpanner (GVBl. S. 277);
5. Bauordnung vom 17. II. 1901 (GVBl. S. 81) nebſt Änderungen nach VO. vom 3. VIII. 1910 (GVBl. S. 403) und VO. vom 10. VII. 1918 (GVBl. S. 395).

12. A 132. Die Kirchenbaulaſt trifft an ſich die Kirchengemeinde (Kirchengemeindeordnung vom 24. IX. 1912 A 12^{I} Z. 1, 2, GVBl. S. 911), die Schulbaulaſt die politiſche Gemeinde (A 1 Schulbedarfsgeſ. vom 14. VIII. 1919, GVBl. S. 489). Vorbehalten ſind die Beſtimmungen zur Unterhaltung auf Grund von Herkommen und ſonſtiger Vorſchriften (vgl. Henle, Handbuch der inneren Verwaltung §§ 66, 80 Ziff. 4). Über Komplexlaſten, Begriff und rechtliche Natur ObLG. 27[138].

13. A 133. Recht zur Benützung eines Platzes in einem dem öffentlichen Gottesdienſte gewidmeten Gebäude oder auf einer öffentlichen Begräbnisſtätte. Wegen des Rechts auf Kirchenſtühle und Begräbnisſtätten vgl. Böhm-Klein Ziff. VI[14].

B. Abſ. 2 betrifft den Fortbeſtand der örtlichen Verordnungen und des Herkommens, ſoweit ſie bereits in der Zeit vor Erlaſſung der Verfaſſungsurkunde vom 26. V. 1818 in Geltung waren und in den in Kraft bleibenden Geſetzen und im AG. hierauf verwieſen iſt. Der Ausdruck Herkommen iſt hier gleichbedeutend mit Gewohnheitsrecht im allgemeinen (Örtmann § 10^{II} Ziff. 4 S. 35—37; Staudinger EG. A 55[7]). Für die ſpäter erlaſſenen Geſetze findet der Rechtsſatz gleichfalls Anwendung. Im übrigen iſt im Rahmen ſämtlicher reichsgeſetzlicher Vorbehalte das Gewohnheitsrecht anzuerkennen und die Neubildung möglich (Örtmann § 10^{II}, Enneccerus Bd. I § 37^{III}).

Volljährigkeitserklärung. **Art. 2.**

Für die Volljährigkeitserklärung ist das Staatsministerium der Justiz zuständig.

Die auf Grund A 147 EGBGB. eingeführte Zuſtändigkeit des Staatsminiſteriums der Juſtiz für die Volljährigkeitserklärung iſt durch Geſetz vom 28. III. 1928 (GVBl. S. 153) beſeitigt. Infolgedeſſen greift die geſetzliche Regel,

die Beschlußfassung durch das Vormundschaftsgericht (§ 3 BGB.) Platz. Für das Verfahren sind die Vorschriften §§ 4, 5 BGB., § 56 FGG. maßgebend.
Gebühr: Art. 159 Ziff. 2 a KostGes.

Namensänderungen. **Art. 3.**

Der Familienname kann, soweit nicht ein anderes vorgeschrieben ist, nur mit Bewilligung des Königs geändert werden.

Zu einer Änderung des Vornamens ist die Bewilligung der zuständigen Behörde erforderlich.

Die Ausführungsbestimmungen werden von den zuständigen Staatsministerien erlassen.

A. **Namensrecht.** Das Recht auf den Namen ist ein Persönlichkeitsrecht. Es unterliegt dem gesetzlichen Schutze (§ 12 BGB., § 360 Ziff. 8 StGB.).

I. Der Familienname wird erworben mit der Geburt, das eheliche Kind erhält den Familiennamen des Vaters (§ 1616 BGB.), das uneheliche den der Mutter (§ 1706^{I} BGB.).

Adelsnamen. Eine der ersten Maßnahmen nach dem Umsturze war die Aufhebung aller Vorrechte der Geburt und des Adels (s. oben A 1 Z. II^{2}). Zugleich wurde die Annahme des Adels untersagt (Ges. vom 28. III. 1919, GVBl. S. 114). Gegenüber den bestehenden Adelsbezeichnungen wurde keine ausdrückliche Anordnung erlassen. Durch Bek. vom 5. IV. 1919 (GVBl. S. 161) wurde die Führung des Adelsprädikates insoweit als unzulässig erklärt, als der Adel nicht vor dem Inkrafttreten des Ges. vom 28. III. 1919 erworben wurde. Für Bayern ist dieses Verbot bereits mit dem letztgenannten Zeitpunkte wirksam geworden und nicht erst mit Erlassung der Reichsverfassung vom 11. VIII. 1919. Der mit dem Militär-Max-Joseph-Orden verbundene persönliche Adel gilt vom Tag der Tat während des Krieges als verliehen (Kratzer BU. § 15 A. 4).

Die Adelsbezeichnung bildet nunmehr einen Bestandteil des Familiennamens (A 109^{III} S. 2 RV. § 15^{II} S. 2 BU.). Erwerb und Übertragung vollzieht sich in gleicher Weise wie beim Familiennamen. A 109 RV. hat keine rückwirkende Kraft; Personen, die nach dem früheren Adelsrecht nicht adelig waren, dürfen auch jetzt eine Adelsbezeichnung als Namensbestandteil nicht führen (ObLG. **25** A^{256}). Beim persönlichen Adel ist der Übergang auf die Nachkommen ausgeschlossen, da die Adelsbezeichnung dem Namensträger persönlich verliehen wurde (ObLG. **22** A^{38}, Enneccerus Bd. I § 93 A. [16] — A. M. Staudinger § 12^{II} B b S. 105). A 109 RV. hat für die Übertragbarkeit dieses Namensbestandteils kein neues Recht geschaffen; infolgedessen wirkt die bei der Verleihung getroffene Einschränkung auf den Inhaber weiter.

II. Der Vorname wird erteilt von demjenigen, welchem die Sorge für die Person des Kindes zusteht (§§ 1616, 1706 BGB.). Mit der Eintragung in das Geburtsregister (§ 22 PersStG.) ist der Vorname festgelegt.

B. **Namensänderung.**

I. Eine Änderung des Familiennamens ist möglich 1. kraft Gesetzes (§§ 1355, 1719, 1736, 1758, 1772, 1575, 1577, 1587 BGB.), 2. durch Erklärung gegenüber der zuständigen Behörde (§§ $1577^{II, III}$, 1586, 1706^{II} BGB., Bek. vom 27. XII. 1899, betr. Namensänderungen, JMBl. S. 853, mit Änderungen nach Bek. vom 12. XI. 1916, GVBl. S. 489; Bek. vom 9. XII. 1919, GVBl. S. 820; Bek. vom 24. XI. 1921, GVBl. S. 548; Bek. vom 18. VII. 1922, GVBl. S. 362;

Bek. vom 31. I. 1924, GVBl. S. 60; ferner VO. vom 24. XII. 1899 zur Ausführung des Bürgerlichen Gesetzbuches und seiner Nebengesetze Zuständigkeitsverordnung, nebst Änderungen nach VO. vom 8. XII. 1915, GVBl. S. 731; und VO. vom 24. XII. 1921, GVBl. S. 548) endlich 3. durch besondere Bewilligung nunmehr durch das StM. (VO. vom 15. XI. 1918, GVBl. S. 1281, §§ 4, 57IV, 58III, 81 Ziff. 2 VU.).

Hierunter fällt die Wahl eines anderen Namens statt des bisherigen, z. B. „Mayer" statt „Ochs", ferner die Änderung der Schreibweise, endlich der Verzicht auf eine Adelsbezeichnung, dagegen nicht die Feststellung der Schreibweise im Berichtigungsverfahren (§§ 65, 66 PersStG.).

II. Als zulässige Änderung des Vornamens ist anzusehen die Änderung der Schreibweise: Carl statt Karl, Clemens statt Klemens, und die Wahl von üblichen Abkürzungen: „Fritz" statt „Friedrich", „Heinz" statt „Heinrich", „Sepp", „Pepi" statt „Josef", „Elly" statt „Elisabeth" (Örtmann § 16 Ziff. 4 ObLG. 27 A S. 64). Im übrigen wegen des Verfahrens VO. 24. XII. 1899 (Zuständigkeitsverordnung) s. Anl. I und Bek. 27. XII. 1899, betr. Namensänderungen, s. Anl. II.

Vereine.

Art. 4.

Für die Entziehung der Rechtsfähigkeit eines Vereins nach § 43 des Bürgerlichen Gesetzbuchs und für die Erhebung des Einspruchs gegen die Eintragung eines Vereins oder einer Änderung der Satzung in das Vereinsregister nach § 61 Abs. 2 und § 71 Abs. 2 des Bürgerlichen Gesetzbuchs ist die Distriktspolizeibehörde, in München die Polizeidirektion, zuständig. Gegen den Beschluß auf Entziehung der Rechtsfähigkeit sowie gegen den Einspruch findet binnen einer Frist von zwei Wochen Beschwerde an die Regierung, Kammer des Innern, statt. Gegen die Entscheidung der Regierung ist weitere Beschwerde an den Verwaltungsgerichtshof zulässig. Für die Beschwerde an den Verwaltungsgerichtshof gelten die Vorschriften des Artikel 45 Abs. 2, 3 des Gesetzes vom 8. August 1878, betreffend die Errichtung eines Verwaltungsgerichtshofes und das Verfahren in Verwaltungsrechtssachen.

1. Die Gesetzgebung des Reiches erstreckt sich auf das Vereinsrecht (A 7 Ziff. 6 RV.), soweit es hievon keinen Gebrauch macht, kann die Landesgesetzgebung eingreifen. (A 12 RV.). Das öffentliche Vereinsrecht ist enthalten in A 124, 159, 165 RV.; Vereinsges. vom 19. IV. 1908 nebst Abänderungen; das bürgerliche Recht in §§ 21—79 BGB.

2. Der Verein besteht aus einer Mehrheit von Personen, denen die Verwaltung der Vereinsangelegenheiten zusteht (Enneccerus, Lehrb. Bd. I § 97 Ziff. 1). Das BGB. unterscheidet zwischen a) Vereinen, deren Zweck nicht auf einen wirtschaftlichen Zweck gerichtet ist (Vereinen zu idealen Zwecken) (§ 21), b) wirtschaftlichen Vereinen (§ 22) und c) Vereinen mit ausländischem Sitze (§ 23). Die Rechtsfähigkeit erlangen die Vereine unter a) durch Eintragung (§ 21), unter b) durch staatliche Verleihung des zuständigen Staatsministeriums (§ 22; § 4II Zuständigkeitsverordnung vom 24. XII. 1899; s. Anlage I; VO. 15. XI. 1918, GVBl. S. 1231; §§ 4, 57IV, 58III, 61 Ziff. 2 VU.), unter c) durch Beschluß des Reichsrates (§ 23 und § 3 Übergangsges. vom 4. III. 1919, RGBl. S. 285, A 179I RV.).

3. Das BGB. läßt ein Eingreifen der Verwaltungsbehörde zu:

a) zwecks Entziehung der Rechtsfähigkeit (§ 43) bei den Vereinen nach §§ 21, 22 BGB. (wegen der Vereine nach § 22 BGB. Böhm-Klein A. [4] — a. M. Henle-Schneider Vorbem. 2) einschließlich der Vereine, welche nach dem Ges. vom 29. IV. 1869 betr. die privatrechtl. Stellung von Vereinen entstanden waren und nach A 1 ÜbGes. als Vereine des neueren Rechts überführt wurden, und der privilegierten Schützengesellschaften nach VO. vom 25. VIII. 1868, welche als Körperschaften des bürgerlichen Rechts anzusehen sind (ObLG. 15 S. 673 — a. M. Henle-Schneider Vorbem. A. **), nicht aber bei Aktiengesellschaften (Staub-Könige HGB. § 292 A.[16] — a. M. Staudinger § 43 A. VI).;

b) zwecks Einspruchs gegen die Eintragung (§§ 61, 62 BGB.)

c) und Einspruchs gegen Satzungsänderungen (§ 71 BGB.) jeweils bei Vereinen nach § 21.

Ausgeschlossen ist die Tätigkeit der Verwaltungsbehörde bei der Entziehung der Rechtsfähigkeit gegenüber Vereinen mit ausländischem Sitze (§ 23 BGB.), da insoweit die Zuständigkeit des Reichsrats vorbehalten ist (§ 44^{II} BGB., § 3 Übergangsges. vom 4. III. 1919, A 179^{I} RV.). Satzungsänderungen werden genehmigt bei Vereinen nach § 22 BGB. nunmehr in jeder Hinsicht vom Staatsministerium des Innern (s. oben A. 2 b), bei Vereinen nach § 23 vom Reichsrat (s. oben) (§ 33^{II}). Bei Verschmelzung eines Verbandes in der Rechtsform eines eingetragenen Vereins oder eines Verbandes, dessen Rechtsfähigkeit auf staatlicher Verleihung beruht, mit einem eingetragenen Verein (§§ 60 a—f GenGes. i. d. Fass. d. RG. vom 16. XII. 1929, RGBl. S. 219) kommt gegebenenfalls eine Satzungsänderung (§ 71 BGB.), dagegen nicht ein Anmeldeverfahren nach § 61 BGB. für den übernehmenden Verband in Betracht, da es für letzteren bereits durchgeführt ist.

Im übrigen ist die Angelegenheit der Bezirkspolizeibehörde, in München der Polizeidirektion übertragen (§ 8 ZustVO.). An Stelle der Bezirkspolizeibehörde ist nunmehr in den Städten Augsburg, Hof, Nürnberg-Fürth, Regensburg und Würzburg gleichfalls die Polizeidirektion getreten (§ 3 Ziff. 2 VO. vom 24. VIII. 1923, GVBl. S. 282; § 3 Bek. StMInn. vom 29. X. 1923, GVBl. S. 370; § 2 VO. 26. III. 1929; Bek. StMInn. vom 26. III. 1929, GVBl. S. 51, 52).

4. a) Die rechtliche Grundlage für die Entziehung der Rechtsfähigkeit bildet ein gesetzwidriger Beschluß der Mitgliederversammlung oder ein gesetzwidriges Verhalten des Vorstandes und eine hiedurch herbeigeführte Gefährdung des Gemeinwohls (§ 43^{I} BGB.). Unter den Begriff der „Gesetzwidrigkeit" fallen zunächst Verfehlungen gegen strafrechtliche Vorschriften (insbesondere §§ 128, 129, 284—286 StGB.; § 36^{II} Wehrges. vom 23. III. 1921, RGBl. S. 329), gegen die Bestimmungen der GewOrdg. oder wirtschaftlichen Gesetze.

b) Der Einspruch gegen die Eintragung (§§ 61^{II}, 71^{II} BGB.) setzt voraus, daß der Verein nach öffentlichem Vereinsrecht unerlaubt ist oder verboten werden kann (vgl. § 2 RVG., wegen der Vereine, deren Zweck den Strafgesetzen zuwiderläuft; A 177 Versailler Vertr. § 22 AusfGes. hiezu vom 22. III. 1921, RGBl. S. 235).

c) Einen weiteren Anlaß für ein Einschreiten der Verwaltungsbehörde bildete bisher nach §§ 43^{III}, 61^{II}, 71^{II} BGB. die Verfolgung eines politischen, sozialpolitischen oder religiösen Zweckes. A 124^{II} RV. läßt nunmehr jedoch den Erwerb der Rechtsfähigkeit auch dann zu, wenn der Verein einen der genannten Zwecke verfolgt. Durch den Programmsatz der RV. sind die einschränkenden Bestimmungen des BGB. beseitigt (Anschütz RV. A 124 A. [5], RGRKomm. §§ 43 A. [3], 61 A. [3], Staudinger §§ 43 A. III, 61 A. IV [3]).

5. Verschieden von obigen Maßnahmen ist die Auflösung eines Vereines (§ 2 RVG.), welche auch bei nicht rechtsfähigen Vereinen erfolgen kann. Über Auflösung eines Vereins, wenn sein Zweck den Strafbestimmungen des RepSch.-Ges. oder §§ 81—86 StGB. zuwiderläuft vgl. § 9 Ges. vom 25. III. 1930 zum Schutze der Republik (RGBl. I S. 91), VO. vom 3. IV. 1930 (RGBl. I S. 130), MBek. vom 25. III. 1930 (GVBl. S. 108). Ähnliche Bestimmungen enthalten ferner § 81 GenGes., § 62 Ges. betr. die Gesellschaften mit beschränkter Haftung, § 97 Nr. 3, 104f Nr. 3 GewOrdg., § 22 AusfGes. zu A 177 Vers. Vertr. vom 22. III. 1921 (RGBl. S. 235). Maßgebend ist auch hier im allgemeinen das landesgesetzliche Verwaltungsstreitverfahren, lediglich im letztgenannten Falle ist die Entscheidung der obersten Landesbehörde, gegebenenfalls sogar der Reichsregierung vorbehalten.

Stiftungen.

Vorbemerkung.

Schrifttum: von Marth: Stiftungen, ZfR. 1929 S. 237ff.

I. Stiftung ist eine nicht in einem Personenverbande bestehende, mit juristischer Persönlichkeit ausgestattete Organisation zur Verwirklichung bestimmter Zwecke (Enneccerus, Lehrb. d. bürg. Rechts Bd. I § 110[I]). Zuwendungen an eine bestehende juristische Person zu bestimmten Zwecken (sog. fiduziarische Stiftung) können eine Stiftung nicht begründen (Enneccerus a. a. O.). Die Vorschriften §§ 80—87 BGB. sind daher auch auf fiduziarische Stiftungen nicht anwendbar (RG. **88**[339]; **105**[305]).

II. Nach Reichsrecht unterscheidet man Stiftungen des öffentlichen und bürgerlichen Rechts. Zu den ersten gehören die durch Staatsakt entstandenen, sowie alle diejenigen, welche nach ihrer Beschaffenheit dem Organismus des Staates oder der Kirche einverleibt sind. Als Stiftungen des bürgerlichen Rechts gelten die auf einem privaten Rechtsgeschäft beruhenden, soferne nicht die letztgenannten Voraussetzungen vorliegen.

Nach bayerischem Recht gibt es öffentliche Stiftungen, deren Zweck ein öffentliches Interesse hat, und ausschließlich privaten Zwecken dienende Stiftungen (A 6 Halbs. 2).

Zu den öffentlichen St. gehören sonach diejenigen Stiftungen des öffentlichen Rechts, welche teilweise private Zwecke verfolgen. Die katholischen Pfründestiftungen als öffentliche Stiftungen (ObLG. **16** A S. 74, 77).

Familienstiftungen sind als reine Privatstiftungen anzusehen, wenn sich der Kreis der Bedachten nur auf die Angehörigen der Familie erstreckt, dagegen auch nicht in 2. Linie auf andere Personen, ferner wenn nicht gemeinnützige Zwecke wie Unterstützung bei Bedürftigkeit oder zur Ausbildung verfolgt werden (v. Marth ZfR. S. 270, Henle-Schneider Vorbem. z. A 5 A. 1, VGH. **21** S. 59 — a. M. Ortmann S. 110 für den letzten Fall). Familienstiftungen als reine Privatstiftungen wurden auf Grund der früheren Gesetzgebung (VII Beil. zu VU.) nur für Angehörige des Adels genehmigt. Bei Auflösung der Familienfideikommisse wurde noch die Bildung von Stiftungen nach §§ 85—88 BGB. aus den Versorgungsmassen vorgesehen (VO. 26. IX. 1919 JMBl. S. 359).

Rechtlich steht der Errichtung von reinen Privatstiftungen an sich ein Hindernis nicht entgegen. Eine andere Frage ist, ob die Staatsregierung für die Genehmigung ein öffentliches Interesse annimmt (v. Marth a. a. O. S. 270).

Eine weitere Einteilung ergibt sich nach öffentlichen Stiftungen, deren Zweckbestimmungen auf den Bezirk einer Gemeinde oder Ortschaft beschränkt ist (örtliche Stiftungen) und allgemeine Stiftungen, welche nach ihrem Zweck über diese räumlichen Grenzen hinausgreifen (Kratzer VU. § 25 A. 1 b *aa*, *ββ* S. 108).

III. 1. Die Rechtsverhältnisse der Stiftungen des bürgerlichen Rechts sind geregelt in §§ 80—88 BGB. Die nach § 80 BGB. erforderliche Genehmigung wird nunmehr an Stelle des Landesherrn (§ 5 der Zuständigkeitsverordnung vom 24. XII. 1899) vom zuständigen Staatsministerium erteilt (VO. 15. XI. 1918; GVBl. S. 1231; §§ 4, 57^{IV}, 58^{III}, 61 Ziff. 2 VU., A 128 GO. wegen der örtlichen Stiftungen, A 7 Kirchengemeindeordnung wegen der neuen ortskirchlichen Stiftungen). Ferner ist den Stiftungen des öffentlichen Rechts die Schadenshaftung für die Handlungen ihrer verfassungsmäßigen Organe auferlegt (§§ 89^{I}, 31 BGB.).

2. Prozessual ist den Stiftungsverwaltungen wegen rückständiger Gefälle ein Vollstreckungsrecht eingeräumt (A 8, 4, 6, 7 AG.ZPO.KO.). Über das Vermögen der unter Leitung des Staates oder einer Gemeinde stehenden Stiftungen kann ein Konkursverfahren nicht eröffnet werden (A 9, 10 a. a. O.); eine Zwangsvollstreckung wegen Geldforderungen findet gegen sie nur durch Vermittlung der Verwaltungsbehörden statt (A 9^{II} a. a. O.).

3. Über die steuerliche Behandlung von St.: vgl. §§ $2^{II\,1}$, $3^{I\,7,9}$, $18^{I\,19,\,III}$ Erbschaftssteuergesetz vom 22. VIII. 1925 (RGBl. I S. 320ff.).

§ 22 Grunderwerbssteuerges. vom 11. II. 1927 (RGBl. I S. 72).

§§ $2^{I\,6}$, 7 Haussteuerges. vom 17. VIII. 1918 (GVBl. S. 858) bzw. vom 16. VIII. 1919 (GVBl. S. 564), Abänderung nach Ges. vom 27. VII. 1927 (GVBl. S. 412).

§ 24^{IV} Kapitalverkehrssteuerges. vom 8. IV. 1922 (RGBl. I S. 354).

§§ 4^{III}, $9^{I\,7}$ Körperschaftssteuerges. vom 10. VIII. 1925 (RGBl. I S. 208).

Wegen der Gebühren: A 30 NotariatsgebOrdg. vom 19. V. 1926 (JMBl. S. 321 29. IV. 1927 (GVBl. S. 127 A $12^{I\,3}$) Tarif 20 (Familienstiftungen) Stempelgesetz vom 19. II. 1921 (GVBl. S. 133).

IV. Das in Aussicht gestellte Gesetz über das Stiftungswesen (§ 25^{II} VU.) wurde noch nicht erlassen.

Stiftungen.

Art. 5.

Erlischt eine Stiftung des bürgerlichen Rechtes, so fällt das Stiftungsvermögen in Ermangelung eines anderen Anfallberechtigten an den Fiskus. Die Vorschrift des Titel IV § 9 Abs. 4 der Verfassungsurkunde bleibt unberührt.

1. Für die Landesgesetzgebung ist der Weg hier eröffnet durch § 85 BGB. Nach § 88 BGB. fällt das Vermögen einer erloschenen Stiftung an die in der Verfassung bezeichnete Person. Über die Verfassung einer Stiftung trifft zunächst das Reichsrecht Bestimmung, in Ermanglung einer solchen ist eine Regelung durch Landesgesetz möglich. Für den Fall des Erlöschens einer Stiftung sind nur die Vorschriften §§ 46—53 für anwendbar erklärt, nicht aber § 54 BGB. Infolgedessen kann insoweit die Landesgesetzgebung eingreifen (RG. **121**$^{166, 168}$ für Preußen).

2. In Betracht kommen nur die Stiftungen des bürgerlichen Rechts nach Reichsrecht, deren Rechtsverhältnisse in §§ 80—88 BGB. geregelt sind; nicht dagegen die Stiftungen des öffentlichen Rechts.

3. Die Stiftung erlischt durch Aufhebung der zuständigen Verwaltungsbehörde (§ 87 BGB.) oder durch Eröffnung des Konkurses (§§ 42, 86 BGB.).

a) Für die Aufhebung einer Stiftung ist die zuständige Verwaltungsbehörde ausdrücklich bestimmt in A 132 GO.; A 45 BezO.; A 42 KrO. Hinsichtlich derjenigen Stiftungen, welche unter der Verwaltung einer anderen Behörde stehen, ergibt sich die Zuständigkeit aus der allgemeinen Einteilung der Verwaltungs-Aufgaben (vgl. hierüber Kratzer § 25 VU. A. 4 b). Für die reinen Privatstiftungen ist eine öffentliche Verwaltung nicht angeordnet (s. unten A 6 A. 1). Mit Recht wird daher die entsprechende Anwendung des § 87 BGB. auf sie abgelehnt (Staudinger § 87 A. II 6). Nach einer weitergehenden Anschauung soll die für die Genehmigung zuständige Behörde auch zur Aufhebung der Stiftung berufen sein (v. Marth ZfR. 1929 S. 269). Hiegegen spricht, daß § 80 BGB. und § 87 BGB. verschiedene Rechtsakte im Auge haben. § 5 ZustVO. läßt sich auf die Anordnung der Aufhebung nicht übertragen. Hätte der Gesetzgeber eine Regelung in obigem Sinne beabsichtigt, so hätte er bei Ausdehnung des § 87 BGB. auf die Stiftungen des öffentlichen Rechts (A 132^I GO., A 67 GO. in der Fassung früher AGBGB. A 158^IV) auch die reinen Privatstiftungen einbezogen.

Streitigkeiten über Aufhebung einer Stiftung nach § 87 BGB. unterstehen in letzter Instanz dem VGH., wenn von dem Vorstande der Stiftung oder von einem zum Genuß oder zum Mitgenusse der Stiftung Berechtigten bestritten wird, daß die Erfüllung des Stiftungszwecks unmöglich geworden sei oder das Gemeinwohl gefährde (A 10 Ziff. 3a VGHG.). Hiegegen sind für Streitigkeiten in bezug auf die reinen Privatstiftungen nur die Gerichte zuständig (Dyroff VGG. A 8^35 A. 2b, Oertmann S. 114).

b) Für den 2. Erlöschungsgrund ist zu berücksichtigen, daß über das Vermögen der unter Leitung des Staates oder einer Gemeinde stehenden Stiftungen ein Konkursverfahren ausgeschlossen ist (Art. 9^II, 10 AG. ZPO. KO.).

4. Das Vermögen der erloschenen Stiftungen kommt in erster Linie den Anfallsberechtigten zu. Sind Berechtigte in der Verfassung nicht bestimmt oder weggefallen, so tritt das Anfallsrecht des Fiskus ein.

a) Es finden nunmehr die Vorschriften über eine dem Fiskus als gesetzlichen Erben anfallende Erbschaft entsprechende Anwendung (§§ 88, 46 BGB.). Das Nachlaßgericht hat festzustellen, daß ein anderer Anfallsberechtigter als der Fiskus nicht vorhanden ist, woraus sich die Vermutung ergibt, daß der Fiskus anfallsberechtigt ist (§ 1964^II BGB.).

b) Für den Fiskus bildet das anfallende Stiftungsvermögen keine laufende Einnahme, über die er für eigene Bedürfnisse verfügen darf. Die Vermögensmasse ist vielmehr in einer dem Zwecke der erloschenen Stiftung entsprechenden Weise zu verwenden (§§ 88, 46 BGB.). Die Verpflichtung ist als eine öffentlichrechtliche Auflage aufzufassen (RGK. § 46 A. 2; Staudinger § 46 A. 5). Der Verwaltungsrechtsweg ist ausgeschlossen, da weder A 8 Ziff. 35 noch A 10 Ziff. 3a VGHG. einschlägt. Vielmehr ist die Durchführung der Auflage ausschließlich Sache des Finanzministeriums im Benehmen mit dem zuständigen Staatsministerium (Henle-Schneider A 3 e). Die zweckwidrige Verwendung kann u. U. mit Verfassungsbeschwerde zum Staatsgerichtshof angefochten werden (§ 93 VU.; Ges. über den Staatsgerichtshof vom 11. VI. 1920, GVBl. S. 323).

5. Die Aufhebung durch die zuständige Behörde begründet für die Stiftungsanwärter keinen Entschädigungsanspruch auf Grund A 153^II RV. (RG. **121**^166, 168).

6. Nach Tit. IV § 9 Abs. 4 der früheren VU. war allen Religionsteilen das Eigentum der Stiftungen und der Genuß ihrer Renten nach der ursprünglichen Stiftungsurkunde und dem rechtmäßigen Besitz gesichert, soweit sie für den Kultus, den Unterricht oder die Wohltätigkeit bestimmt sind. Die Bestimmung hat seit der Beseitigung der früheren Verfassung ihre Bedeutung verloren. Die Wendung des A 5: „die Vorschrift des Tit. IV § 9 Abs. 4 VU. bleibt unberührt" bedeutet nicht, daß sie in selbständiger Weise aufrecht erhalten werden sollte (a. M. v. Marth ZfR. 1929 S. 244, 248). Nunmehr bestimmt § 25 VU.:

Das gesamte Vermögen der öffentlichen Stiftungen und die stiftungsmäßige Verwendung seiner Erträgnisse unterstehen dem besonderen Schutze des Staates. Stiftungsvermögen darf unter keinem Vorwand dem Staatsvermögen einverleibt werden.

Es handelt sich um einen Programmsatz, welcher sich auf alle öffentlichen Stiftungen (s. oben Vorbem. Ziff. II) bezieht, nicht aber auf die reinen Privatstiftungen. Außerdem ist den Religionsgesellschaften das Eigentum an ihren für Kultus-, Unterrichts- und Wohltätigkeitszwecke bestimmten Stiftungen gewährleistet (A 138^{II} RV., § 18^{II} VU.). Der gleiche Grundsatz ist ausgesprochen im Konkordat vom 29. III. 1924 A 10 § 4 (GVBl. 1925 S. 53ff.) und in den Verträgen mit den evangelischen Kirchen vom 15. XI. 1924 A 12 (GVBl. 1925 S. 53ff.).

a) Der staatliche Schutz besteht hauptsächlich in den Vergünstigungen auf dem Gebiete der Besteuerung und des Prozeßrechts (s. oben Vorbem. Ziff. III$^{3, 4}$, IV), in der Bestellung einer behördlichen Verwaltung und in Handhabung der Staatsaufsicht (hierüber s. unter A 6).

aa) Sachlich erstreckt sich der staatliche Schutz auf den Grundstock des Vermögens der Stiftung. Es darf in keiner Form und unter keinem Vorwand dem Staatsvermögen einverleibt werden. Ferner ist den Ortschaften, Bezirken und Kreisen verboten, das Stiftungsvermögen mit dem eigenen Vermögen zu vermengen (A 130, 62^{I} GO.; A 45 BezO.; A 42 KrO.).

ββ) Die VU. bezeichnet ferner die Überwachung der stiftungsgemäßen Verwendung der Erträgnisse als Staatsaufgabe. Den Verwaltungskörpern ist diese Verpflichtung ausdrücklich auferlegt in A 131^{I}, 62^{I} GO.; A 45 BezO.; A 42 KrO. Der gleiche Grundsatz bindet selbstverständlich auch die Staatsbehörden, soweit sie mit der Verwaltung von Stiftungen betraut sind.

7. Nach A 132^{I}, 61 GO., A 45 BezO., A 42 KrO. wird § 87 BGB. auf solche Stiftungen des öffentlichen Rechts ausgedehnt, welche von diesen Körperschaften verwaltet werden. Zweifellos gilt § 87 BGB. auch für Stiftungen des öffentlichen Rechts, bei denen diese Verwaltungsform nicht vorliegt (v. Marth ZfR. 1929 S. 246). Daraus ergibt sich für alle Stiftungen des öffentlichen Rechts zugleich das Anfallsrecht des Fiskus entsprechend § 88 BGB., A 5 (v. Marth a. a. O. S. 248). Hiebei muß das Stiftungsvermögen einer Religionsgesellschaft wieder der gleichen Religionsgesellschaft zugewendet werden (A 138^{II} RV., § 18^{II} VU., A 10 § 4 Konkordat, A 19, 12 der Verträge mit den ev. Kirchen).

Art. 6.

Für den Vollzug von Stiftungsbestimmungen und für die Aufsicht über die Stiftungen sind, unbeschadet der Zuständigkeit des Verwaltungsgerichtshofs, die Verwaltungsbehörden zuständig, sofern nicht die Stiftung ausschließlich privaten Zwecken dient.

1. A 6 setzt die Zuständigkeit der Verwaltungsbehörden für die öffentlichen Stiftungen fest (über den Begriff der öffentl. Stiftungen s. Vorbem. Ziff. II); hiezu gehören auch die Stiftungen des öffentlichen Rechts. Dagegen besteht für diejenigen Stiftungen, welche ausschließlich privaten Zwecken dienen (reine Privatstiftungen) keine öffentliche Verwaltung und keine Staatsaufsicht.

Damit ist zugleich der Programmsatz § 25 BU. erfüllt (s. A 5 A. 5).

2. Die Organe der Verwaltung sind besonders festgesetzt für die unter der Verwaltung einer Ortschaft, Gemeinde, eines Bezirkes oder Kreises stehenden Stiftungen A 127, 62I GO., A 45 BezO., A 42 KrO., für die ortskirchlichen Stiftungen A 9, 15, 36 KGO. Im übrigen wird die Form der Verwaltung jeweils durch die Verfassung bestimmt.

Für die Staatsaufsicht sind maßgebend A 50—52 GO., A 32—35 BezO., A 34—37 KrO., A 73—80 KGO.; sie wird ausgeübt nach der allg. Zuständigkeit der Verwaltungsbehörden (Form-VO. vom 17. XII. 1825).

3. Die Aufgabe der Verwaltung besteht wesentlich in der Erhaltung des Stiftungsvermögens, Einziehung der Erträgnisse und Ausführung des Stiftungszweckes entsprechend dem Willen des Stifters.

Die Staatsaufsicht erstreckt sich im allg. auf dieses gesamte Gebiet vorbehaltlich des den Verwaltungskörpern eingeräumten Selbstverwaltungsrechts.

4. Die Tätigkeit der Verwaltungsbehörden und Staatsaufsicht findet ihre Begrenzung in der Zuständigkeit des VGH. Der VGH. entscheidet in letzter Instanz über:

a) Rechtsansprüche auf den Genuß oder Mitgenuß von Stiftungen; Rechte in Betreff der Stiftungsverwaltung und der Verleihung des Stiftungsgenusses (A 8 Ziff. 35 VGHG.);

b) Verfügungen in Gegenständen der Staatsaufsicht über die Angelegenheiten der kirchlichen Stiftungen, wenn von dem zuständigen Verwaltungsorgane oder von der Kirchengemeinde behauptet wird, daß eine rechtlich nicht begründete Leistung auferlegt oder daß eine von der Aufsichtsbehörde als rechtlich unzulässig beanstandete Ausgabe rechtlich statthaft sei oder daß auf dem Gebiete der Kirchengemeindeordnung sonst das gesetzliche Selbstverwaltungsrecht verletzt sei (A 10 Ziff. 3 a. a. O.).

c) Pfründestiftungsstreitigkeiten (A 10 Ziff. 13 a. a. O.).

5. Für die öffentlichen Stiftungen ist die Rechtsprechung der Gerichte, soweit die Zuständigkeit der Verwaltungsbehörden begründet ist, ausgeschlossen; die Gerichte entscheiden nur noch über das Stiftungsgeschäft (§ 80 BGB.) (ObLG. 7[19]) und über die reinen Privatstiftungen (RG. **61**[28]ff.).

Beschränkungen des Erwerbes juristischer Personen Art. 7—10.

Vorbemerkung.

Schrifttum: v. Marth, Beschränkungen des Erwerbes juristischer Personen (A 7—10 des AGBGB.) ZfR. 1929 S. 17ff.

Der Landesgesetzgebung sind u. a. vorbehalten die Vorschriften über das Erfordernis der staatlichen Genehmigung

1. beim Erwerb von Rechten durch juristische Personen, soweit der Wertgegenstand den Betrag von 5000 RM. übersteigt (A 86 EGBGB.) § 1 MünzG. vom 30. III. 1924 (RGBl II S. 254);

2. beim Erwerb von Grundstücken durch Ausländer (A 88 a. a. O.).

Die neuen Verfassungsbestimmungen haben den bisherigen Rechtszustand nicht beeinflußt. Insbesondere stehen A 7, 8 nicht im Widerspruch mit A 137III S. 1 RV. (H. M. Anschütz RV. A 137 A 5, v. Marth S. 87, Staudinger A 86 EGBGB. A III).

Dagegen wurde die Wirksamkeit von A 7, 8, 10 erheblich eingeschränkt durch das Konkordat vom 29. III. 1924 A 2II (GVBl. 1925 S. 53ff.).

In Beziehung auf den Erwerb . . . ihres Vermögens unterliegen sie (d. h. Orden und religiöse Kongregationen) keiner besonderen staatlichen Beschränkung oder Aufsicht.

Dieser Satz würde an sich nicht rechtsverbindlich sein. Denn nach A 15 § 2 Konkordats ist zunächst in Aussicht gestellt, daß die bisher erlassenen und noch in Kraft befindlichen Landesgesetze, Verordnungen und Verfügungen aufgehoben werden, soweit sie mit den Bestimmungen dieses Vertrages in Widerspruch stehen. Da jedoch im Mantelgesetz vom 15. I. 1925 A II (GVBl. S. 52) ausgesprochen ist, daß das Konkordat im Hinblick auf die darin enthaltenen Rechtssätze als Ganzes in Gesetzesform beschlossen werde, so kann kein Zweifel darüber bestehen, daß damit die Vertragsbestimmung A 2^{II} unmittelbare Gesetzeskraft erlangt hat (h. M. v. Marth S. 88, Staudinger A 86 a. a. O. A. VI, A 88 A. [5], Kratzer VU. S. 325).

Über die Tragweite des A 2^{II} Konk. gegenüber den einzelnen A s. unten.

Erwerb a) **durch geistliche Gesellschaften.**

Art. 7.

Schenkungen oder Zuwendungen von Todes wegen an geistliche Gesellschaften bedürfen zu ihrer Wirksamkeit dem vollen Betrage nach der landesherrlichen Genehmigung, wenn sie Gegenstände im Werte von mehr als zehntausend Reichsmark betreffen.

Der Berechnung des Wertes wiederkehrender Leistungen wird ein Zinssatz von vier vom Hundert zugrunde gelegt.

Art. 8.

Zum Erwerbe von Gegenständen des unbeweglichen Vermögens, deren Wert den Betrag von zehntausend Reichsmark übersteigt, bedürfen geistliche Gesellschaften auch außer dem Falle des Artikel 7 der landesherrlichen Genehmigung.

Zum unbeweglichen Vermögen im Sinne dieser Vorschriften gehören auch Rechte an einem Grundstücke mit Ausnahme der Hypotheken, Grundschulden und Rentenschulden.

Art. 9.

Die Vorschriften der Artikel 7, 8 erstrecken sich nicht auf die Englischen Fräulein in Bayern.

I. 1. Die Erwerbsbeschränkungen richten sich gegen die geistlichen Gesellschaften. Ihr Begriff ist weder im Reichsrecht (A 86 EGBGB.) noch im bayerischen Recht (§ 18 VU.) bestimmt. Örtmann § $22^{II\,1}$ S. 79 bezeichnet die geistlichen Gesellschaften zutreffend als „solche Körperschaften, die dem Organismus einer Glaubensgesellschaft als solchem angehören" (vgl. ObLG. $5^{238, 241}$). Die Zugehörigkeit zu einer bestimmten (z. B. der katholischen) Religionsgesellschaft ist nicht erforderlich. Vorausgesetzt wird hiebei jeweils der Besitz der juristischen Persönlichkeit (A 86 EGBGB.), da nur dann ein selbständiger Vermögenserwerb möglich ist. Über die juristische Persönlichkeit von Klöstern und ähnlichen Personenvereinigungen s. ZfR. 1922^{250}ff. Die einzelnen Mitglieder der geistl. Gesellschaften und insbes. der religiösen Orden und ordensähnlichen Kongregationen werden von den Erwerbsbeschränkungen nicht betroffen. Nach BGB. sind sie im vollen Umfange rechtsfähig. Von dem Vorbehalte nach A 87 EGBGB. wurde in Bayern kein Gebrauch gemacht.

a) Mit A 2^{II} Konk. ist die Anwendung A 7, 8 auf die geistlichen Gesellschaften im allgemeinen nicht beseitigt, sondern nur teilweise aufgehoben (v. Marth S. 18; a. M. Staudinger A 86 EGBGB. A. IV S. 222; Kratzer S. 325; Hofmann, Die Rechte der Religionsgesellschaften in Bayern S. 13); sie entfällt lediglich in der Richtung gegen die Orden und religiösen Kongregationen. Für die Begriffsbestimmung dieser Art von religiösen Gemeinschaften bietet der deutsche Text des Konk., welcher im allg. für die Auslegung maßgebend ist (RegErkl. vom 14. I. 1925, GVBl. S. 68) keinen Anhalt. Beide Vertragsteile sind hier offenbar vom kanonischen Rechte ausgegangen, zumal in A 2^{I} Konk. die Rede ist von O. und K., welche nach dem kanonischen Rechte gegründet werden. Demnach ist die Einteilung des kanonischen Rechts zugrunde zu legen (v. Marth S. 18).

b) Das kanonische Recht unterscheidet:

αα) religiones, d. h. religiöse Genossenschaften, welche sich durch öffentliche Gelübde der Armut, Keuschheit und des Gehorsams zu einem gemeinschaftlichen Leben (vita communis) verbinden; sie zerfallen in Orden und Kongregationen, wenn die Gelübde feierlich und lebenslänglich oder nur einfach (lebenslänglich oder zeitweilig) abgelegt werden (Corp. iur. can. lit. II, pars soc. can 487—672);

ββ) societates sive virorum sive mulierum in communi viventium sine votis, d. h. Vereinigungen von Männern und Frauen zum gemeinschaftlichen Leben nach kirchlich bestätigten Konstitutionen, jedoch ohne Bindung an öffentliche Gelübde (a. a. O. can. 673—681);

γγ) associationes, d. h. Vereinigungen von Laien zur Vervollkommnung des christlichen Lebens, jedoch ohne Gelübde und gemeinschaftliches Leben (a. a. O. can. 682—725).

Nach ihrer Organisation können nur die religiones (s. *αα*) als Orden und Kongregationen angesehen werden; hiegegen sind die societates (s. *ββ*) und associationes (s. *γγ*) ebenso wie die übrigen kath. geistlichen Gesellschaften den Erwerbsbeschränkungen nach A 7, 8 unterworfen (v. Marth S. 18).

c) Nicht unter die geistlichen Gesellschaften fallen die bischöflichen Seminare, Domkapitel und bischöflichen Stühle (h. M. Henle-Schneider A 7 A. 3, Oertmann S. 80), Vereinigungen zur Krankenpflege ohne konfessionellen Charakter, die Bruderschaften. Gleichgültig ist, ob das Vermögen als Stiftungsvermögen von der Kirchenverwaltung (A 5^{III} KGO.) oder von der Gemeinde verwaltet wird (vgl. Langheinrich KGO. A 5 A. II^{4}, III; A 7 A. II^{1}; Helmreich-Rock GO. A 127 Vorbem. S. 358). Wenn die Stiftung ausschließlich für eine geistliche Gesellschaft bestimmt ist, finden A 7, 8 Anwendung. Ob bei anderen Religionsgesellschaften als den Katholiken geistliche Gesellschaften vorhanden sind, erscheint fraglich. Für die protestantischen Diakonissenanstalten wird die Zugehörigkeit verneint (h. M. Henle-Schneider A 7 A. [3]; Oertmann § 22^{III} d S. 81; Henle, Handbuch d. i. Verwaltung § 56^{3} S. 277).

2. A 7—9 finden keine Anwendung auf die englischen Fräulein in Bayern (A 9).

II. 1. Genehmigungspflichtig sind

a) nach A 7:

αα) Schenkungen (§§ 516ff. BGB.) auch wenn eine Auflage (§ 525 BGB.) oder eine Bestimmung zu Wohltätigkeits-, kirchlichen Zwecken (RGE. 71^{140}) damit verbunden ist. Bei gemischten Schenkungen Tatfrage, ob Schenkung oder zugleich der entgeltliche gegenseitige Vertrag vorliegt, — keine Schenkung bei fiduziarisch. Übertragung, z. B. Sammlung zu wohltätigen Zwecken (RGE. 62[386], 105[308]); ββ) Zuwendungen von Todes wegen, d. h. kraft Verfügung von Todes wegen (§ 1937 BGB.), Vermächtnisses (§ 1939), durch Auflage an den Erben oder Vermächtnisnahme (§ 1940 BGB.), Erbvertrags (§ 1941 BGB.), Schenkung auf Todesfall (§ 2301 I BGB.); dagegen nicht: Erwerb auf Grund gesetzlicher Erbfolge (§ 1924 BGB.) oder Pflichtteilsrechts (§ 2303 BGB.), weil keine Zuwendung vorliegt.

b) nach A 8 jeglicher, auch entgeltlicher Erwerb von Gegenständen des unbeweglichen Vermögens, d. h. Grundstücke nebst Bestandteilen (§§ 93—96 BGB.) und Zubehör (§§ 97, 98 BGB.), sowie der Rechte an einem Grundstücke, d. h. Erbbaurecht (§ 1017 BGB.), Grunddienstbarkeiten (§§ 1018 ff. BGB.), Nießbrauch an Grundstücken (§ 1030 BGB.), beschränkte persönliche Grunddienstbarkeit (§ 1090 BGB.) einschließlich des Wohnungsrechts nach § 1093 BGB., Vorkaufsrecht (§§ 1094 ff. BGB.), Reallasten (§§ 1105 ff. BGB.), Bergwerkseigentum, Kuxe des älteren Rechts, Fischereirechte (A 9 I des Fischereiges. vom 15. VIII. 1908, GVBl. S. 527), Realgewerbeberechtigungen (A 1 A., A II 5), Nutzungsrechte nach A 164 EGBGB., mit Ausnahme der Hypotheken (§§ 1199 ff. BGB.), Grundschulden (§§ 1191 ff. BGB.) und Rentenschulden (§§ 1199 ff. BGB.).

Gegenstand der Genehmigung sind also nicht nur Sachen, sondern auch Rechte, Befreiung von Verpflichtungen oder dinglichen Belastungen und sonstige wirtschaftliche Vorteile (Örtmann S. 82).

2. Der Genehmigung unterliegen die geistlichen Gesellschaften, welche in Bayern ihren Sitz haben, auch bezüglich des Erwerbs, welcher außerhalb Bayerns oder aus dem Auslande herrührt. Wegen des in Bayern befindlichen unbeweglichen Vermögens findet A 8 auch auf außerbayerische geistliche Gesellschaften Anwendung. Hinsichtlich der ausländischen juristischen Personen s. A 10.

III. Die Wertberechnung bemißt sich nach dem Bruttobetrag ohne Berücksichtigung der Gegenleistungen, Schulden, Lasten und Auflagen (RG. 76[384, 386]; Örtmann S. 82), nicht dagegen nach dem reinen Wert. Der Genehmigung unterliegt jeweils der volle Betrag, nicht der den gesetzlichen Wert übersteigende Betrag. Gegenstände des beweglichen und unbeweglichen Vermögens werden im Falle A 7 zusammengerechnet. Gesonderte Berechnung tritt ein, wenn Vermögen sowohl nach A 7 wie nach A 8 erworben wird.

Zusammengefaßt wird ferner, was durch ein Rechtsgeschäft oder durch mehrere Verfügungen von Todes wegen von einer Person erworben wird. Tatfrage ist, ob der Erwerb von verschiedenen Personen in einem Rechtsgeschäft als einheitliches Ganze aufzufassen ist.

Wiederkehrende Leistungen, soweit sie übertragbar (§§ 399, 400 BGB.) sind: die Leibrenten, Geldrenten nach §§ 843 ff. BGB. und nach den Haftgesetzen, Reallasten, Notweg- und Überbaurenten, Ansprüche aus Versicherungen, Miet-, Pacht- und Darlehenszinsen werden nach dem Kapitalwert berechnet. Der Zinssatz von 4 vom Hundert ist z. Zt. noch maßgebend.

Die Bezeichnung „Reichsmark" statt „Mark" ist eingeführt durch VO. vom 25. XI. 1925 (GVBl. S. 265).

Entscheidend für die Wertberechnung ist der Zeitpunkt des Erwerbsaktes (der Zuwendung) oder des Erbfalles.

IV. An Stelle des Landesherrn wird nach dem jetzigen Verfassungsrecht nunmehr die Genehmigung vom Staatsministerium für Unterricht und Kultus erteilt (VO. vom 15. XI. 1918, GVBl. S. 1231; §§ 4, 57^{IV}, 58^{III}, 61 Ziff. 2 VU.).

V. 1. Durch die Genehmigung wird das Rechtsgeschäft auf den Zeitpunkt der Vornahme zurück wirksam (§ 184^{I} BGB.). Außerdem ist A 86 S. 2 Hs. 1 EGBGB. anwendbar.:

„Wird die nach dem Landesgesetze zu einem Erwerbe von Todes wegen erforderliche Genehmigung erteilt, so gilt sie als vor dem Erbfall erteilt."

Infolge Rückwirkung der Genehmigung wird demnach angenommen, daß die Erbschaft (§ 1922 BGB.) oder das Vermächtnis schon beim Tode des Erblassers angefallen sei.

2. Bei Verweigerung der Genehmigung ist das Rechtsgeschäft von Anfang an nichtig; für Zuwendungen von Todes wegen „gilt die juristische Person in Ansehung des Anfalls als nicht vorhanden" (A 86 S. 2 EGBGB). An Stelle der juristischen Person tritt für den Zeitpunkt des Anfalls der nächst Berechtigte. Indessen ist bei Zuwendungen oder Erwerbungen, welche teilbar sind, die Gültigkeit bis zum Betrage der gesetzlichen Wertgrenze anzunehmen, soferne sie nicht durch besondere Bestimmung oder nach dem gesamten Inhalte der Verfügung als Ganzes aufzufassen sind (Staudinger A 86 A. II d ε EGBGB.).

3. Bis zur Entscheidung über die Genehmigung besteht ein Zustand der schwebenden Ungewißheit bei Rechtsgeschäften (RG. $\mathbf{64}^{149, 164}$), ebenso bei Erwerbungen von Todes wegen (RG. $\mathbf{75}^{406, 407}$, $\mathbf{76}^{384, 385}$, $\mathbf{88}^{335, 340}$).

Während des Schwebezustandes sind die Zuwendenden und die Vertragschließenden gebunden (RG. $\mathbf{75}^{406, 408}$, a. M. Henle-Schneider A 7 A. 4); ferner ist zulässig Feststellungsklage (RG. $\mathbf{75}^{406, 409}$), Eintragung einer Hypothek (RG. $\mathbf{88}^{335, 340}$, Güthe-Triebel GBO. 5. Aufl. Bd. II S. 1885); dagegen nicht Löschung einer Hypothek, Auflassung und deren Eintragung im Hinblick auf § 925^{II} BGB. (RG. $\mathbf{105}^{169, 174}$; ObLG. **22** A $^{328, 329}$; Staudinger § 925 B II g S. 411; Henle-Schneider A 7 A. 4 — a. M. RGK. § 925 A. 14).

Ausgeschlossen ist ferner die Auseinandersetzung des Nachlasses (A 86 S. 2 EGBGB., § 2043 BGB.).

Verfügungen im Wege der Zwangsvollstreckung oder der Arrestvollziehung oder durch den Konkursverwalter (§ 184^{II} BGB.) sowie alle erworbene Rechte Dritter (Enneccerus Bd. I § $191^{II\,2}$) behalten auch im Falle der Genehmigung ihre volle Wirkung.

Erwerb b) durch ausländische juristische Personen.

Art. 10.

Die Vorschriften der Artikel 7, 8 finden auf ausländische juristische Personen, die religiöse oder wohltätige Zwecke oder Zwecke des Unterrichts oder der Erziehung verfolgen mit der Maßgabe Anwendung, daß die Genehmigung bei einem den Betrag von fünftausend Reichsmark übersteigenden Werte, im Falle des Erwerbes des Eigentumes an einem Grundstück ohne Rücksicht auf den Wert erforderlich ist.

1. Die Ausländereigenschaft einer juristischen Person ist anzunehmen, wenn sie im Ausland ihren Sitz hat. Die Rechtsfähigkeit einer juristischen Person, welche nach den Gesetzen des Heimatstaates anerkannt ist, gilt auch für das deutsche Reichsgebiet (RG. $\mathbf{83}^{367}$). Indessen hat ein Verein, welcher in Deutschland die Rechtsfähigkeit nur nach §§ 21, 22 BGB. erlangen könnte, die Verleihung durch den Bundesrat (Reichsrat) zu erwirken (Art. 10 EGBGB. § 23 BGB.).

Ob eine juristische Person (Verein, Gesellschaft, Anstalt, Stiftung) religiöse oder wohltätige Zwecke, ferner des Unterrichts und der Erziehung verfolgt, muß jeweils für den einzelnen Fall geprüft werden.

2. Wegen der entsprechenden Anwendung von A 7, 8 wird auf die Erläuterungen hiezu verwiesen. A 2^{II} Konk. bezieht sich auch auf ausländische Orden und Kongregationen (v. Marth a. a. O., S. 18), soweit sie die Eigenschaft einer juristischen Person besitzen. Der näheren Untersuchung bedarf es jeweils, ob die ausländischen Niederlassungen der Englischen Fräulein unter den letztgenannten Begriff fallen.

Wegen der Bezeichnung „Reichsmark" anstatt „Mark" s. VO. vom 25. X. 1925 (GVBl. S. 265).

3. Erhebliche Einschränkung der Genehmigungspflicht durch die Bestimmungen der Staatsverträge mit Belgien vom 6. XII. 1891 (RGBl. 92 S. 141), Belgien-Luxemburg vom 4. IV. 1925 (RGBl. II S. 883, 947), Bolivien vom 22. VII. 1908, 30. VI. 1927 (RGBl. II S. 455, 881), Bulgarien vom 1. VIII. 1905 (RGBl. 1906 S. 1), vom 29. XI. 1912 (RGBl. S. 488), Estland vom 27. VI. 1923 (RGBl. II S. 160), Finnland vom 26. VI. 1926 (RGBl. II S. 557, 638, 722), Frankreich vom 5. VIII. 1926 (RGBl. II S. 435, 629), vom 17. VIII. 1927 (RGBl. II S. 523, 1105), Griechenland vom 9. VII. 1884 (RGBl. 1885 S. 23), vom 24. III. 1928 (RGBl. II S. 239), Großbritannien und Irland vom 13. XII. 1909 (RGBl. S. 979), vom 2. XII. 1924 (RGBl. II 1925 S. 777, 947), Ausdehnung auf die britischen Besitzungen (RGBl. II S. 177, 182, 211, 284, 353, 619, 673), Japan vom 24. VI. 1911 (RGBl. S. 477), vom 20. VII. 1927 (RGBl. II S. 1088), Italien vom 6. XII. 1891 (RGBl. 1892 S. 97), vom 31. X. 1925 (RGBl. II S. 1020), Lettland vom 19. XI. 1926 (RGBl. II S. 631), Litauen vom 1. VI. 1923 (RGBl. II 1904 S. 205), Mexiko vom 5. XII. 1882 (RGBl. 1883 S. 247), Portugal vom 20. III. 1926 (RGBl. II S. 289), Rumänien vom 31. X. 1893 (RGBl. 1894 S. 1), Rußland vom 10. II. 1894 (RGBl. S. 153), vom 12. X. 1925 (RGBl. II 1926 S. 6, 138), Schweden vom 14. V. 1926 (RGBl. II S. 383, 424), Schweiz vom 31. V. 1890 (RGBl. S. 131), vom 27. XI. 1926 (RGBl. II S. 675), Serbien vom 21. VIII. 1892 (RGBl. 1893 S. 269), nunmehr mit dem Königreich der Serben, Kroaten und Slowenen vom 6. X. 1927 (RGBl. II S. 1126), Spanien vom 7. V. 1926 (RGBl. II S. 296, 326), Türkei vom 12. I. 1927 (RGBl. II S. 53, 454), Vereinigten Staaten von Nordamerika vom 8. XII. 1923 (RGBl. II 1925 S. 795, 967).

4. Über die Anwendung auf ausländische Versicherungsunternehmungen (§ 84^{II} Ges. vom 12. V. 1901, RGBl. S. 139ff.).

Zahlungen aus öffentlichen Kassen.

Art. 11.

Zahlungen aus öffentlichen Kassen sind, soweit nicht ein anderes bestimmt ist, an der Kasse in Empfang zu nehmen, welche die Zahlung zu leisten hat.

1. Landesgesetzlicher Vorbehalt A 92 EGBGB. Ausnahme von der Vorschrift § 270 BGB., wonach der Schuldner im Zweifel Geld dem Gläubiger an dessen Wohnsitz oder gewerbliche Niederlassung zu übermitteln hat.

2. Art. 11 betrifft nur Leistungen in Geld im weiteren Sinne, Verkehrsgeld, d. h. Münzen deutscher Währung, Banknoten der Reichsbank und der anerkannten Privatbanken, ferner ausländische Münzen, Banknoten und ausländisches Papier-

geld (Enneccerus Bd. I^{1} § 116, RGK. § 244 BGB. A.^{1}) und Auszahlungen. Gleichgültig ist, ob die Zahlung öffentlichrechtlicher oder privatrechtlicher Art ist, zur Erfüllung einer gesetzlichen, vertraglichen Verpflichtung oder zu einem anderen Zwecke erfolgt (Staudinger A 92 EGBGB. A. 2^{b}, Plank a. a. O. A.^{1} — dagegen Oertmann S. 184).

3. Öffentliche Kassen = Amtsstelle, welche zur Verwendung für bestimmte Zwecke dienende Geldbestände verwaltet (RG. **82**$^{232, 235}$), d. h. des Staates, der Körperschaften des öffentlichen Rechts (Gemeinde, Bezirk, Kreis), auch der Sparkassen, der Stiftungen des öffentlichen Rechts, der bayerischen Staatsbank und ihrer Niederlassungen, der Reichsbehörden, welche in Bayern ihren Sitz haben, der Finanz-, Post- und Zollämter, der Reichseisenbahn, — nicht dagegen der Haupt- und Nebenstellen der Reichsbank.

4. Die Abholungspflicht trifft auch die außerhalb Bayerns, sogar im Auslande Empfangsberechtigten.

5. Die A 11 gilt nur, „soweit nicht ein Anders bestimmt ist". Eine abweichende Regelung kann sich ergeben a) auf Grund besonderen Vertrages oder der Besonderheit des einzelnen Rechtsverhältnisses,

b) auf Grund besonderer Verwaltungsvorschriften über unbare Zahlungen bei den Reichsbehörden, Reichskasseordnung vom 6. VIII. 1927 §§ 21$^{1\,b\,c}$, 23; Amtskasseordnung vom 12. III. 1928 §§ 1^{1} Ziff. 23, 20$^{1\,b\,c, 2, 3}$, 21^{3}, 22^{1}, 24, 25; Bayern: Bek. 15. II. 1900 betr. Zahlungen aus den Staatskassen an auswärtige Empfangsberechtigte im Postanweisungsverkehr (JMBl. S. 384), sowie die Vorschriften über den bargeldlosen Zahlungsverkehr.

6. Der rechtliche Leistungsort bleibt unberührt (vgl. § 270^{IV} BGB.).

Aufrechnung gegen Gehälter und Pensionen. Übertragung von Witwen- und Waisenbezügen.

Art. 12.

Gegen die Ansprüche der Hof-, Staats- und Gemeindebeamten, öffentlichen Diener und Geistlichen auf Gehalt oder Pension können Ansprüche aus dem Amts- oder Dienstverhältnisse sowie die von dem Gehalt oder der Pension zu entrichtenden Steuern oder Umlagen unbeschränkt aufgerechnet werden.

Für die Ansprüche der Hinterbliebenen der im Abs. 1 bezeichneten Bediensteten auf Witwen- und Waisenbezüge gilt das gleiche in Ansehung der von den Bezügen zu entrichtenden Steuern oder Umlagen. Die Witwen- und Waisenbezüge können weder abgetreten noch verpfändet werden.

Auf die Bezüge der Angehörigen des Heeres und deren Witwen und Waisen finden diese Vorschriften keine Anwendung.

Schrifttum: v. Marth, ZfR. 1930 S. 169ff.

I. Die Pensionen der Witwen und Waisen, die denselben aus Witwen- und Waisenkassen zukommenden Bezüge, die Erziehungsgelder, das Diensteinkommen der Beamten, Geistlichen, Lehrer an öffentlichen Anstalten, die Pensionen dieser Personen nach deren Versetzung in einstweiligen oder dauernden Ruhestand sowie der nach ihrem Tode den Hinterbliebenen zu gewährende Sterbegehalt sind nur zu einem Drittel des Mehrbetrags über 195 RM. monatlich der Pfändung unterworfen (§ 850 Abs. I Ziff. 7, 8 ZPO.). In Ansehung der für die Zeit nach Erhebung der Klage und für das diesem Zeitpunkt vorausgehende letzte Vierteljahr kraft Gesetzes zu entrichtenden Unterhaltsbeiträge ist zugunsten der Verwandten, des Ehegatten und des früheren Ehegatten die Pfändung unbeschränkt zulässig, zugunsten des unehelichen Kindes insoweit, als nicht der notdürftige Unterhalt des Schuldners und die ihm gegenüber den Verwandten, der Ehefrau und der früheren Ehefrau obliegende Unterhaltspflicht gefährdet wird (§ 850^{IV} ZPO.). Eine Übertragung der Forderung und eine Aufrechnung gegen sie ist daher insoweit ausgeschlossen (§§ 394, 400 BGB.). Abweichende Vorschriften nach Landesgesetz sind zulässig (A 81 EGBGB.). Besondere Bestimmungen sind getroffen über die Abtretung von Beamtenbezügen zum Heimstättenbau (Ges. vom 29. VI. 1927, RGBl. S. 133).

II. 1. Für die Zulässigkeit der Aufrechnung gelten die allgemeinen bürgerlichrechtlichen Vorschriften: Gleichheit der Personen, welche sich Gläubiger und Schuldner für Forderung und Gegenforderung gegenüberstehen, und Gleichartigkeit der Leistungen (§§ 387 ff. BGB.). Für die Gegenaufrechnung ist die Vorschrift des § 395 BGB. zu beachten.

2. a) Personengruppen: Hofbeamte gibt es nach der Auflösung der kgl. Hofhaltung nicht mehr. Die vormaligen Hofbeamten wurden in den bayerischen Staatsdienst übernommen (Bek. vom 27. XI. 1919, GVBl. S. 811). Das Hofbräuhaus, Hoffischereiamt Chiemsee und die Hofkellereiverwaltung Würzburg sind staatliche Betriebe.

In Betracht kommen nur bayerische Staatsbeamte nach A 1 BG., sowohl widerrufliche wie unwiderrufliche (vgl. A 1 A. II 8, A 60 A. II 1). Die Anwendung des Beamtenbegriffs des A 131 RV. scheidet aus, da in dieser Hinsicht weder für sie sog. Staatshaftung (vgl. A 60 A. 1[2]) noch weniger für alle sonstigen Rechtsverhältnisse ein allgemein gültiger Rechtssatz aufgestellt ist, überdies für den Fall des A 12 das bayerische öffentliche Recht maßgebend ist (a. M. v. Marth a. a. O. S. 170).

Über Gemeinde-, Bezirks- und Kreisbeamte vgl. A 60 A. II 1.

Die Bezeichnung „Öffentliche Diener" trifft für alle Personen zu, welche nicht in einem Beamtenverhältnis nach den vorgenannten gesetzlichen Bestimmungen stehen, jedoch in einem öffentlichrechtlichen Dienstverhältnisse zu einer Körperschaft des öffentlichen Rechts, d. h. einer Gemeinde, eines Bezirks, eines Kreises, einer Religionsgesellschaft, einer öffentlichen Stiftung oder Anstalt sich befinden (v. Marth a. a. O. S. 173).

Als öffentliche Diener gelten insbesondere die Notariatsbeamten, welche von der Notariatskasse als Anstalt des öffentlichen Rechts angestellt und besoldet werden (A 126 b, 129^{II} NotGes. i. der Fassung des Ges. vom 21. III. 1930, GVBl. S. 65, Notariatsbeamtenordnung vom 4. IX. 1925, JMBl. S. 67).

Auch Vertragsangestellte können unter den Begriff „öffentliche Diener" fallen, nicht aber Staats- und Gemeindearbeiter.

Geistliche stehen in einem Dienstverhältnisse zu der Religionsgesellschaft, bei welcher sie angestellt sind. Sie beziehen von der Religionsgesellschaft ihr Diensteinkommen; der Staat gewährt an die Religionsgesellschaft lediglich die erforderlichen Mittel für diesen Zweck. Im übrigen vgl. wegen der Einkommensverhältnisse der Geistlichen A 1 A. II 8.

Hinterbliebene sind diejenigen Personen, welchen ein Anspruch auf gesetzliche Fürsorge zusteht; die Witwe, die ehelichen und legitimierten Kinder des verstorbenen Beamten (bei Staatsbeamten A 72^{I}, 73 BG.).

b) Unter „Gehalt" fällt das gesamte Diensteinkommen der Beamten, öffentlichen Diener und Geistlichen, d. i. Grundgehalt, Wohnungsgeldzuschuß und Kinderzuschläge (für Staatsbeamte A 26 BG., A 2, 13, 21 des Beamtenbesoldungsgesetzes vom 20. IV. 1928, GVBl. S. 205); nicht dagegen andere Vergütungen wie Reisekosten, Tagegelder, Umzugskosten, Entschädigung für doppelte Haushaltführung, Kollegiengelder.

Unter „Pension" ist sowohl der Ruhegehalt wie das Wartegeld zu verstehen (für Staatsbeamte A 38, 47 BG.).

Die Bezüge der Witwen und Waisen bestehen in Sterbegehalt, Sterbegeld, Witwen- und Waisengeld (wegen der Hinterbliebenen der Staatsbeamten vgl. A 72—88 BG.).

Wegen der Gemeinde-, Bezirks- und Kreisbeamten vgl. § 89 GO., A 36 BezO., A 38 KrO., wegen der Geistlichen, Beamten und öffentlichen Diener der Religionsgesellschaften vgl. A 22 Vertr. mit der Evangelisch-lutherischen Kirche im rechtsrheinischen Bayern, A 15 des Vertrags mit der Pfälzischen Landeskirche.

Dagegen sind die Bezüge aus Witwen- und Waisenkassen (§ 850^{I} ZPO. z. B. aus dem allgemeinen Staatsdienerunterstützungsverein und der Töchterkasse) für die unbeschränkte Aufrechnung nicht freigegeben. A 12^{II} hat im Zusammenhalt mit A 12^{I} und A 81 EGBGB. nur die gesetzlichen Witwen- und Waisenbezüge zum Gegenstande. Die Nichtaufnahme der weiteren Bestimmung in A 81 EGBGB. und A 12 erklärt sich wohl aus der Erwägung, daß für Kosten der erwähnten Art Ansprüche aus dem Dienstverhältnisse, aus Steuern und Umlagen nicht in Betracht kommen (a. M. v. Marth a. a. O. S. 175).

Nicht hieher gehören ferner die Leistungen einer privaten Lebens-, Witwen- und Waisenversicherung (v. Marth a. a. O. S. 175), ferner der Sterbegehalt, welcher anderen Personen als den Hinterbliebenen zukommt (A 72^{II} BG.).

3. Für die Gegenansprüche ist Voraussetzung, daß sie derjenigen juristischen Person des öffentlichen Rechts zustehen, welche zugleich die Leistungen nach A 12 schuldet.

a) Sie beruhen zunächst auf dem Arbeits- und Dienstverhältnis: kleine Baufallwendungen wegen einer Dienstwohnung (ObLG. **20** B^{518}), Kassenfehlbeträge, Kosten eines Disziplinarverfahrens (Reindl BG. A 162 A. 7), Geldstrafen (A 163^{II} BG.), Rückgriffsforderung aus der Haftung wegen vorsätzlicher oder fahrlässiger Verletzung der Amtspflicht bei Ausübung der anvertrauten öffentlichen Gewalt (A 131 RV., A 60 A. IV 1—3). Gegen Staats-, Gemeinde-, Bezirks- und Kreisbeamte ergeht hiewegen Haftungsbescheid unter Vorbehalt des Rechtswegs (A 179^{I}, 189 BG., A 82 GO., A 36 BezO., A 38 KrO.). Die Hinterbliebenen haften hiefür nur als Erben (§ 1967 BGB.). Eine Aufrechnung gegenüber Witwen- und Waisenbezügen kommt hiewegen nicht in Betracht.

b) Als Steuern kommen je nach dem Forderungsberechtigten in Betracht: Grundsteuer, Haussteuer, Gemeindeumlagen, Besitzveränderungsabgabe, Kirchensteuer, dagegen nicht Abgaben für Benützung gemeindlicher Anstalten: Gebühren an Gas- und Elektrizitätswerke, Wasserzins, Kanalanschlußgebühren.

Der Abzug der Einkommensteuer bei der Lohn- und Gehaltsauszahlung und der Kapitalertragsteuer bei der Auszahlung der Zinsen und Dividenden (§§ 69, 83 des Einkommensteuergeś. vom 10. VIII. 1925, RGBl. I 189) bedeutet nur eine Form der Steuererhebung, nicht eine Aufrechnung. Ebensowenig genießen die Vergünstigung des A 12 die Beiträge zur Krankenkasse für Staatsbeamte, welche von den Zahlstellen einbehalten werden (Bek. StMFin. vom 13. III. 1926 Nr. 12647 B). Auch hier liegt nur eine Form der Beitragserhebung vor.

4. Die restlose Durchführung der unbeschränkten Aufrechnung ist nicht unbedingt geboten, sondern steht im Ermessen der zuständigen Behörde, welche den Umständen des einzelnen Falles Rechnung tragen kann.

III. Die freie Verfügung über die Witwen- und Waisenbezüge: Abtretung und Verpfändung (§§ 400, 1274 BGB.) ist auch innerhalb der Grenze des § 850 Abs. 1 Ziff. 7, 8 Abs. 2 ZPO. ausgeschlossen. (Abs. 2 S. 2). Das gleiche gilt vom Sterbegehalt (A. 72^{4} BG.), gleichviel ob er den Hinterbliebenen oder anderen Personen zufällt. An der Vererblichkeit der fällig gewordenen Ansprüche auf Witwen- und Waisengeld (A 73 BG.) sowie auf Sterbegehalt (A 72^{1} BG.) wird hiedurch nichts geändert.

IV. Abs. 3 ist gegenstandslos, da die Wehrmacht ausschließlich dem Reich untersteht (A 6 Ziff. 4, 133^{2} RV.). Für die Rechtsverhältnisse der Angehörigen der Reichswehr ist nunmehr maßgebend das Wehrges. vom 23. III. 1921 (RGBl. I S. 329) und das Wehrmachtsversorgungsgesetz vom 31. VII. 1925 (RGBl. I S. 349).

V. Auf Reichsbeamte und deren Hinterbliebene findet A 12 keine Anwendung, ebensowenig auf Reichsbahnbeamte und Beamte der Reichsbank.

Bierlieferungsvertrag.

Art. 13.

Wird zwischen einem Brauer und einem Wirte ein Vertrag über die Lieferung von Bier ohne Bestimmung der Menge des zu liefernden Bieres geschlossen, so gilt, soweit nicht ein Anderes vereinbart wird, als Gegenstand des Vertrags der gesamte Bedarf an Bier, der sich in dem Gewerbebetriebe des Wirtes während der Dauer des Vertragsverhältnisses ergibt. Der Wirt ist verpflichtet, den Bedarf ausschließlich von dem Brauer zu beziehen, der Brauer hat dem Wirte die jeweils verlangten Mengen zu liefern. Ist die Dauer des Vertragsverhältnisses nicht bestimmt, so kann dieses von jedem Teile für den Schluß des Monats September jedes Jahres gekündigt werden.

Geht das Geschäft des einen oder des anderen Teils durch Rechtsgeschäft unter Lebenden auf einen Dritten über, so hat der bisherige Inhaber dafür einzustehen, daß der neue Inhaber in den Vertrag eintritt.

Landesgesetzlicher Vorbehalt: A 18 EGHGB.

1. Vertrag: Beiderseitige zustimmende Willenserklärung, einseitiger Antrag des Wirtes genügt nicht (ObLG. **9**^{297}), stillschweigender Vertrag bei vorbehaltslosem Bierbezug auf längere Zeit (JW. 1929 S. 332). Kein Formzwang — außer bei Verbindung mit einem formbedürftigen Vertragskauf eines Wirtschaftsanwesens, sofern der Bierlieferungsvertrag ohne dieses Rechtsgeschäft nicht geschlossen worden wäre (§§ 313, 139 BGB.) (RG. **64**^{35}, **103**^{298} ObLG. **23** A ^{10}). Tatfrage, ob ein einheitliches Rechtsgeschäft vorliegt (ObLG. **4**^{876}). § **138** BGB.: Verstoß gegen § 6^{I} VO. über die Malzkontingente (ObLG. **29**^{71}), Knebelungsvertrag: entscheidend die Gesamtheit der Leistungen und Gegenleistungen, wenn der Schuldner zugunsten des Gläubigers der wirtschaftlichen Freiheit und Unabhängigkeit vollständig beraubt wird (RG. **82**^{308}, JW. **1915**^{191}, **1917**^{966}, ObLG. **15**^{142}), Bierabnahmevertrag auf unbestimmte Zeit (JR. 1926 Nr. 1901), Ausschluß des Rücktrittsrechts und der Kündigung (ZfR. **1927** S. 271) sog. Kastellanvertrag in der

Form, daß die Brauerei als Inhaberin der Konzession den Betrieb der Gastwirtschaft dem Wirte auf dessen eigene Rechnung überläßt, da damit eine Umgehung der ges. Konzessionsbestimmung bezweckt wird (RGK. § 535 Vorbem. 5; D. Künstler, Bierlieferungsvertrag § 12 S. 89); verneint, wenn die vertragliche Bindung des Abnehmers nicht übermäßig lange Zeit dauert, 5, 10, sogar 20, 30 Jahre (RG. **63**[333], [390], **67**[101], JW. **1906**[456], **1908**[327], **1909**[413], **1910**[62], ObLG. **15**[142], **23** A[10], **28** A[183], [480], **29** A[71], [77], ZfR. **1926**[287], Seufferts Archiv **80** Nr. 161). Die Nichtigkeit erstreckt sich im Zweifel auf das ganze Rechtsgeschäft (§ 139 BGB.); eine teilweise Nichtigkeit ist nur anzunehmen, wenn das Rechtsgeschäft auch ohne den nichtigen Teil vorgenommen worden wäre. Die Beurteilung hängt von den Umständen des einzelnen Falles ab; maßgebend ist der Wille der Parteien (Staudinger § 139 A. 4). Auch für übermäßig langfristige Bierlieferungsverträge läßt sich die Teilnichtigkeit nicht als Regel aufstellen, da die Dauer des Bierbezugs wohl zumeist als wesentlicher Bestandteil des Vertrags angesehen wird (a. M. Künstler a. a. O. § 7b S. 42ff.).

2. Der Inhalt des Vertrags richtet sich nach A 13, „soweit nicht ein Anderes bestimmt ist". Demnach besteht nach jeder Richtung Vertragsfreiheit. Im allgemeinen genügt die allgemeine Vereinbarung über den Bierbezug. Die Bestimmung über Menge, Beschaffenheit und Preis des Bieres kann einer späteren Regelung vorbehalten bleiben (ObLG. **9**[232], [297]).

a) Der Vertrag ist kein Vorvertrag, sondern ein einheitlicher Kaufvertrag, der eine Mehrheit von aufeinanderfolgenden Hauptleistungen des Verkäufers (Teilleistungen) zum Gegenstande hat (Sukzessivlieferungsvertrag) (ObLG. A **28** A [183], [190]), ohne daß jedoch die Menge des zu liefernden Bieres im vornherein bestimmt ist.

b) Gegenstand des Vertrages ist das Bier: das durch Gärung aus Malz und Hopfen hergestellte Getränk; er kann sich beziehen auf die verschiedenen Arten von Bieren: braunes, helles Bier, Bock, Starkbier, Weizenbier, auch auf bierähnliche Getränke (§§ 10, 11 Biersteuerges. vom 9. VII. 1923, RGBl. I S. 557). Bier ist im allg. Gattungsware (§ 243 BGB.), auch wenn es aus einer bestimmten Brauerei zu beziehen ist (begrenzte Gattungsschuld).

c) Der Preis ist entweder genau dem Betrage nach oder nach allgemeinen oder nach ortsüblichen Sätzen bestimmt. In Ermangelung einer besonderen Vereinbarung gilt stets der ortsübliche Preis. Die Anwendung der clausula rebus sic stantibus wird für langfristige Lieferungsverträge vom RG. im allgemeinen abgelehnt (RG. **50**[357], **60**[59], **62**[676], **65**[188], **86**[398]). Nicht jedes Fallen und Steigen des Preises selbst im erheblichen Umfange gibt einen Anlaß zum Rücktritt, sondern nur eine außerordentliche, tiefgehende Umwälzung der wirtschaftlichen Verhältnisse, mit der die Parteien in keiner Weise gerechnet haben oder rechnen konnten (RG. **88**[174], **92**[322], **95**[43], **102**[240]). Bei ortsüblichen Preisen ist eine Erhöhung lediglich zulässig, wenn sie vom Standpunkte des Brauers wegen Steigen der Produktionskosten zur Erhaltung des Betriebes und der Konkurrenzfähigkeit notwendig und zugleich in den beteiligten Kreisen allgemein anerkannt ist (JW. **1908**[224]). Bei Erhöhung der Biersteuer wird jeweils durch besonders ges. Bestimmung dem Bierbrauer die Befugnis eingeräumt, ohne Rücksicht auf den Vertrag einen entsprechenden Zuschlag zum Bierpreise zu erheben (§ 30 Biersteuerges. vom 9. VII. 1923, RGBl. I S. 557, i. Verbindung mit Art. VI des Ges. vom 15. IV. 1930 zur Änderung des Biersteuerges. RGBl. I S. 136, 137).

d) Vertragsteile.

aa) Der Bierbrauer, d. h. Selbsterzeuger, welcher auch als Pächter einer Bierbrauerei tätig sein kann; dagegen nicht der Bierverleger. Er hat zu liefern

Bier eigener Herstellung (ObLG. **29** A [71], [77]) von mittlerer Art und Güte (§ 243[I] BGB.) sowohl hinsichtlich des allgemeinen Schenkbieres wie der Spezialbiere: des Sommerbieres, Exportbieres, Starkbieres, ferner den ganzen Bedarf des Wirtes und auf dessen Abruf so rechtzeitig, daß der Fortbetrieb der Wirtschaft gesichert ist. Für unabwendbare Ereignisse: wie Brand, Hochwasser, Maschinendefekt, Streik dauert die Verpflichtung des Bierbrauers fort (§ 279 BGB.), soferne nicht die Haftung im Vertrage ausgeschlossen ist.

ββ) Der Wirt, d. h. der selbständige Abnehmer, auf dessen Rechnung die Wirtschaft geführt wird, nicht der Stellvertreter in der Führung der Wirtschaft. Die Art des Betriebes ist gleichgültig. Demnach fällt auch darunter der Bierausschank in Theater-, Zirkus-, Eisenbahnbüffets, in Warenhäusern, Kantinen, Speisewagen — nicht dagegen der Bierverleger, Flaschenbierhändler. Er hat seinen ganzen Bedarf an Bier aus der Brauerei zu beziehen. Für den vorübergehenden Ausschank fremder Biere wie Salvator bedarf er jeweils der Erlaubnis des Bierbrauers. Führt der Wirt mehrere Biere, so beschränkt sich seine Verpflichtung im Zweifel auf die Biersorte, welche jeweils in Betracht kommt: Münchener, einheimisches Bier (§§ 157, 242 BGB.). Der Wirt hat die Wirtschaft weiterzubetreiben.

Die Einstellung des Betriebes befreit jeden Teil nur dann vom Vertrage, wenn sie unverschuldet ist (§ 323[I] BGB., ObLG. **28** A [113], **29** A[71], [79]).

e) Die Dauer der gegenseitigen Bindung richtet sich nach dem Vertrage; sie kann nach einem bestimmten Zeitpunkt festgesetzt oder von gewissen Ereignissen, wie Zurückzahlung eines Darlehens abhängig gemacht sein. Außerdem kann jeder Teil: der Bierbrauer wie der Wirt, nur zum Schlusse des Sudjahres, d. h. auf Ende September kündigen. Dies gilt auch dann, wenn das Ereignis, welches die Beendigung des Bierbezugs herbeiführen soll (die Zurückzahlung des Darlehens,) während des Sudjahres eintritt (ZfR. 1905 S. 254). Eine Kündigungsfrist ist nicht vorgesehen.

f) Für eine in Verbindung mit dem BLV. festgesetzte Vertragsstrafe gelten §§ 339—345 BGB.

3. Rechtsnachfolge.

a) Durch Rechtsgeschäft unter Lebenden (Veräußerung, Verpachtung) kann sich auf jeder Seite der Inhaber des Geschäfts, Unternehmens ändern. Die Fusion einer Brauerei mit sofortiger Verschmelzung bedeutet für den Wirt einen Schuldnerwechsel (§ 419 BGB., § 25 HGB., RG. **71**[377]). Die Vereinbarung, daß der Wirt das Bier aus einer bestimmten Brauerei und deren jeweiligen Inhaber abzunehmen hat, bezieht sich nur auf das in der Brauerei erzeugte Bier, nicht auf Bier anderer Herkunft (ZfR. 1928 S. 310, s. oben A. 2d *aa*).

Der bisherige Inhaber der Wirtschaft hat dafür einzustehen, daß der Rechtsnachfolger in den Vertrag eintritt (Abs. 2). Wenn Letzterer die Leistungen aus dem BLV. aufnimmt und längere Zeit fortsetzt, so kann hierin eine stillschweigende Übernahme des Vertrags erblickt werden (JW. 1929 S. 332).

Der Eintritt in den Vertrag hängt auf jeden Fall von der Genehmigung des anderen Teils ab (§ 415 BGB. ObLG. **2**[261], **6**[411]).

Der Wirt kann die Genehmigung verweigern, wenn die Leistung durch die Rechtsnachfolge (Fusion) eine andere wird, d. h. wenn nach dem Vertragswillen der Parteien oder nach der Verkehrssitte (§ 157 BGB.) nur das Bier einer bestimmten Brauerei Gegenstand des Vertrages ist (ZfR. **1905**[434], **1927**[270], **1928**[310]; Recht 1906 Nr. 503; LZ. **1913**[465]).

Das gleiche gilt beim sog. Kundentausch (Künstler § 10 a *β* S. 74). Die Bierabnahme auf Seite des Wirtes wird beim Nachfolger zumeist als gleiche

Leistung anzusehen sein. Grundlose Verweigerung der Genehmigung begründet Schadensersatzpflicht (§§ 242, 226, 826 BGB.). Ist der andere Teil aus anerkennenswerten Gründen gezwungen, die Genehmigung zu verweigern, so ergibt sich für ihn ein Schadensanspruch (§ 280 BGB., Henle-Schneider A. ^{5}).

Dagegen begründet ein Rückgang des Bierbezugs beim Nachfolger des Wirtes an sich noch keine Verpflichtung zum Schadensersatz, da er nur für den Eintritt des neuen Inhabers in den Vertrag einzustehen hat, aber nicht für dessen Leistungsfähigkeit (a. M. Örtmann § 49^{VII} S. 203) — es sei denn, daß ihm hiebei Vorsatz oder Fahrlässigkeit zur Last fällt (§ 276 BGB.).

Für *die Rückstände des bisherigen Inhabers* haftet der neue Inhaber gesetzlich nur dann, wenn es sich um die Übernahme eines Vermögens (§ 419 BGB.) oder eines Handelsgeschäftes (§ 25 HGB.) handelt. Bei der Fusion zweier Brauereien tritt diese Rechtsfolge mit der Vereinigung der beiden Vermögensmassen ein (RG. **71**^{377}).

b) *Bei Eröffnung des Konkurses* über das Vermögen eines der Vertragsteile kann der Konkursverwalter an Stelle des Gemeinschuldners die Erfüllung des Vertrages übernehmen und vom anderen Teile die Erfüllung verlangen (§ 17^{I} KO.), alsdann gelten die hieraus erwachsenden Verpflichtungen als Masseschulden (§ 59 Ziff. 2 KO.). Lehnt der Konkursverwalter jedoch die Erfüllung ab, so kann der andere Teil den entsprechenden Schaden nur als Konkursforderung geltend machen (§ 26 KO.).

c) Im Falle des Todes gehen die Rechte und Pflichten des Erblassers auf die Erben über (§§ 1922, 1965 BGB., wegen des Wirtes, ZfR. 1921 S. 264).

4. Eine *positive Vertragsverletzung* liegt zunächst vor bei Lieferung von vertragswidrigem, schlechtem Bier. Bei vereinzelten mangelhaften Lieferungen kann der Wirt die Annahme der Lieferung verweigern und entweder auf vertragsmäßiger Erfüllung bestehen (§ 480^{I} BGB.) oder soferne dies zur ununterbrochenen, ordnungsgemäßen Fortführung der Wirtschaft notwendig erscheint, sofort und ohne Fristsetzung sich anderweitig eindecken und Schadensersatz wegen Nichterfüllung fordern (§ 326^{II} BGB.) oder Wandelung oder Preisminderung verlangen (§ 462 BGB.).

Ein Rücktritt vom Vertrag ist hiewegen noch nicht gerechtfertigt (§§ 325, 326 BGB.) (RG. **63**^{297}, OLG. **4**^{224}, **6**^{50}). Dieser Rechtsbehelf wird lediglich dann gewährt, wenn der Brauer nach Zurückweisung des mangelhaften Bieres mit der Nachlieferung vertragsmäßiger Ware in Verzug gerät oder trotz wiederholter Abnehmung die vertragswidrige Lieferung fortsetzt, soferne der Wirt an der weiteren Lieferung kein Interesse mehr hat und die Fortsetzung des Vertrages ihm infolge Gefährdung des Vertragszweckes billigerweise nicht mehr zugemutet werden kann (Staub HGB. Exkurs § 374 A. ^{172}ff., ^{184}ff.; RG. **67**^{5}, **93**^{285}; JW. **1906**^{300}; LZ. **1915**^{623}; Gruchot **65**^{221}).

Ebenso berechtigt *die Erhöhung des Bierpreises* auf Grund einer Ringbildung, welche nicht allgemein anerkannt wird, zum Rücktritt vom Vertrag, wenn hiedurch der Betrieb und die Konkurrenzfähigkeit des Wirtes gefährdet wird (JW. **1908**^{325}).

Das gleiche gilt von der *fortgesetzten Nichtlieferung* von Bier trotz wiederholter Mahnung. Indessen ist ein Rücktritt bei verhältnismäßiger Geringfügigkeit des rückständigen Teils der Leistung nicht zulässig (RG. Seufferts Archiv **67**^{6}, Recht 1919 Nr. 31, OLG. **43**^{106}).

Der Rücktritt erstreckt sich, soferne der Bierlieferungsvertrag einen wesentlichen Bestandteil eines anderen Vertrages bildet (Kauf- und Darlehensvertrag), jeweils auf den ganzen Vertrag (§ 139 BGB.; RG. **67**^{101}).

Art. 14.

Ist bei dem Bestehen eines Vertragsverhältnisses der im Art. 13 Abs. 1 bezeichneten Art der Wirt Eigentümer des Grundstücks, auf welchem er sein Geschäft betreibt, so kann der Brauer verlangen, daß ihm für den gestundeten oder rückständigen Kaufpreis des gelieferten Bieres eine Sicherungshypothek an dem Grundstücke bestellt wird.

Hat der Wirt noch andere Grundstücke, die mit dem seinem Geschäftsbetriebe dienenden Grundstücke gemeinschaftlich bewirtschaftet werden, so kann die Erstreckung der Sicherungshypothek auf diese Grundstücke verlangt werden, soweit sie erforderlich ist, damit der Betrag des Kaufpreises durch den Wert der Grundstücke doppelt gedeckt wird. Der Wert wird unter Abzug der Belastungen berechnet, die der Sicherungshypothek im Range vorgehen.

I. Die Sicherstellung der Ansprüche des Bierbrauers wird in beschränktem Maße gewährt zugunsten bestimmter Forderungen in Form einer Sicherungshypothek. Gesetzlich unzulässig ist für diesen Zweck die Bestellung einer Grunddienstbarkeit, da sie in einer Leistung nicht bestehen kann (§§ 1018 ff. BGB., ObLG. 8[126], 18 A [146], **26** A[82]) oder einer Reallast (§§ 1105 ff. BGB., RG. **59**[109]).

II. Wegen des Personenkreises: Bierbrauer und Wirt vgl. oben A 13 A. 2d.

III. Gesichert werden nur die jeweils zur Entstehung gelangten Forderungen für geliefertes Bier, selbst wenn sie gestundet sind, nicht dagegen andere Ansprüche aus dem Bierlieferungsvertrage auf Rückerstattung von Flaschen, Fässern oder auf Schadensersatz oder für künftige Bierlieferungen.

Der Sicherungsanspruch erstreckt sich auch auf Verzugszinsen und Kosten (ObLG. **9**[488]).

IV. Die Sicherungshypothek (§§ 1184 ff. BGB.) ist zulässig auf dem Grundstück, welches z. Zt. der Eintragung dem Wirte gehört, auf welchem der Wirt sein Geschäft betreibt und die Ausschankstelle sich befindet: das eigentliche Wirtschaftsanwesen mit Nebengebäuden, Dependenzen, Stallungen; ferner ist das getrennt liegende Grundstück, auf welchem während des Sommers Gartenwirtschaft betrieben wird, hinzuzurechnen; Grundstücke, welche dem Wirtschaftsanwesen als Bestandteil zugeschrieben sind, gelten mit dem Hauptgrundstück als einheitliches Grundstück (ObLG. **5**[428], ZfR. **1905**[28]). Bei allgemeiner Gütergemeinschaft richtet sich das Eintragungsrecht auf das zum Gesamtgut gehörige Grundstück, sowohl wenn der Ehemann Wirtschaftsführer ist (§ 1459 BGB., Staudinger § 648 A. II[5] d), als auch wenn die Ehefrau mit Zustimmung des Ehemannes die Wirtschaft führt (§ 1460 BGB.).

Die Sicherungshypothek ist ferner zu erstrecken auf den Grundbesitz des Wirtes, welchen er gemeinschaftlich mit dem Betriebsgrundstück bewirtschaftet. In dieser Richtung ist jedoch die Haftung insoweit beschränkt, als der Betrag des Kaufpreises doppelt gedeckt wird durch den freien Wert der Grundstücke, welcher sich nach Abzug der im Range vorausgehenden Belastungen ergibt. Zunächst ist zu prüfen, ob das Wirtschaftsanwesen allein schon eine doppelte Deckung bietet; die Heranziehung der übrigen Grundstücke darf jeweils nur in 2. Linie bis zur Höhe der doppelten Deckung erfolgen. Den Nachweis für die Notwendigkeit der Ausdehnung der Sicherheit hat jeweils der Gläubiger zu erbringen (ObLG. **5**[428], ZfR. **1907**[142]).

Die Eintragung der Sicherungshypothek erfolgt bei Bewilligung in notarieller oder notariell beglaubigter Urkunde (§ 29 GBO.), außerdem auf grund Urteils (§§ 894 bis 896 ZPO.). Soferne nicht der Gläubiger die Forderung auf die einzelnen Grundstücke zur Haftung nach Bruchteilen verteilt, wird die Sicherungshypothek als Gesamthypothek auf allen in Betracht kommenden Grundstücken eingetragen (§ 1132 BGB.).

Zur Sicherung seines Anspruchs auf Bewilligung der Sicherungshypothek kann der Bierbrauer die Eintragung einer Vormerkung im Wege der einstweiligen Verfügung erwirken (§§ 883—885 BGB.).

Der Schuldner kann im Wege des Widerspruchs (§§ 934, 936 ZPO.) gegen den Anspruch selbst wie gegen die Zulässigkeit der Sicherungshypothek, wie deren übermäßige Ausdehnung Einwendungen erheben.

Die Eintragung der Sicherungshypothek ist keine Maßregel der Zwangsvollstreckung, sie ist daher während des Konkurses zulässig, jedoch gegenüber den Konkursgläubigern unwirksam (ObLG. **5**[249]), ebensowenig kommt für sie die Beschränkung nach § 866^{III} ZPO. in Betracht.

V. Beschränkung der Eintragungsbefugnis nach Maßgabe der Verschuldungsgrenze gemäß A 2, 8—10 Siedlungsges. vom 15. VII. 1916 (GVBl. S. 135).

VI. Bei Übertragung der Forderung nach A 13 geht auch der Anspruch auf Sicherheitsleistung nach A 14 mit über (§ 401 BGB., OLG. **6**[84], **12**[82], **17**[426], **34**[48], Seuffert Archiv **57**[76], RGK. § 648 A. 3, Staudinger § 648 A. IV), ebenso bei Verpfändung und Pfändung.

Verzicht auf die Befugnis nach A 14 ist möglich.

VII. Zwischen den Beteiligten können auch weitergehende Vereinbarungen getroffen werden, wie Sicherungshypothek auf dem ganzen Anwesen und Sicherungsübereignung jeweils für alle aus dem Bierlieferungsvertrag entstehenden Ansprüche; sie werden vielfach zu deuten sein als stillschweigender Verzicht auf die beschränkte gesetzliche Befugnis.

Unberührt bleibt ferner der Antrag auf Arrest nach §§ 916ff. ZPO., welcher im Gegensatz zu § 885 BGB. zur Voraussetzung hat, daß die Gefährdung des Anspruchs glaubhaft gemacht wird (§ 917 ZPO.), auf der anderen Seite sich auf das gesamte bewegliche Vermögen des Schuldners erstrecken kann, endlich das gesamte Gebiet der Zwangsvollstreckung (§§ 704ff. ZPO.).

Gesinderecht.

Vorbemerkung.

Schrifttum: v. Marth, Das Gesinderecht des Ausführungsgesetzes zum Bürgerlichen Gesetzbuch (ZfR. 1929 S. 1ff., 323, 327).

A. I. 1. Reichsgesetzlicher Vorbehalt A 95 EGBGB. Durch den Aufruf der Volksbeauftragten vom 12. XI. 1918 (RGBl. S. 1303) Ziff. 8 wurden die „Gesindeordnungen außer Kraft gesetzt“. Von der Aufhebung wurden, da in Bayern eine einheitliche Gesindeordnung nicht bestand, die einzelnen Bestimmungen des Gesinderechts betroffen: zunächst auf dem Gebiete des Polizeistrafrechts Art. 106, 107 Abs. II, 108, 109 PStGB. (ObLGSt. **20** A [222] = ZfR. **1920** [275]; Schmitt PStGB. Bem. zu A 110; Schiedermair PStGB. Bem. zu A 106; Weinisch PStGB. Bem. zu A 107), außerdem A. 15—31, während EG. A 95, welcher lediglich die Möglichkeit einer landesrechtlichen Regelung eröffnete, unberührt blieb. Der Aufruf ist als Gesetz aufrecht erhalten im Übergangsgesetz vom 4. III. 1919 (RGBl. S. 285; Verz. hiezu vom 29. III. 1919 Nr. I^{I}).

Indessen wurden A 15—31 für die Hausgehilfen wieder eingeführt durch Anordnung des Staatskommissars für Demobilmachung vom 13. XII. 1918 (StA. Nr. 295), zu welcher das Staatsministerium für soziale Fürsorge mit Bek. vom vom 31. XII. 1918 (StA. Nr. 4/1919) Richtlinien erlassen hat. Einem „Gesetz" des Zentralrates, veröffentlicht in StA. Nr. 60 vom 6. III. 1919, inhaltlich dessen die Aufhebung der Art. 15—81 AGBGB. verfügt wurde, wurde mit Bek. vom 27. V. 1919 (GVBl. S. 286) die Gesetzeskraft versagt mit dem Beifügen, daß es bei der VO. des Demobilmachungskommissars vom 13. XII. 1918 sein Bewenden habe.

Die weitere Geltung der Demobilmachungsvorschrift über das Hausgehilfenrecht wurde angeordnet durch VO. vom 18. II. 1921 (RGBl. S. 189), Ges. vom 30. III. 1922 (RGBl. S. 285), Ges. vom 23. III. 1923 (RGBl. S. 215), VO. vom 29. X. 1923 (RGBl. S. 1036) i. Verbindung mit dem Ermächtigungsgesetz vom 13. X. 1923 (RGBl. S. 943).

2. Durch den Aufruf (s. oben) wurden ferner die Ausnahmegesetze gegen die Landarbeiter aufgehoben. Zu den Landarbeitern gehören auch die landwirtschaftlichen Dienstboten, d. h. diejenigen Dienstboten, welche außer mit hauswirtschaftlichen Arbeiten in der Landwirtschaft beschäftigt sind (vgl. insbesondere v. Marth a. a. O. S. 339). Die Bestimmungen A 15—31 sind ferner als Ausnahmegesetze zu erachten. Die Rechtsverhältnisse der Landarbeiter wurden geregelt in der vorläufigen Landarbeitsordnung vom 24. I. 1919 (RGBl. S. 111) = VLO., welche gleichfalls Gesetzeskraft erlangt hat (Übergangsges. vom 4. III. 1919, RGBl. S. 285, Verz. hiezu vom 29. III. 1919 Nr. III[29]); über die Gültigkeit der VLO. JW. 1919 S. 210; ZfR. 1919 S. 107. Zwar hat das Staatsministerium für Soziale Fürsorge als Demobilmachungsbehörde mit Bek. vom 16. VIII. 1919 (StA. Nr. 202) „zum Vollzuge dieser Reichsverordnung" die A 15—31 ausdrücklich als bestehend anerkannt (Ziff. I). Diese Bestimmung wurde jedoch beim Abbau der Demobilmachungsvorschriften nicht mehr aufrecht erhalten (RG. vom 18. II. 1921, RGBl. S. 189, und vom 30. III. 1922, RGBl. I S. 285).

B. Die Rechtsquelle des nunmehrigen Gesinderechts bilden im Rahmen von A 7 Ziff. 9, 12^{I} RV. neben den Vorschriften des BGB. für die Hausgehilfen die VO. des Demobilmachungskommissärs vom 13. XII. 1918 (StA. Nr. 295), die Richtlinien zur Ausführung dieser Anordnung vom 31. XII. 1918 (StA. 1919 Nr. 4) und A 15—31, für die Landarbeiter die VLO. (s. oben).

Für die Hausgehilfen enthält „das Hausarbeiterrecht" (§§ 6—10 ADK. Anlage III) zwingendes Recht, welches zu ihren Ungunsten durch Vertrag nicht abgeändert werden kann (Richtlinien Ziff. 1), während Abweichungen von §§ 611—630 BGB., A 15—31 zulässig sind. Gegenüber den Landarbeitern ist eine Regelung durch besonderen Vertrag oder Tarifverträge insoweit zulässig, als die Arbeitsbedingungen für den Dienstverpflichteten günstiger sind (§ 20 VLO.). Nur insoweit ist auch die Übernahme A 15—30 in den Tarifverträgen für den familienfremden landwirtschaftlichen Dienstboten rechtsverbindlich (v. Marth a. a. O. S. 7, 14, 340).

In den coburgischen Landesteilen wurden weder A 15—31 noch die V. d. DK. 13. XII. 1918 eingeführt; für die Hausgehilfen gelten daher die Bestimmungen des BGB.; für die Landarbeiter ist die VLO. maßgebend.

II. Unberührt bleiben

1. nach A 95^{II} EGBGB.: §§ 104—115, 131 BGB. über Geschäftsfähigkeit und Willenserklärung, §§ 278, 831, 840^{II} BGB. über Haftung des Dienstherrn, §§ 617—619, 624 BGB. (Dienstvertrag) über Gewährung von Verpflegung und ärztlicher Behandlung bei Erkrankung des Dienstboten, Schutzvorrichtun-

gen, Nichtigkeit entgegenstehender Bestimmungen, langfristiges Dienstverhältnis, § 1358 BGB. Kündigungsrecht des Ehemannes,

2. die sonstigen Bestimmungen über die zivilrechtliche Verantwortlichkeit des Dienstherrn A 122 PStGB., A 69 ForstGes., A 13 pf. ForstGes.

Das in Aussicht gestellte Hausgehilfen-Gesetz ist bis jetzt nicht erschienen.

III. Der Begriff des Gesindes ist in der bisherigen Gesetzgebung nicht erläutert. Nunmehr erklärt die VO. des Demobilmachungskommissärs vom 13. XII. 1918 (StA. Nr. 295) § 4 als Hausgehilfen diejenigen Arbeiter und Angestellten, welche unter Aufnahme in die häusliche Gemeinschaft des Arbeitgebers mit häuslichen Diensten beschäftigt sind und nicht den Vorschriften des Titels VII der Gewerbeordnung unterstehen. Diese Begriffsbestimmung ist als bindend anzusehen. Demzufolge fallen Dienstboten, welche häusliche und zugleich landwirtschaftliche Arbeiten verrichten, unter die Gruppe der Landarbeiter.

IV. Streitigkeiten zwischen Hausgehilfen und Landarbeitern einerseits und Arbeitgebern andrerseits aus dem Arbeitsverhältnis, ferner aus gemeinsamer Arbeit und aus unerlaubten Handlungen, soweit diese mit dem Arbeitsverhältnis im Zusammenhange stehen, gehören zur Zuständigkeit des Arbeitsgerichts (§ 2 I Ziff. 2, 3 Arbeitsgerichtsges. vom 23. XII. 1926, RGBl. I 507). Der Vorbehalt zugunsten der Schlichtungsausschüsse in § 8 S. 2, § 18 S. 2, § 19 S. 2 VLO. und in Ziff. I der Maßgaben der LVO. wurde durch § 110 Ziff. 7 ArbGG. beseitigt; infolgedessen greift für die Rechtsverhältnisse der Landarbeiter die Zuständigkeit des Arbeitsgerichts Platz.

Allgemeine Vorschriften. **Art. 15.**

Auf das Rechtsverhältnis zwischen der Dienstherrschaft und dem Dienstboten finden die allgemeinen Vorschriften des bürgerlichen Rechtes nur insoweit Anwendung, als sich nicht aus den Artikeln 16 bis 28 ein anderes ergibt.

1. Grundlegend sind die Bestimmungen des BGB. §§ 611—630. Für die Hausgehilfen werden A 13—31 unbeschränkt angewendet (§ 1—3 VO. DK. vom 13. XII. 1918, StA. Nr. 295). Ergänzend tritt hiezu das Hausarbeiterrecht (§§ 4—11 a. a. O.) als zwingendes Recht; Inhalt: § 4 Begriff des Hausgehilfen; § 5 Normativvertrag; §§ 6—8 Ruhezeit; § 9 Vergütung für Überarbeit; § 10 Erholungsurlaub; § 11 Zulässigkeit von besonderen Vereinbarungen; näheres s. Anl. III.

2. Die Rechtsverhältnisse der landwirtschaftlichen Dienstboten beurteilen sich nach §§ 611—630 BGB., ergänzt durch die Vorschriften der VLO. vom 24. I. 1919, RGBl. S. 111 (§ 1 a. a. O.). Sie bilden indessen im Gegensatz zum BGB. zwingendes Recht, ein gesetzliches Mindestmaß, dem gegenüber abweichende gesetzliche oder vertragliche Bestimmungen nur soweit in Betracht kommen, als hiedurch die Arbeitsbedingungen des Arbeitnehmers günstiger gestaltet werden (§ 20 VLO.). Lediglich in dieser Beschränkung sind nunmehr die A 16—31 auf die landwirtschaftlichen Dienstboten vertraglich anwendbar.

Halten von jugendlichen und minderjährigen Dienstboten. **Art. 16.**

Personen, die nicht im Besitze der bürgerlichen Ehrenrechte sind oder unter Polizeiaufsicht stehen, kann die Polizeibehörde das Halten von Dienstboten unter achtzehn Jahren untersagen.

Personen, die nach § 361 Nr. 6 des Strafgesetzbuchs polizeilicher Aufsicht unterstellt sind, dürfen Dienstboten unter einundzwanzig Jahren nicht halten.

Die Entlassung von Dienstboten, welche diesen Vorschriften zuwider gehalten werden, kann von der Polizeibehörde erzwungen werden.

1. Die Vorschrift gehört dem öffentlichen Recht an. Zuständig zur Untersagung des Haltens von Dienstboten und Erzwingung der Entlassung ist die Orts- und Distriktspolizeibehörde, in Städten, in welchen staatliche Polizei eingerichtet ist, ausschließlich die Polizeidirektion (§ 7 ZustVdg., s. Anl. I).

Bürgerrechtlich bedeutet die Bestimmung ein gesetzliches Verbot; ein entgegenstehender Dienstvertrag ist nichtig (§ 134 BGB.).

2. Der Begriff „Halten" richtet sich nach den tatsächlichen Verhältnissen; bei einem von Eheleuten gemeinschaftlich geführten Haushalt oder sonstigen Betrieb tritt die Beschränkung ein, wenn nur bei einem Ehegatten die Voraussetzungen zutreffen (Henle-Schneider A.¹, a. M. Böhm-Klein A.³, Oertmann § 51^{III} 2 a γ, S. 211). Auf sonstige Personen, welche dem Familien- oder Hausstande angehören, bezieht sich die Beschränkung nicht. Juristische Personen können zwar an sich Dienstboten halten (Regiebetriebe) — a. M. Staudinger A 95 EGBGB., A. I², auf sie findet jedoch A 16 begrifflich keine Anwendung, dagegen auf gesetzliche Vertreter, sofern sie als Halter in Betracht kommen. Eine Zuwiderhandlung bildet für den Dienstboten einen wichtigen Grund zur sofortigen Kündigung und begründet den Anspruch auf Schadensersatz (A 23, 25^{I6}, 26^{IV}). Eine Schadensverpflichtung besteht ferner, wenn die Polizeibehörde die Entlassung des Dienstboten erzwingt (Abs. 3, A 26^{IV}).

3. Unanwendbar auf landwirtschaftliche Dienstboten durch Vereinbarung, da es sich um eine Erschwerung der Arbeitsgelegenheit handelt.

Mehrfache Verdingung.

Art. 17.

Verdingt sich ein Dienstbote an mehrere Dienstherrschaften für dieselbe Zeit, so hat er bei derjenigen Dienstherrschaft auf deren Verlangen einzutreten, mit welcher er den Dienstvertrag zuerst geschlossen hat; den übrigen Dienstherrschaften ist er zum Schadensersatze verpflichtet.

1. Bei mehrfacher Verdingung ist nach allgemeinen bürgerlichrechtlichen Vorschriften das Dienstverhältnis maßgebend, bei welchem der Dienstbote eingetreten ist. A 17 begründet dagegen eine Verpflichtung zum Antritte des zuerst eingegangenen Dienstverhältnisses; die Herrschaft, bei welcher der Dienstbote derzeit Dienste leistet, hat demgegenüber zurückzutreten.

2. Der Dienstherr kann sofort kündigen und Schadensersatz verlangen (A 25^{I1}, 26^{IV}). Die mehrfach erschwindelten Draufgaben (§§ 336 ff. BGB.) sind zurückzugeben (§ 812 BGB.).

3. Ausdehnung auf landwirtschaftliche Dienstboten im Wege des Vertrages unzulässig wegen Verschlechterung der Lage (§ 20 BLO.). Schadensersatzpflicht ergibt vom Gesichtspunkte der positiven Vertragsverletzung (§ 325 BGB.).

Draufgeld. **Art. 18.**

Das Draufgeld wird im Zweifel nicht vom Lohne abgezogen und im Falle der Aufhebung des Dienstverhältnisses, wenn die Dienstherrschaft zum Schadensersatze verpflichtet ist, nicht auf den zu ersetzenden Betrag angerechnet.

1. Die gesetzliche Auslegungsregel „im Zweifel" bedeutet, daß für den Vertragsinhalt in dieser Form die Vermutung spricht, soferne nicht das Gegenteil dargetan wird. Zur Widerlegung der Vermutung können örtliche Gewohnheiten und die Übung bestimmter Bevölkerungskreise herangezogen werden.

2. Im Zweifel wird für die Draufgabe die Aufrechnungsbefugnis der Dienstherrschaft ausgeschlossen

a) gegenüber dem Lohne entgegen § 337[I] BGB.,

b) gegenüber dem von ihr zu leistenden Schadensersatz wegen einer von ihr verschuldeten Aufhebung des Dienstverhältnisses entgegen § 338 BGB.

3. Die Vorschrift stellt den Arbeitnehmer besser als das BGB. und ist daher vertraglich auf landwirtschaftliche Arbeiter anwendbar (§ 20 VLO.).

Im übrigen bleiben die Bestimmungen §§ 336—338 BGB. maßgebend.

Pflichten des Dienstboten. **Art. 19.**

Der Dienstbote ist der Dienstherrschaft zur Treue verpflichtet; er hat den Anordnungen der Dienstherrschaft oder ihres Vertreters in Ansehung der ihm nach dem Vertrag und der Sitte obliegenden Verrichtungen und der häuslichen Einrichtungen Folge zu leisten, der Dienstherrschaft und ihrem Vertreter Achtung zu erweisen und sich anständig zu führen. In Fällen der Not hat er vorübergehend auch solche seinen Kräften und seiner Stellung entsprechende Dienste zu leisten, die nicht zu seinem im Vertrage bestimmten Obliegenheiten gehören.

1. Der Dienstbote ist der Dienstherrschaft gegenüber verpflichtet

a) zur Treue, b) zur Ausführung der Anordnungen der Dienstherrschaft oder ihres Vertreters in Ansehung der ihm nach dem Vertrag oder der Sitte obliegenden Verrichtungen der häuslichen Einrichtungen (Gehorsam), c) zur Achtung, d) zur anständigen Führung, e) zur Dienstleistung in Notfällen über das vertragsmäßige Maß. Die Verpflichtungen gehen über die Vorschriften des BGB. (§§ 611ff. BGB.) hinaus, indessen berechtigen nur grobe Verstöße zur sofortigen Kündigung (vgl. A 23ff., § 626 BGB.).

Nach der Auslegung zu e soll für die außerordentliche Dienstleistung eine Vergütung nicht gewährt werden (Henle-Schneider A. 8, Meikel A. 4). Nunmehr hat der Hausgehilfe Anspruch auf eine besondere Vergütung für jede Überarbeit, welche nach 9 Uhr abends geleistet wird (§ 9 Hausarbeiterrecht, ADK. 13. XII. 1918 StA. Nr. 295, Anlage III).

2. Einführung bei landwirtschaftlichen Dienstboten nach § 20 VLO. nicht zulässig, indessen setzt § 12 VLO. die Ausführung von naturnotwendigen Arbeiten an Sonn- und Feiertagen über die vertragsmäßige Verpflichtung hinaus voraus. Jede Überarbeit ist besonders zu vergüten (§§ 11, 12 VLO.).

Lohnzahlung. **Art. 20.**

Ist der dem Dienstboten zu gewährende Lohn nach längeren Zeitabschnitten als Vierteljahren bemessen, so kann der Dienstbote nach dem Ablaufe von je drei Monaten der Dienstzeit die Zahlung der Hälfte des auf diesen Zeitraum treffenden Betrags verlangen.

1. Der Dienstbote erhält Barlohn, ferner infolge der häuslichen Gemeinschaft Kost und Wohnung. Der Barlohn wird grundsätzlich nach der Leistung gezahlt. Nach § 614 S. 2 BGB. ist die Barvergütung nach Ablauf der einzelnen Zeitabschnitte zu entrichten, für die sie bemessen ist. Hienach wäre ein Jahreslohn erst nach Jahresende zu zahlen. A 20 setzt indessen als längsten Zeitabschnitt für die Lohnzahlung ein Vierteljahr fest. Fällig wird die Hälfte des auf diesen Zeitraum treffenden Betrages.

2. Die Vergütung gilt nach BGB. und AGBGB. für die gesamte Dienstleistung des Dienstboten. Neuerdings wird die Vergütung der Hausgehilfen in Normativarbeitsverträgen (§ 5 Hausarbeiterrecht) und der landwirtschaftlichen Dienstboten in Tarifverträgen (§ 2 VLO.) festgesetzt. Zwingend ist außerdem die besondere Vergütung für Überstunden vorgeschrieben (§ 9 Hausarbeiterrecht, §§ 11, 12 VLO.).

3. A 20 verstößt nicht gegen § 20 VLO..

Aufrechnung. **Art. 21.**

Die Dienstherrschaft kann ihre Entschädigungsansprüche wegen einer auf Vorsatz oder grober Fahrlässigkeit beruhenden Verletzung der dem Dienstboten obliegenden Verpflichtungen gegen dessen Lohnforderung unbeschränkt aufrechnen.

1. Nach Ziff. 4 der Richtlinien zur Anordnung des StK.f.D. vom 13. XII. 1918 — vom 31. XII. 1918 (StA. Nr. 1919 Nr. 4, s. Anlage IV) sollte A 21 keine Anwendung finden. Damit ist A 21 keineswegs beseitigt, sondern vielmehr sein Fortbestand anerkannt.

Nach § 1 VO. über Lohnpfändung vom 25. VI. 1918 (RGBl. S. 589) mit den späteren Abänderungen zuletzt vom 27. II. 1929 (RGBl. I S. 45) ist der Arbeitslohn oder Dienstlohn im Betrag von 195 RM. für den Monat, 45 RM. für die Woche, 7,50 RM. für den Tag und soweit er diese Beträge übersteigt, zu einem Dritteil des Mehrbetrages der Pfändung nicht unterworfen. Eine Aufrechnung gegenüber dem Lohnanspruche ist insoweit ausgeschlossen (§ 394 BGB.).

2. Abweichend hievon läßt A 21 die unbeschränkte Aufrechnung ohne Rücksicht auf die Höhe der Lohnforderung zu wegen Entschädigungsansprüche der Dienstherrschaft aus einer auf Vorsatz oder grober Fahrlässigkeit beruhenden Verletzung der dem Dienstboten obliegenden Verpflichtungen. Die Aufrechnungsbefugnis bezieht sich einerseits nur auf den Barlohn, andrerseits auf Ansprüche der Dienstherrschaft, nicht anderer Personen: wie Mitgesinde, Hausgenossen, Geschäftsleute, selbst wenn sich der Dienstherr sich diese Ansprüche abtreten lassen würde, endlich aus Dienstverletzungen, auch aus A 26, und zwar nur, wenn Vorsatz oder grobe Fahrlässigkeit vorliegt. Bei Pflichtverletzungen aus einfacher Fahrlässigkeit, für welche der Dienstbote nach § 276 BGB. gleichfalls haftet, besteht die unbeschränkte Aufrechnungsbefugnis nicht.

Vorschüsse auf den Lohn gelten als im voraus geleistete Teilzahlungen; für sie kommt eine Aufrechnung nicht in Betracht.

3. Auf landwirtschaftliche Dienstboten nicht anwendbar (§ 20 VLO.). Lohneinbehaltungen zur Sicherung des Schadensersatzes bei widerrechtlicher Lösung des Vertrages dürfen ein Viertel des fälligen Barlohnes der einzelnen Lohnzahlung und im Gesamtbetrage die Höhe des 15fachen Ortslohnes im Sinne der Reichsversicherungsordnung nicht übersteigen (§ 10 VLO.).

Dienstjahr der landwirtschaftlichen Dienstboten.

Kündigungsfrist. **Art. 22.**

Das Dienstverhältnis eines landwirtschaftlichen Dienstboten ist im Zweifel als für ein Dienstjahr und, falls es im Laufe eines Dienstjahrs beginnt, als für die Zeit bis zum Schlusse dieses Dienstjahrs eingegangen anzusehen. Ist das Dienstverhältnis auf unbestimmte Zeit eingegangen, so ist die Kündigung nur für den Schluß eines Dienstjahrs und nur unter Einhaltung einer Kündigungsfrist von sechs Wochen zulässig. Das Dienstjahr beginnt am 1. Februar.

1. Der Einführung eines Dienstjahres für landwirtschaftliche Dienstboten, beginnend jeweils am 1. Februar im Wege des Tarifvertrags oder besonderen Vertrags, steht § 20 VLO. nicht entgegen (s. § 9 VLO.). Besonders bestimmt ist, daß Dienstverträge in Betrieben, für welche ein Tarifvertrag nicht besteht, der schriftlichen Form bedürfen, soferne sie auf mehr als ein halbes Jahr lauten und auch Bezüge nicht barer Art betreffen. Der Mangel der Schriftform hat die Nichtigkeit des Vertrages zur Folge (§ 125 BGB.). Beide Parteien können daher jederzeit ohne Kündigung die Arbeit auffagen; die Entlohnung der geleisteten Arbeit erfolgt nach § 812 BGB. (Kaskel, Arbeitsrecht § 27 I A S. 109 A. 1).

2. Der Kündigungstermin geht jeweils auf den Schluß des Dienstjahres.

3. Die gesetzlichen Kündigungsfristen sind Mindestfristen, welche vertraglich verlängert und verkürzt werden können.

Maßgebend sind nach §§ 621—624 BGB.

Abweichend von § 621^{IV} BGB. wird, wenn die Vergütung nach Vierteljahren oder längeren Zeitabschnitten bemessen ist, die Kündigungsfrist statt auf 6 Wochen auf 1 Monat beschränkt. Bei landwirtschaftlichen Dienstboten gilt jedoch, wenn S. 1 vertraglich eingeführt ist, 6wöchentliche Kündigungsfrist; außerdem ist entscheidend, auf welche Dauer die Vergütung bemessen ist (§ 621 BGB.). Die Bestimmung, daß der Barlohn in der Regel wöchentlich zu zahlen ist (§ 6 VLO.), ist nicht gleichbedeutend mit der Festsetzung der Vergütung auf 1 Woche; eine gesetzliche einwöchentliche Kündigungsfrist besteht nicht.

Außerordentliche Kündigung. **Art. 23.**

Das Dienstverhältnis kann von jedem Teile ohne Einhaltung einer Kündigungsfrist gekündigt werden, wenn ein wichtiger Grund vorliegt. Die Kündigung ist auch schon vor dem Antritte des Dienstes zulässig.

1. der Dienstherrschaft.

Art. 24.

Als ein wichtiger Grund, der die Dienstherrschaft zur Kündigung ohne Einhaltung einer Kündigungsfrist berechtigt, ist es, sofern nicht besondere Umstände eine andere Beurteilung rechtfertigen, namentlich anzusehen:

1. wenn der Dienstbote die Dienstherrschaft bei Eingehung des Dienstvertrags durch Vorzeigung eines falschen oder gefälschten Dienstzeugnisses oder Dienstbotenbuchs hintergangen oder über das Bestehen eines anderen, ihn gleichzeitig verpflichtenden Dienstverhältnisses in einen Irrtum versetzt hat;
2. wenn der Dienstbote sich eines Diebstahls, mehrmaliger Entwendung, einer Unterschlagung, eines Betrugs oder eines liederlichen Lebenswandels schuldig macht;
3. wenn der Dienstbote den Antritt des Dienstes ohne rechtfertigenden Grund verweigert oder in erheblichem Maße verzögert, wenn er den Dienst während einer den Umständen nach erheblichen Zeit unbefugt verläßt oder den ihm obliegenden Verpflichtungen nachzukommen beharrlich verweigert;
4. wenn der Dienstbote die ihm obliegenden Verpflichtungen beharrlich in grober Weise vernachlässigt, die ihm anvertrauten Personen oder Tiere schlecht behandelt oder durch Vernachlässigung gefährdet;
5. wenn der Dienstbote der Verwarnung ungeachtet mit Feuer und Licht unvorsichtig umgeht;
6. wenn der Dienstbote sich Tätlichkeiten oder grobe Beleidigungen gegen die Dienstherrschaft oder ihren Vertreter oder gegen die Familienangehörigen der Dienstherrschaft oder des Vertreters zuschulden kommen läßt;
7. wenn der Dienstbote sich einer vorsätzlichen rechtswidrigen Sachbeschädigung zum Nachteile der Dienstherrschaft, ihres Vertreters, ihrer Familienangehörigen oder des Nebengesindes schuldig macht;
8. wenn der Dienstbote Familienangehörige der Dienstherrschaft oder ihres Vertreters oder das Nebengesinde zu Handlungen verleitet oder zu verleiten versucht oder mit Familienangehörigen der Dienstherrschaft oder des Vertreters Handlungen begeht, die wider die Gesetze oder die guten Sitten verstoßen;
9. wenn der Dienstbote die Behausung zur Nachtzeit heimlich verläßt oder jemand zur Nachtzeit heimlich in die Behausung einläßt;
10. wenn der Dienstbote zu den ihm obliegenden Dienstleistungen unfähig ist oder an der Verrichtung der Dienste durch anhaltende Krankheit oder eine mehr als eine Woche dauernde Freiheitsstrafe

oder eine die Zeit von vier Wochen übersteigende militärische Dienstleistung verhindert wird;

11. wenn der Dienstbote an einer ansteckenden oder abschreckenden Krankheit leidet;
12. wenn ein weiblicher Dienstbote sich verheiratet;
13. wenn ein unverheirateter weiblicher Dienstbote sich im Zustande der Schwangerschaft befindet.

In den unter Ziff. 1 bis 9, 12 genannten Fällen ist die Kündigung wegen Tatsachen, die der Dienstherrschaft länger als eine Woche bekannt sind, nicht mehr zulässig.

2. des Dienstboten.

Art. 25.

Als ein wichtiger Grund, der den Dienstboten zur Kündigung ohne Einhaltung einer Kündigungsfrist berechtigt, ist es, sofern nicht besondere Umstände eine andere Beurteilung rechtfertigen, namentlich anzusehen:

1. wenn die Dienstherrschaft die Aufnahme des Dienstboten verweigert oder den Dienstboten vor Beendigung des Dienstverhältnisses entläßt;
2. wenn der Dienstbote zu den ihm obliegenden Verrichtungen unfähig wird oder wenn sich ergibt, daß die Fortsetzung der Verrichtungen das Leben oder die Gesundheit des Dienstboten einer erheblichen Gefahr aussetzen würde, die ihm bei Eingehung des Dienstverhältnisses nicht bekannt war;
3. wenn die Dienstherrschaft oder ihr Vertreter sich Tätlichkeiten oder grobe Beleidigungen gegen den Dienstboten zuschulden kommen läßt oder es verweigert, den Dienstboten gegen solche Handlungen eines Familienangehörigen der Dienstherrschaft oder des Vertreters, eines anderen Dienstboten oder eines Angestellten zu schützen;
4. wenn die Dienstherrschaft oder ihr Vertreter oder Familienangehörige der Dienstherrschaft oder des Vertreters dem Dienstboten Handlungen zumuten, die wider die Gesetze oder die guten Sitten verstoßen;
5. wenn die Dienstherrschaft den Lohn oder den gebührenden Unterhalt nicht gewährt oder den ihr nach § 618 des Bürgerlichen Gesetzbuchs obliegenden Verpflichtungen nachzukommen verweigert;
6. wenn der Dienstherrschaft das Halten des Dienstboten nach Artikel 16 verboten ist.

In den unter Ziff. 3 genannten Fällen ist die Kündigung wegen Tatsachen, die dem Dienstboten länger als eine Woche bekannt sind, nicht mehr zulässig.

1. A 23 S. 1 stimmt mit § 626 BGB. überein. Daneben kommt als weiterer Behelf das Rücktrittsrecht nach §§ 325, 326 BGB. nicht in Betracht (RG. **92**[158], **105**[167], RGK. § 626 A.[3], Staudinger § 626 VIII — a. M. Henle-Schneider A 23 A.[1]), wohl aber eine Anfechtung des Vertrags wegen Betrugs und Irrtums (§ 119 BGB.).

2. Wichtiger Grund: Tatfrage. Maßgebend ist u. a. die Art des Dienstverhältnisses, die Stellung der Parteien, örtliche Übung. Die entscheidende Tatsache kann schon vor Eingehung des Vertrages und Antritt des Dienstes liegen, soferne sie die Eignung und Vertrauenswürdigkeit eines der beiden Teile für das Dienstverhältnis wesentlich beeinträchtigt; auch ein Grund, welcher nach der Kündigung eingetreten ist, kann später noch geltend gemacht werden (ZfR. 1906 S. 26).

3. Während A 23 einen allgemeinen Grundsatz aufstellt, sind in A 24, 25 bestimmte Umstände angeführt, welche teils den Dienstherrn teils den Dienstboten zur sofortigen Kündigung berechtigen. Die Aufzählung ist einerseits nicht erschöpfend, da im Rahmen des A 23 noch andere Gründe denkbar und möglich sind, andrerseits bedeutet sie nur den Regelfall, „soferne nicht besondere Umstände eine andere Beurteilung rechtfertigen"; es ist also jeweils zu prüfen, ob das Verhalten im einzelnen Falle nach seiner Bedeutung als „wichtigen Grundes" für die sofortige Auflösung des Dienstvertrages anzusehen ist. Als Grund zur sofortigen Kündigung können insbesondere in Betracht kommen Vorenthaltung der nächtlichen Ruhezeit, der Ausgangszeit, der Ruhepause während der täglichen Arbeit und des jährlichen Erholungsurlaubs (§§ 6—10 ADK. Anlage III).

4. Die Kündigung selbst ist schon vor Antritt des Dienstes zulässig (A 23 S. 2, Achilles § 626 BGB. A 2; Henle-Schneider A. 2). Eine Frist für die Geltendmachung ist bestimmt für den Dienstherrn nach A 24 I Ziff. 1—9, 12 II, für den Dienstboten nach A 25 I Ziff. 3 II. Außerdem kann ein stillschweigender Verzicht angenommen werden, wenn der Berechtigte, nachdem er vom Kündigungsgrunde Kenntnis erlangt hat, eine gewisse Zeit verstreichen läßt, ohne zu kündigen (RG. **38**[116], RGK. § 626 A.[3]; Staudinger § 626 VIII). Die Anführung eines weiteren oder anderen Kündigungsgrundes ist statthaft, soferne nicht die Ausschlußfrist abgelaufen ist oder ein Verzicht vorliegt.

5. Für landwirtschaftliche Dienstboten ist A 23 im Hinblick auf § 626 BGB. gegenstandslos; als wichtiger Grund ist jeder Umstand erklärt, mit Rücksicht auf den einer Vertragspartei die Fortsetzung des Dienstverhältnisses nicht mehr zugemutet werden kann, insbesondere Tätlichkeiten, grobe Beleidigungen, unsittliche Zumutungen im Arbeitsverhältnisse, beharrliche oder grobe Vernachlässigung der Dienstleistungen, wiederholt unpünktliche Lohnzahlung, anhaltend schlechte Kost und gesundheitsschädliche Wohnung (§ 16 VLO.). Außerdem können besondere Kündigungsgründe nach A 24, 25 vereinbart werden, soferne sie im Rahmen § 626 BGB., § 16 VLO. liegen; die Bestimmung einer Frist für die Geltendmachung des Kündigungsgrundes benachteiligt den Dienstboten (A 25, § 20 VLO.).

Schadensersatz.

Art. 26.

Wird das Dienstverhältnis wegen vertragswidrigen Verhaltens des einen Teiles nach Artikel 23 gekündigt, so kann der andere Teil als Schadensersatz den Betrag der Hälfte des auf ein Vierteljahr treffenden Lohnes verlangen. Bei landwirtschaftlichen Dienstboten erhöht sich der Schadensersatz auf den Betrag des vierten Teiles des Jahreslohns, wenn die Kündigung von Seite der Dienstherrschaft in der Zeit vom 1. Juni bis zum 31. Oktober oder von Seite des Dienstboten in der Zeit vom 1. Oktober bis zum Schlusse des Monats Februar erfolgt.

Ist das Dienstverhältnis auf kürzere Zeit als ein Vierteljahr oder so eingegangen, daß es nach kürzeren Zeiträumen als von Vierteljahr zu Vierteljahr gekündigt werden kann, so ist als Schadensersatz im ersteren Falle der Betrag der Hälfte des für die Dienstzeit vereinbarten, im letzteren Falle der Betrag der Hälfte des auf den Zeitraum von einem Kündigungstermine zum anderen treffenden Lohnes zu leisten.

Der in den Abs. 1, 2 bestimmte Schadensersatz kann verlangt werden, ohne daß der Eintritt eines Schadens dargelegt wird. Durch die Geltendmachung des Anspruchs auf diesen Schadensersatz wird das Verlangen eines weiteren Schadensersatzes ausgeschlossen.

Diese Vorschriften finden auch in den Fällen des Artikel 16 Abs. 3, des Artikel 17 und des Artikel 25 Abs. 1 Ziff. 6 Anwendung.

1. Beruht die sofortige Kündigung auf vertragswidrigem Verhalten des anderen Teils, so hat der Verpflichtete den durch Aufhebung des Dienstverhältnisses entstandenen Schaden zu ersetzen (§ 628 II BGB.). Nach der h. M. wird ein schuldhaftes Verhalten vorausgesetzt (RG. 112 34, LZ. 1924 461, RGK. § 628 A. 5, Staudinger § 628 VI 1 a). Der Umfang des Schadens wäre an sich nach §§ 249 ff. BGB. zu bemessen.

2. Zur Vermeidung von Streitigkeiten zwischen Dienstherrschaft und Dienstboten wird für die Berechnung des Schadens ein bestimmter Maßstab aufgestellt. Es genügt, daß die Voraussetzung unter Ziff. 1 vorliegt. Ein Beweis für den Eintritt und die Höhe des Schadens erübrigt sich (Abs. 3). Die Geltendmachung eines weiteren Schadens ist hiebei ausgeschlossen, ebenso die Berücksichtigung des konkurrierenden Verschuldens des Berechtigten (§ 254 BGB.); außerdem kann die Schadensforderung auch selbständig auf §§ 249 ff. BGB. gestützt werden.

Wenn jedem Teil ein Kündigungsgrund nach § 628 II BGB. zusteht, so kann auch derjenige den Schadensbetrag nach Abs. 1, 2 verlangen, welcher die Kündigung nicht ausgesprochen hat.

3. Die Begrenzung des Schadensbetrages kann, gleichviel von welchem Teile die sofortige Kündigung ausgeht, eine Benachteiligung des landwirtschaftlichen Dienstboten enthalten (§ 20 BLO.), zumal nicht einmal der Eintritt eines Schadens zu prüfen ist (s. oben A. 2).

Befristete Kündigung
1. des Dienstboten.

Art. 27.

Würde der Dienstbote durch den Antritt des Dienstes oder die Fortsetzung des Dienstverhältnisses verhindert, von der ihm gebotenen Gelegenheit zur Verheiratung oder zur Begründung eines eigenen Hausstandes Gebrauch zu machen, so ist er zur Kündigung berechtigt. Die Kündigung ist nach dem Antritte des Dienstes nur für den Schluß eines Kalendermonats zulässig; sie hat spätestens am fünfzehnten des Monats zu erfolgen.

1. Es handelt sich hier um Umstände, welche außerhalb des Dienstverhältnisses liegen und zugunsten des Fortkommens des Dienstboten, sowohl des männlichen wie des weiblichen, berücksichtigt werden.

2. Die Kündigung ist schon vor dem Dienstantritte zulässig (A 23 A. 3.). Die Kündigungsfrist richtet sich nach §§ 621 ff. BGB. (s. oben A 22 A. 3); sie beträgt höchstens einen halben Monat, d. h. vom 15. Tage auf den Schluß des Monats. Ein Schadensanspruch steht dem Dienstherrn wegen der Kündigung nicht zu.

3. Daneben ist die Stellung einer tauglichen Ersatzkraft zulässig; bei ungerechtfertigter Ablehnung verwirkt der Dienstherr den etwaigen Schadensanspruch wegen Nichteinhaltung der Kündigungsfrist (§§ 157, 242, 226 BGB.).

4. Anwendung auf landwirtschaftliche Dienstboten durch Vertrag zulässig (§ 20 VLO.).

2. des Dienstherrn.

Art. 28.

Ist die Dienstherrschaft infolge einer wesentlichen Veränderung der Umstände, insbesondere wegen Verlegung des Wohnsitzes oder wegen Veräußerung des Gutes, zu dessen Bewirtschaftung der Dienstbote aufgenommen ist, dauernd verhindert, von der Dienstleistung Gebrauch zu machen, so kann sie ein auf längere Zeit eingegangenes Dienstverhältnis einem landwirtschaftlichen Dienstboten gegenüber nach Maßgabe des Artikel 22 Abs. 1 Satz 2, 3, einem anderen Dienstboten gegenüber unter Einhaltung einer einmonatigen Kündigungsfrist für den Schluß des Kalendervierteljahres kündigen.

Im Falle des Todes der Dienstherrschaft ist sowohl der Erbe als der Dienstbote zu der Kündigung nach Abs. 1 berechtigt.

1. Die Aufzählung der Kündigungsgründe: Verlegung des Gutssitzes, Veräußerung des Gutes ist wie bei A 24, 25, nicht erschöpfend; in Betracht kann auch kommen Verpachtung des Gutes wegen Alters, Kränklichkeit oder eines Sterbefalls, Einführung einer anderen Bewirtschaftungsweise. Die veranlassenden Umstände sind ferner unter dem Gesichtspunkte zu prüfen, ob eine dauernde Behinderung in der Annahme der Dienstleistungen und eine wesentliche Veränderung gegenüber der Sachlage z. Zt. der Eingehung des Dienstvertrages vorliegt. Ein etwaiger Mißbrauch würde auch hier die Schadensersatzpflicht des Dienstherrn nach sich ziehen (§§ 157, 242, 226, 826 BGB.).

2. Der Tod des Dienstherrn bildet auf jeden Fall einen Kündigungsgrund (Abs. 2).

3. Keine Anwendung auf landwirtschaftliche Dienstboten (§ 20 VLO.).

Dienstzeugnis.

Art. 29.

Erteilt die Dienstherrschaft einem Dienstboten, der gegen sie eine schwere Veruntreuung begangen hat, in Kenntnis dieser Tatsache das Zeugnis treuen Verhaltens, so ist sie für den Schaden verantwortlich, welcher der nachfolgenden Dienstherrschaft aus dem Vertrauen auf die Richtigkeit des Zeugnisses entsteht. Die Verantwortlichkeit erlischt mit dem Ablaufe von drei Jahren seit der Erteilung des Zeugnisses, soweit sie nicht vorher gerichtlich geltend gemacht wird.

1. A 29 fällt nicht unter das Gesinderecht im engeren Sinn; besonderer Vorbehalt im A 95 EGBGB.

2. Die Verpflichtung zur Ausstellung des Dienstzeugnisses (§ 630 BGB.) gehört nunmehr dem bürgerlichen Rechte an; zur Entscheidung über die Streitigkeiten wegen des Dienstzeugnisses sind die bürgerlichen Gerichte (Arbeitsgericht) zuständig (Staudinger § 630II²); A 108 PStGB. ist aufgehoben (s. oben A 15 Vorbem. 1).

3. Geregelt ist das Verhältnis zwischen der bisherigen Dienstherrschaft, d. h. derjenigen, welche den Dienstboten gehalten hat (s. oben A 16 A.² und der nachfolgenden Dienstherrschaft, nicht einer weiteren Dienstherrschaft, auch nicht einem sonstigen Arbeitgeber, bei welchem der Dienstbote in anderer Eigenschaft Dienste nimmt z. B. als Kellner, kaufmännischer oder gewerblicher Angestellter, Melker, Fabrikarbeiter.

4. Veruntreuung bedeutet nicht allein den Tatbestand nach § 266I² StGB., sondern im weiteren Sinne jede strafbare Verfehlung gegen das Eigentum z. B. auch Diebstahl, Unterschlagung, Betrug u. zwar im erheblichen Grade.

5. Nur die schriftliche Bestätigung des treuen Verhaltens in einem Dienstzeugnis macht haftbar, nicht die spätere Auskunft auf eine Anfrage. Auch das Verschweigen im Dienstzeugnis fällt nicht darunter.

6. Gilt nicht, soweit landwirtschaftliche Dienstboten in Betracht kommen; gegebenenfalls wird § 826 BGB. anzuwenden sein.

Schadensersatz wegen Eingriffs in ein bestehendes Dienstverhältnis.

Art. 30.

Wer einen Dienstboten verleitet, den Dienst ohne rechtfertigenden Grund nicht anzutreten oder vor der Beendigung des Dienstverhältnisses zu verlassen, ist der Dienstherrschaft für den daraus entstehenden Schaden verantwortlich; er haftet neben dem Dienstboten als Gesamtschuldner. Die Vorschriften des Artikel 26 finden Anwendung.

In gleicher Weise haftet derjenige, welcher wissentlich einen bereits verdungenen Dienstboten für die nämliche Zeit für sich dingt.

1. Voraussetzung ist, daß der Dienstbote infolge der Verleitung den Dienst ohne rechtfertigenden Grund nicht antritt oder verläßt und daß der Verleitende weiß, daß ein rechtfertigender Grund hiezu auf Seite des Dienstboten nicht vorliegt. Es genügt nicht, daß er diese Tatsache den Umständen nach annehmen mußte (Örtmann § 51⁶β A. ³⁸ S. 228 — a. M. Henle-Schneider A. ⁴). Auch die wissentliche Dingung eines bereits verdungenen Dienstboten macht schadensersatzpflichtig.

2. A 30 geht über § 826 BGB. hinaus. Im übrigen vgl. A 26 A. 2.

Bestehende Dienstverhältnisse.

Art. 31.

Ein zur Zeit des Inkrafttretens des Bürgerlichen Gesetzbuchs bestehendes Dienstverhältnis bestimmt sich, wenn nicht die Kündigung nach dem Inkrafttreten des Bürgerlichen Gesetzbuchs für den ersten Termin erfolgt, für den sie nach den bisherigen Gesetzen zulässig ist, von diesem Termin an nach den neuen Vorschriften.

Als Übergangsvorschrift nunmehr gegenstandslos.

Leibgedingsvertrag.

Vorbemerkung.

1. Der Leibgedings- (Leibzuchts-, Altenteils-, Auszugs-)vertrag ist im BGB. nicht ausdrücklich geregelt. A 96 EGBGB. will nach dieser Richtung auch für die Landesgesetzgebung eine Zuständigkeit nicht offen lassen. Die Vertragsfreiheit, der Inhalt des Vertrags soll durch die zu erlassenden Vorschriften nicht berührt werden. Sie dürfen nur soweit ergehen, „als nicht besondere Vereinbarungen getroffen sind", d. h. außerhalb des Vertrages und zur Auslegung des Vertrages (Planck A 96 EGBGB. A. 2, RG. **54**[107]). A 32—48 scheiden demnach begrifflich aus, wenn das Leibgeding nicht auf Vertrag, sondern auf letztwilliger Verfügung beruht (Henle-Schneider A. 2).

2. Leibgedingsansprüche sind an sich persönlich ohne Rücksicht auf A 41; dingliche Eigenschaft erlangen sie durch Bestellung einer Sicherheit und Eintragung in das Grundbuch (ObLG. **4**[157, 160], früheres Recht ObLG. **13**[502, 512]).

3. Besondere Bestimmungen: Wegen Übertragung und Pfändung des Leibgedings (§§ 399, 413, 1274 II BGB., § 851 ZPO.), wegen Berücksichtigung beim geringst zulässigen Gebot (A 27 AGGBO.), wegen Aufwertung von Altenteilsansprüchen (RG. vom 18. VIII. 1923, RGBl. I S. 815; VO. vom 14. XII. 1923, GVBl. S. 391). Streitigkeiten über Ansprüche aus dem Leibgedingsvertrag fallen ausschließlich in die Zuständigkeit des Amtsgerichts (§ 23² h GVG.).

Allgemeine Bestimmungen.

Art. 32.

Steht mit der Überlassung eines Grundstücks ein Leibgedingsvertrag (Leibzuchts-, Altenteils- oder Auszugsvertrag) in Verbindung, so gelten für das sich aus dem Vertrag ergebende Schuldverhältnis, soweit nicht besondere Vereinbarungen getroffen sind, neben den Vorschriften des Bürgerlichen Gesetzbuchs über die Leibrente die besonderen Vorschriften der Artikel 33 bis 48.

I. 1. Zunächst ist der Inhalt des Vertrags maßgebend.

2. In zweiter Linie gelten die Vorschriften des BGB. über den Leibrentenvertrag: im Zweifel ist das Leibgeding für Lebensdauer zu entrichten und bedeutet der festgesetzte Betrag das Jahresleibgeding (§ 769 BGB.); das Leibgeding ist im Voraus zu entrichten und zwar die Geldrente in vierteljährigen Teilbeträgen (§ 770 BGB.). Der Vertrag selbst bedarf der schriftlichen Form (§ 771 BGB.). Notarielle Beurkundung ist notwendig, wenn der Leibgedingsvertrag mit einem Vertrage nach § 311 BGB. oder nach § 313 BGB. verbunden ist.

3. Außerdem finden die Vorschriften nach A 33—48 Anwendung. Die Beteiligten können auch die landesgesetzlichen Vorschriften beiseite lassen und ausdrücklich die Form des Leibrentenvertrags wählen (RG. **106**[91, 96]).

II. Leibgeding bedeutet den Inbegriff der Reichnisse und Leistungen, welche sich der Gläubiger bei Überlassung des Grundstücks auf Lebzeiten oder bestimmte

Zeit ausbedingt. Sie bestehen gewöhnlich in Gewährung von Verpflegung, Wohnung nebst Beheizung, Krankenhilfe, ferner in Bestreitung der Beerdigungskosten.

Die Überlassung eines Grundstücks ist wirtschaftlich aufzufassen und umfaßt nicht nur die Übertragung des Eigentums, sondern auch die Einräumung eines Nießbrauchs an einem Grundstücke (§§ 1030 ff. BGB., RG. **106**[93, 95]), Verpachtung eines Grundstücks. Das BGB. kennt nur ein „Überlassen" des Gebrauchs (§§ 536, 537, 553, 578 BGB.). Auszuscheiden hat die Überlassung von Rechten oder beweglichen Sachen, wie Effekten oder eines Geschäftes mit Einrichtung; jedoch können mit dem Grundstücke auch Rechte und bewegliche Sachen überlassen werden.

Die Verbindung des Überlassungsvertrages mit dem Leibgeding setzt nicht die Zusammenfassung in einem Vertrage oder gleichzeitige Verträge voraus; es genügt, wenn ein rechtlicher oder wirtschaftlicher Zusammenhang besteht.

Als Berechtigter kann jede Person in Betracht kommen, nicht nur Eltern, Geschwister und sonstige Verwandte (JW. 1924 S. 813). Verträge zugunsten Dritter fallen jedoch nicht unter den Begriff des Leibgedingvertrages (Warneyer 7[341], RG. **101**[273, 275]).

Ort der Leistung. **Art. 33.**

Die dem Berechtigten gebührenden Leistungen sind auf dem überlassenen Grundstücke zu bewirken. Ist dem Berechtigten auf dem Grundstück eine abgesonderte Wohnung zu gewähren, so hat die Leistung in der Wohnung zu erfolgen.

Nach § 269 BGB. hat der Schuldner die Leistung an seinem Wohnsitze zu bewirken mit Ausnahme des Geldes, welches dem Gläubiger an dessen Wohnsitz zu übermitteln ist (§ 270 BGB.). A 33 erklärt die Leibgedingsreichnisse im allgemeinen als Holschulden, dagegen als Bringschulden, wenn dem Berechtigten auf dem überlassenen Grundstück eine abgesonderte Wohnung (s. A 37) zu gewähren ist. Jedoch können sich gerade hier nach dem ausdrücklichen oder mutmaßlichen Parteiwillen und nach den sonstigen Umständen Abweichungen ergeben. Zu berücksichtigen ist ferner der Ortsgebrauch und die Verkehrssitte nach Treu und Glauben (§§ 157, 242 BGB.).

Gattungsschuld. **Art. 34.**

Hat der Verpflichtete dem Berechtigten Erzeugnisse von der Gattung derjenigen zu liefern, welche auf dem Grundstücke gewonnen werden, so kann der Berechtigte nur Erzeugnisse von der mittleren Art und Güte derjenigen verlangen, welche auf dem Grundstücke bei ordnungsmäßiger Bewirtschaftung gewonnen werden.

Gattungsschulden sind in mittlerer Art und Güte zu leisten (§ 243 BGB.). Für Erzeugnisse, welche aus dem überlassenen Grundstücke zu liefern sind, wird das Erfordernis zugunsten des Schuldners dahin abgestellt, inwieweit dieser Erfolg auf Grund einer ordnungsgemäßen Bewirtschaftung zu erzielen ist.

Zeit der Leistung. **Art. 35.**

Hat der Verpflichtete dem Berechtigten Erzeugnisse des Feld- oder Wiesenbaus, des Obstbaus oder des Weinbaus als Jahresvorrat zu liefern, so hat die Lieferung zu der Zeit zu erfolgen, zu welcher die zu liefernden Erzeugnisse nach den Regeln einer ordnungsmäßigen Wirtschaft gewonnen und, soweit der Lieferung eine Bearbeitung voranzugehen hat, bearbeitet sind.

A 35 bezieht sich auf Erzeugnisse des Feld-, Wiesen-, Obst- und Weinbaues, gleichviel wo sie gewonnen werden, nicht auf andere Naturalreichnisse, wie Eier, Butter, Holz und nur soweit, als ein Jahresvorrat festgesetzt ist.

Die Lieferung hat zu erfolgen im Zeitpunkt der Ernte, gegebenenfalls nach Beendigung der Verarbeitung, jeweils unter Berücksichtigung einer ordnungsgemäßen Wirtschaft: Getreide nach Beendigung der Druscharbeiten, Most nach der Kelterung, Wein nach dem Ablauf der Gärung.

Lasten.

Art. 36.

Ist dem Berechtigten ein Teil des Grundstücks, insbesondere ein auf diesem befindliches Gebäude, zur Benutzung zu gewähren, so hat der Verpflichtete die auf diesen Teil des Grundstücks treffenden Lasten zu tragen.

Entgegen § 1047 BGB. soll dem Berechtigten die Nutzung an dem überlassenen Grundstück, Gebäude, frei von allen Lasten bürgerlichrechtlicher oder öffentlichrechtlicher Art gewährt werden, ähnlich wie bei der Miete (§ 546 BGB). Dies gilt nur für das Innenverhältnis zwischen den Vertragsparteien; die öffentlichrechtliche Haftung für Steuern, gemeindliche Abgaben, Gebühren bleibt unberührt.

Einzelne Leibgedingsreichnisse.

1. Wohnungsrecht.

Art. 37.

Ist dem Berechtigten auf dem Grundstück eine abgesonderte Wohnung zu gewähren, so hat der Verpflichtete die Wohnung dem Berechtigten in einem zu dem vertragsmäßigen Gebrauche geeigneten Zustande zu überlassen und sie während der Dauer seiner Verpflichtung in diesem Zustande zu erhalten.

Wird das Gebäude durch Zufall zerstört, so hat der Verpflichtete die Wohnung wiederherzustellen. Hat der Zufall eine so wesentliche Verschlechterung der Vermögensverhältnisse des Verpflichteten zur Folge, daß diesem die Wiederherstellung nicht zugemutet werden kann, so ist dem Berechtigten in solcher Weise Wohnung zu gewähren, wie es den Umständen nach der Billigkeit entspricht. Das gleiche gilt, wenn das Gebäude wiederherzustellen ist, für die zur Wiederherstellung erforderliche Zeit.

Der Verpflichtete hat auf Verlangen des Berechtigten für das Gebäude Versicherung gegen Brandschaden zu nehmen.

1. Nur ein Wohnungsrecht auf dem überlassenen Grundstück kommt in Betracht, nicht auf einem anderen Grundstück. Kein Wohnungsrecht, wenn sich der Berechtigte bei Einräumung eines Nießbrauchs eine Wohnung vorbehält.

2. Art: a) Als abgesonderte Wohnung gilt eine selbständige Wohnung, welche dem Berechtigten unter Ausschluß des Eigentümers zur Verfügung steht; sie kann ein ganzes Gebäude (Austragshaus) oder einen Teil desselben umfassen. Nicht vorausgesetzt wird räumliche Trennung; selbst der Zugang kann durch ein Zimmer des Verpflichteten geleitet werden. Dazu gehören noch die zum gemeinschaftlichen Gebrauche der Bewohner bestimmten Anlagen und Einrichtungen: Keller, Bodenraum, Abort, Wasserleitung. Im wesentlichen ist die Feststellung Tatfrage.

b) Wenn dagegen ein bestimmter Teil des Hauses für den Berechtigten nicht ausgeschieden ist, besteht nur ein allgemeines Recht auf Mitbenutzung der Wohnräume (Herbergsrecht, Einsitz, Beisitz) (Henle-Schneider A 37 A. 1; vgl. noch im allg. §§ 1090—1092 BGB.).

3. Die Verpflichtung des Übernehmers (A 37 I) ist geregelt wie beim Mietvertrag (§ 536 BGB.) entgegen den für den Nießbrauch geltenden Vorschriften (§§ 1093 I, 1041 BGB.).

4. Die Zerstörung des Gebäudes (A 37 I) durch Zufall (Brand, Überschwemmung) würde an sich den Verlust des Wohnungsrechts zur Folge haben (§ 323 BGB.). — Wiederherzustellen ist nur die zerstörte Wohnung. — Die spätere Ersatzwohnung wird vielfach geringer ausfallen als die bisherige Wohnung. Jedoch ist bei Abwägung der Billigkeitsgründe neben der Verschlechterung der Vermögenslage des Berechtigten auch auf die Größe und Beschaffenheit der bisherigen Wohnung Rücksicht zu nehmen. Die Einschränkung der Verpflichtung tritt auch ein bei teilweiser Zerstörung des Gebäudes, soferne die Wohnung in Mitleidenschaft gezogen wird, dagegen nicht bei Zerstörung der Wohnungseinrichtung.

5. Die Versicherungspflicht erstreckt sich nur gegen Feuersgefahr für das überlassene Gebäude, in welchem das Wohnungsrecht besteht, ohne Inventar.

6. Bei Verlegung der Wohnung bis zur Wiederherstellung des Gebäudes sind die Leibgedingsreichnisse dem Berechtigten in der Ersatzwohnung zu gewähren (A 33 A.).

Aufnahme von Familienangehörigen in die Wohnung.

Art. 38.

Ist dem Berechtigten eine abgesonderte Wohnung zu gewähren, so ist er befugt, seine Familie sowie die zur standesmäßigen Bedienung und zur Pflege erforderlichen Personen in die Wohnung aufzunehmen.

Hat der Verpflichtete dem Berechtigten die Mitbenutzung seiner Wohnung zu gestatten, so erstreckt sich die Befugnis des Berechtigten zur Aufnahme seiner Familie nicht auf Personen, die durch eine erst nach der Schließung des Leibgedingsvertrags eingegangene Ehe oder durch eine nach diesem Zeitpunkt erfolgte Ehelichkeitserklärung oder Annahme an Kindes Statt Familienangehörige geworden sind, und nicht auf Kinder, die aus dem Hausstande des Berechtigten ausgeschieden waren.

1. Abs. I ist § 1093 II BGB. nachgebildet. Vermietung und Überlassung an andere Personen ist ausgeschlossen, dagegen die vorübergehende Aufnahme von Besuchsgästen gestattet. Zu den Familienmitgliedern gehören der Ehegatte, die Kinder, auch das uneheliche Kind einer Frauensperson (Henle-Schneider A. 5). Die Beiziehung einer Pflegeperson für den Berechtigten ist zulässig.

2. Wenn das Recht der Mitbenützung einer Wohnung besteht (s. oben A 37 A. 2 b), gilt im wesentlichen das gleiche, insbesondere wegen der zur Bedienung und Pflege erforderlichen Personen. Hinsichtlich der Familienmitglieder beschränkt sich die Befugnis zur Aufnahme auf den Stand, welcher zur Zeit des Abschlusses des Leibgedingsvertrages vorhanden war. Kindern, welche in diesem Zeitpunkte aus dem Hausstande des Berechtigten ausgeschieden waren, ist die spätere Aufnahme verschlossen, selbst wenn der Berechtigte, wie im Falle der Not, zum Unterhalte verpflichtet wäre (§§ 1601 ff. BGB., Henle-Schneider A.[6]).

2. **Verpflegung.** **Art. 39.**

Ist die Verpflegung des Berechtigten ohne nähere Bestimmung vereinbart, so hat der Verpflichtete dem Berechtigten den gesamten Lebensbedarf in standesmäßiger und ortsüblicher Weise zu gewähren; die Kosten der ärztlichen Behandlung und der Heilmittel fallen jedoch dem Berechtigten zur Last.

1. A 39 greift ein, soweit nicht die Verpflegung im Leibgedingsvertrag erschöpfend geregelt ist, also auch bei teilweiser Festsetzung.

2. Der Lebensbedarf als Maßstab für eine bedungene Verpflegung ist im Verhältnis zu § 1610^{II} BGB. enger zu fassen, da er sich nicht auf die Bekleidung erstreckt und neben der Standesmäßigkeit in den ortsüblichen Reichnissen seine Grenze findet (a. M. Henle-Schneider A. 2).

3. Die Kosten der ärztlichen Behandlung und der Heilmittel werden im Falle der Bedürftigkeit nur bei unterhaltspflichtigen Verwandten (§§ 1601 ff. BGB.) als stillschweigender Inhalt des Leibgedingsvertrags anzusehen sein, nicht dagegen bei dritten Verpflichteten (a. M. Henle-Schneider A.[4]).

3. **Beerdigungskosten.** **Art. 40.**

Im Falle des Todes des Berechtigten hat der Verpflichtete die Kosten der standesmäßigen Beerdigung zu tragen, soweit die Bezahlung nicht von dem Erben zu erlangen ist.

1. A 40 findet auch Anwendung, wenn sich der Leibgedingsvertrag nur auf einzelne Reichnisse: Wohnung, Verpflegung oder Krankenhilfe beschränkt.

2. Eine Vorleistungspflicht gegenüber dem an sich verpflichteten Erben (§ 1968 BGB.) besteht nicht; indessen kann er die ausgelegten Beerdigungskosten vom Erben vom Gesichtspunkte der Geschäftsführung ohne Auftrag (§§ 677 ff. BGB.) verlangen. Außer Betracht bleibt § 1615^{II} BGB., welcher den gesetzlich Unterhaltspflichtigen mit den Beerdigungskosten für den gleichen Fall belastet.

Dingliche Sicherung. **Art. 41.**

Der Berechtigte kann, falls ihm ein auf dem Grundstücke befindliches Gebäude oder ein Teil eines solchen Gebäudes als Wohnung zum ausschließlichen Gebrauche zu gewähren ist, die Bestellung eines Wohnungsrechts, falls ihm ein Teil des Grundstücks zu sonstiger Benutzung zu gewähren ist, die Bestellung einer entsprechenden persönlichen

Dienstbarkeit und, soweit andere wiederkehrende Leistungen zu entrichten sind, die Bestellung einer entsprechenden Reallast an dem Grundstücke verlangen. Die Rechte sind mit dem Range unmittelbar hinter den zur Zeit der Überlassung des Grundstücks bestehenden Belastungen zu bestellen.

I. 1. Rechtsform. a) Wohnungsrecht nach § 1093 BGB., wenn ein auf dem Grundstücke befindliches Gebäude oder ein Teil eines solchen Gebäudes als Wohnung zum ausschließlichen Gebrauche zu gewähren ist. Diese Voraussetzung ist gleichzustellen dem Begriffe der abgesonderten Wohnung (s. A 37 A. 2 a).

b) Persönliche Dienstbarkeit bei sonstiger Mitbenützung einer Wohnung (A 37 A. 2 b).

c) Reallast für andere wiederkehrende Leistungen auch in Geld (§ 1105 BGB., A 85), insbesondere für das Recht auf Verpflegung in Krankheitsfällen (s. A 85 A. 3 unten).

d) Daneben ist die freiwillige Bestellung einer Höchstbetragshypothek für die Geldleistung und den etwaigen Schadensanspruch bei Nichtleistung der Naturallieferungen zulässig (§ 1190 BGB., OLG. 14[93]).

2. A 41 bezieht sich auf den Fall der Übereignung eines Grundstücks (s. A 32 A. II); die dingliche Sicherung kann nur auf dem übereigneten Grundstück verlangt werden.

3. Durch die Bestellung der Sicherheit wird an dem Inhalte des Rechts nichts geändert; insbesondere nicht an der Tragung der Lasten (A 36).

4. Bei Weigerung Klage auf Abgabe der Willenserklärung (§ 19 GBO., § 894 ZPO.). Sicherung des Anspruches durch einstweilige Verfügung (§§ 883, 885 BGB.).

5. Begrenzung der Höhe der Eintragung nach Maßgabe der Verschuldungsgrenze (A 2, 8—10 Siedlungsges. vom 15. VII. 1916, GVBl. S. 135).

II. Für die Eintragung der Dienstbarkeiten und Reallasten in das Grundbuch kann auf die Bezeichnung in der Eintragungsbewilligung Bezug genommen werden (§ 50 GBO., §§ 254, 382 GDA.). Bei der Zwangsversteigerung bleibt das nach A 41 eingetragene Recht unberührt, auch wenn es nicht unter das geringste Gebot fällt, soferne nicht dadurch ein vorgehendes Recht beeinträchtigt wird (§ 9 EGZVG., A 47[I] AGGVO. ZVG.).

Verzug des Verpflichteten.

Art. 42.

Ist der Verpflichtete mit der Bewirkung einer ihm obliegenden Leistung im Rückstande, so steht dem Berechtigten nicht das Recht zu, wegen der Nichterfüllung oder des Verzugs nach § 325 Abs. 2 oder § 326 des Bürgerlichen Gesetzbuchs von dem Vertrage zurückzutreten oder nach § 527 des Bürgerlichen Gesetzbuchs die Herausgabe des Grundstücks zu fordern.

1. Gilt für jede Nichtleistung, die der Schuldner zu vertreten hat, insbesondere bei erheblichen Rückständen (ZfR. 1909[153]). Wollte man für letzteren Fall ohne weiteres als Vertragsabsicht der Parteien unterstellen, daß das Rücktrittsrecht gelten soll (Henle-Schneider A. 1), so würde dies dem Zwecke des Gesetzes widersprechen, da die wirtschaftliche Selbständigkeit der Verpflichteten beson-

ders geschützt werden soll. Jedoch kann hartnäckige und böswillige Verweigerung des Leibgedings die Umwandlung nach A 45 rechtfertigen (Örtmann § 119 Ziff. 7 S. 519). Das Rücktrittsrecht ist zulässig, wenn ein Leibgedingsvertrag im Sinne dieses Gesetzes nicht in Betracht kommt, bei Verträgen zugunsten Dritter (s. A 32 A. 2, RG. **101**[273], [275]).

2. Der Berechtigte kann sich das Rücktrittsrecht entgegen A 42 ausbedingen (DRZ. 1924 Nr. 199).

3. Die übrigen Rechtsbehelfe, Klage auf Erfüllung und Schadensersatz, bleiben unberührt (§§ 325, 326, 525I, 284, 285 BGB.).

Umwandlung des Leibgedings.

1. Besondere Gründe des Berechtigten.

Art. 43.

Ist der Berechtigte durch besondere Gründe genötigt, das Grundstück dauernd zu verlassen, so hat der Verpflichtete ihm eine Geldrente zu leisten, welche dem Werte der Befreiung von der Verpflichtung zur Gewährung der Wohnung und zu Dienstleistungen nach billigem Ermessen entspricht, und für andere Leistungen, die für den Berechtigten infolge der Abwesenheit von dem Grundstück ohne Interesse sind, den Wert zu vergüten, den sie auf dem Grundstücke haben.

1. Die besonderen Gründe liegen außerhalb des Verschuldens des Verpflichteten: Alter, Krankheit, Bedürfnis nach besonderer Pflege, persönliche Verhältnisse eines neuen Erwerbers. Auch Umstände, welche teilweise unter den Tatbestand A 45, 46 fallen, können hereingezogen werden.

2. Die Gründe müssen derart schwerwiegend sein, daß sie objektiv einen dringenden Anlaß zum Verlassen des Grundstückes bilden unter Berücksichtigung der gesamten Umstände: Übergang des Anwesens in fremde Hände, notwendige Wart und Pflege bei den Kindern (ObLG. **13**[508]). Freiwillige oder vorübergehende Entfernung rechtfertigt die Umwandlung nicht (Örtmann § 119 Ziff. 6a S. 517; Henle-Schneider A. 2). Die Umwandlung dauert nur solange als die Gründe fortbestehen; fallen sie später weg, so kann jeder Teil die Wiederherstellung des ursprünglichen Leibgedings verlangen (RG. **70**[170], [173]).

3. a) Geldrente (§§ 759, 760 BGB.), soweit der Verpflichtete von der Gewährung der Wohnung und von Dienstleistungen befreit wird, nach dem Wertanschlag. Das billige Ermessen besteht u. a. in Berücksichtigung der Leistungsfähigkeit des Verpflichteten und der Bedürfnisse des Berechtigten.

b) Bei anderen Leistungen ist zunächst zu prüfen, ob sie für den Berechtigten infolge der Abwesenheit noch ein Interesse haben, z. B. wegen der übermäßigen Transportkosten. Die Vergütung richtet sich nicht allgemein nach dem Marktpreise der Naturalreichnisse, sondern nach den Kosten auf dem überlassenen Grundstück.

4. Eine Frist zur Geltendmachung ist nicht bestimmt; jedoch kann in einem übermäßig langen Zuwarten ein stillschweigender Verzicht auf den Rechtsbehelf erblickt werden.

2. Verhalten des Berechtigten.

Art. 44.

Veranlaßt der Berechtigte durch sein Verhalten eine solche Störung der persönlichen Beziehungen zu dem Verpflichteten, daß diesem nicht mehr zugemutet werden kann, ihm das Wohnen auf dem Grundstücke zu gestatten, so kann der Verpflichtete ihm die Wohnung unter Gewährung einer angemessenen Räumungsfrist kündigen. Macht er von dieser Befugnis Gebrauch, so finden die Vorschriften des Artikel 43 Anwendung.

1. Es genügt jedes Verhalten, selbst vor dem Bezuge der Wohnung (RG. **70**[170, 171]), welches zu einer Störung der persönlichen Beziehungen Veranlassung gibt und auf einem Verschulden des Berechtigten beruht (schwere Mißhandlung, grobe Beleidigung), selbst wenn es sich nicht um eine Wohnungsangelegenheit handelt oder dem Vertrage sonst zuwiderläuft. Jedoch kann eine Vertragsverletzung eine erhebliche Störung der persönlichen Beziehungen nach sich ziehen.

2. Das Kündigungsrecht des Verpflichteten steht dem Rechte des Vermieters nach § 553 BGB. nicht gleich, weil es keine Auflösung des Leibgedingsvertrags zur Folge hat, sondern nur eine Umwandlung der Leistung.

3. Mitwirkendes Verschulden oder überwiegendes Verschulden des anderen Teils (§ 254 StGB.) ist zu berücksichtigen.

4. Wegen der Umwandlung vgl. A 43 A. 3. Ein stillschweigender Verzicht (s. A 43 A. 4) wird nicht anzunehmen sein, wenn der Berechtigte zunächst abwartet, ob sich nicht die persönlichen Beziehungen bessern. Hinsichtlich der Veräußerung s. A 46 A. 4.

3. Verhalten des Verpflichteten. **Art. 45.**

Veranlaßt der Verpflichtete durch sein Verhalten eine solche Störung der persönlichen Beziehungen zu dem Berechtigten, daß diesem nicht zugemutet werden kann, die Wohnung auf dem Grundstücke zu behalten, so hat er dem Berechtigten, falls dieser die Wohnung auf dem Grundstück aufgibt, den für die Beschaffung einer anderen angemessenen Wohnung erforderlichen Aufwand zu ersetzen. In gleicher Weise hat er dem Berechtigten den Schaden zu ersetzen, der daraus entsteht, daß dieser andere ihm gebührende Leistungen nicht auf dem Grundstück in Empfang nehmen kann.

1. Über Begriff und Voraussetzung des störenden Verhaltens s. A 44 A. [1].

2. Eine Kündigungsfrist und Frist zur Geltendmachung besteht nicht. Wegen stillschweigenden Verzichts s. A 43 A. 4, A 44 A. 3, wegen der Veräußerung A 46 A. [4].

3. Die zu gewährende Geldleistung ist vom Gesichtspunkte des Schadensersatzes der Höhe nach festzusetzen; sie entfällt bei Veräußerung des Grundstücks (RG. **70**[170, 173]).

4. Veräußerung des belasteten Grundstücks. **Art. 46.**

Wird das Grundstück veräußert, so stehen dem Berechtigten die im Artikel 45 bestimmten Rechte zu. Er verliert diese Rechte, wenn er nicht vor dem Ablaufe des Kalendervierteljahrs, in welchem er von dem Übergange des Eigentums Kenntnis erlangt, und des folgenden

Vierteljahrs das Grundstück räumt. Sie stehen ihm nicht zu, wenn die Veräußerung mit Rücksicht auf ein künftiges Erbrecht an einen gesetzlichen Erben des Verpflichteten erfolgt.

Die nach den Artikeln 44, 45 sich aus einer Störung der persönlichen Beziehungen zwischen dem Berechtigten und dem Verpflichteten ergebenden Rechte treten im Falle der Veräußerung des Grundstücks ein, wenn die persönlichen Beziehungen zwischen dem Berechtigten und dem Erwerber von dem einen oder dem anderen in der dort angegebenen Weise gestört werden.

1. Gilt nicht für die Verpachtung, jedoch kann die durch die Verpachtung geschaffene Sachlage für den Berechtigten einen besonderen Grund nach A 43 bilden.

2. Rechtsverhältnis: Der Erwerber haftet entweder auf Grund der Schuldübernahme (§§ 414 ff. BGB.) oder der dinglichen Sicherung der Leistungen (§§ 1090 bis 1092, 1093, 1105 BGB., RG. 70 [170], [172]), im letzten Fall nur für die nach dem Eigentumsübergang fällig gewordenen Leistungen (wegen der Reallasten s. § 1108[I] BGB.). Die Haftung des Veräußerers bleibt bestehen, soferne sie nicht durch besondere Vereinbarung mit dem Verpflichteten ausgeschlossen wird.

3. Haftet der Erwerber für das Leibgeding, so finden für ihn als Verpflichteten A 44, 45 Anwendung; eine etwaige Umwandlung der Leibgedingsschuld kommt ihm gegenüber nicht mehr in Betracht; vielmehr tritt der ursprüngliche Leibgedingsvertrag wieder in Kraft (RG. 70[170], [173]).

4. Abs. 2 dehnt A 44, 45 auch auf einen Erwerber aus, bei welchem eine solche Haftung nicht besteht, da sich der Veräußerer seiner zur Erfüllung der Leibgedingsschuld bedient und daher für dessen Verhalten einstehen muß (Örtmann § 119 Ziff. II[9] S. 530; Henle-Schneider A.[4]). Eine vor dem Eigentumsübergang festgesetzte Umwandlung der Leibgedingsverpflichtung bleibt aufrechterhalten.

Ableben eines Berechtigten.

Art. 47.

Ist ein Leibgeding für Ehegatten vereinbart, so kann, wenn der eine Ehegatte stirbt, der andere Ehegatte das volle Leibgeding mit Ausnahme der Leistungen verlangen, die unmittelbar für den besonderen Bedarf des verstorbenen Ehegatten bestimmt waren.

In anderen Fällen eines für mehrere Berechtigte vereinbarten Leibgedinges wird der Verpflichtete durch den Tod eines der Berechtigten zu dem Kopfteile des Verstorbenen von seiner Verpflichtung frei, soweit die geschuldeten Leistungen zum Zwecke des Gebrauchs oder Verbrauchs unter den Berechtigten geteilt werden mußten.

1. Das Leibgeding ist als persönlicher Anspruch unvererblich. Unabhängig hievon ergeben sich aus der Eigenart des Leibgedings bei einer für mehrere Personen getroffenen Vereinbarung Zweifel, inwieweit bei Tode des einen Teils das Leibgeding für den Überlebenden noch gilt.

2. Leistungen für den besonderen Bedarf eines Ehegatten (Abs. 1) sind: Kleidung, ärztliche Behandlung, Heilmittel, Krankenpflege, Krankenversicherung.

3. Ob Leistungen zum Zwecke des Gebrauchs oder Verbrauchs unter den Berechtigten geteilt werden mußten (Abs. 2), richtet sich nach der tatsächlichen Übung oder dem Ortsgebrauch. Nicht hierunter fallen: Mitbenützung der Wohnung, Beheizung, Beleuchtung.

4. Der Tod des Verpflichteten bedingt keine Änderung des Schuldverhältnisses (§ 1967 BGB.).

Ersatz von Verwendungen. **Art. 48.**

Bei der Beendigung des Rechtsverhältnisses hat der Verpflichtete, wenn er dem Berechtigten die Benutzung eines Teiles des Grundstücks zu gewähren hatte, die Kosten, die der Berechtigte auf die noch nicht getrennten, jedoch nach den Regeln einer ordnungsmäßigen Wirtschaft vor dem Ende des Nutzungsjahrs zu trennenden Früchte verwendet hat, insoweit zu ersetzen, als sie einer ordnungsmäßigen Wirtschaft entsprechen und den Wert dieser Früchte nicht übersteigen. Hatte der Verpflichtete den Teil des Grundstücks für den Berechtigten zu bestellen, so bleiben die von ihm geleisteten Bestellungsarbeiten außer Ansatz.

1. Das Rechtsverhältnis wird beendigt
a) durch Tod des Berechtigten, s. jedoch A 47^{I},
b) durch Zeitablauf auf Grund Vertrages,
c) durch Entscheidung des Gerichts (Böhm-Klein A. 1).

2. S. 1 entspricht der Fassung §§ 592, 1055^{II} BGB. Zugunsten des Berechtigten ist ferner ein Ersatz der vom Verpflichteten vertragsmäßig geleisteten Bestellungsarbeiten ausgeschlossen (S. 2). — Der Anspruch auf Ersatz der Verwendungen ist vererblich. —

Schuldverschreibungen des Staates und der übrigen juristischen Personen des öffentlichen Rechts.

Vorbemerkung.

1. Nach § 806^{II} BGB. ist der Aussteller einer auf den Inhaber lautenden Schuldverschreibung nicht verpflichtet, sie auf den Namen eines bestimmten Berechtigten umschreiben zu lassen. A 101 EGBGB. behält der Landesgesetzgebung vor, abweichend hievon den Bundesstaat oder ihm angehörende Körperschaften, Stiftungen und Anstalten des öffentlichen Rechts hiezu zu verpflichten, sowie die aus der Umschreibung sich ergebenden Rechtsverhältnisse einschließlich der Kraftloserklärung (§ 11 EGZPO.) zu regeln. Die Umschreibung tritt an Stelle der Außerkurssetzung, welche durch A 96 EGBGB. mit rückwirkender Kraft beseitigt wurde. Auf Schuldverschreibungen der Banken, Aktiengesellschaften und sonstigen gewerblichen Unternehmungen finden A 49ff. keine Anwendung.

2. Für den ersten Vorbehalt des A 101 EGBGB. wurden landesgesetzliche Bestimmungen nicht erlassen; eine Verpflichtung zur Umschreibung ist nach keiner Richtung aufgestellt (Böhm-Klein A 49 A. [3]; Örtmann § 54 Ziff. $I^{2}c$ S. 239). Dagegen ist für die staatlichen Schuldverschreibungen die Möglichkeit der Umschreibung eröffnet und das Verfahren geordnet (Bek. vom 27. IX. 1899, JMBl. S. 455, FinMBl. S. 281, ABl. S. 645; KultMBl. S. 654 s. Anlage IV;

vgl. die Bek. vom 2. I. 1900 und 14. IV. 1900 betr. die Festmachung der auf den Inhaber lautenden Schuldverschreibungen zugunsten von Gemeinden und örtlichen Stiftungen; ABl. S. 125, 249). Vgl. Ges. vom 31. V. 1910 betr. das Reichsschuldbuch (RGBl. S. 840), Ges. vom 20. VII. 1912 betr. das Staatsschuldbuch (GVBl. S. 684, ZfR. 1912 S. 472).

A 49—57 beziehen sich nur auf bereits umgeschriebene Schuldverschreibungen. Durch die Umschreibung bleibt das Papier Wertpapier und Präsentationspapier; es wird in ein Namens- (Rekta-) Papier verwandelt (Enneccerus Bd. I § 433 Ziff. 2 S. 616; RGK. § 806 A. 1; Örtmann, Recht der Schuldverhältnisse § 806 A. 2). Die Umschreibung kann jederzeit beseitigt werden; hiedurch erhält die Schuldverschreibung wieder die Eigenschaft eines Inhaberpapiers (A 50 Abs. 2, Enneccerus a. a. O. S. 616; Örtmann a. a. O.).

Zahlung; Verfügung über die Schuldverschreibung. A 49—52.

Art. 49.

Wird eine auf den Inhaber ausgestellte Staatsschuldverschreibung auf den Namen des Gläubigers umgeschrieben, so ist die Staatskasse nur gegen Aushändigung der Schuldverschreibung zur Zahlung verpflichtet.

1. Ähnliche Fassung §§ 797^{I}, 808^{II} BGB.

2. Leistung Zug um Zug (§§ 274, 322 BGB.). Bei Teilzahlungen finden nur A 50—52 Anwendung.

3. Der Gläubiger hat sich neben dem Besitz der Schuldverschreibung (A 51^{I}) noch nach A 51^{III-VI} auszuweisen.

4. Die Verpflichtung zur Ausstellung der Quittung bleibt unberührt (§ 368 BGB.). Form der Quittung A 51^{VII}.

Art. 50.

Zu der Stellung von Anträgen, welche eine Verfügung über die Schuldverschreibung enthalten, sowie zum Empfange der in der Schuldverschreibung versprochenen Zahlung sind nur der Gläubiger, auf dessen Namen die Schuldverschreibung umgeschrieben ist, seine gesetzlichen Vertreter und Bevollmächtigten, der Konkursverwalter und der Testamentsvollstrecker sowie diejenigen Personen berechtigt, welche die Schuldverschreibung von Todes wegen oder im Wege der Auseinandersetzung in Ansehung eines Nachlasses oder des Gesamtguts einer Gütergemeinschaft erworben haben.

Ist die Schuldverschreibung zum Zwecke der Zwangsvollstreckung gepfändet, so kann der Gläubiger, zu dessen Gunsten die Pfändung erfolgt ist, die Löschung der Umschreibung beantragen.

Eine Ehefrau wird zur Stellung von Anträgen und zum Empfange der Zahlung ohne Zustimmung des Ehemanns zugelassen.

In Ansehung der zu einem Familienfideikommiß oder einem Lehen gehörenden Schuldverschreibungen verbleibt es bei den bestehenden Vorschriften.

1. Verfügungen über die Schuldverschreibungen enthalten die Umschreibung auf einen anderen Gläubiger und die Löschung der Umschreibung.

2. Die Zwangsvollstreckung in die Schuldverschreibung erfolgt durch Wegnahme der Urkunde (§ 808 ZPO.), öffentlichen oder freihändigen Verkauf (§§ 814, 825 ZPO.). Nach § 822 ZPO. kann der Gerichtsvollzieher ermächtigt werden, die Umschreibung auf den Namen des Käufers zu erwirken und die hiezu erforderlichen Erklärungen an Stelle des Schuldners abzugeben. Er kann aber auch die Löschung der Umschreibung beantragen (Abs. 2). Die gleiche Möglichkeit besteht auf Grund des § 823 ZPO. (Stein-Jonas ZPO. § 823 A.; Baumbach ZPO. § 823 A. 1).

Begrifflich ausgeschlossen ist dieser Rechtsbehelf, wenn die Pfändung im Vollzuge eines Arrestes oder einer einstweiligen Verfügung erfolgte (§§ 916ff., 936 ZPO.).

3. Die Befreiung der Ehefrau von der Zustimmung des Ehemannes gilt nur für den Verkehr mit der Staatsschuldenverwaltung (A 52), für den sonstigen Rechtsverkehr bleiben die allgemeinen Bestimmungen maßgebend.

4. Fideikommisse und Lehen sind aufgehoben (s. oben A 1 Ziff. II, 3). Über die Behandlung der Wertpapiere s. Unzner, Die Aufhebung der Fideikommisse (ZfR. 1920 S. 14ff. Ziff. VIII D).

Art. 51.

Der Antragsteller muß sich im Besitze der Schuldverschreibung befinden.

Der Antrag muß öffentlich beurkundet oder öffentlich beglaubigt sein. Anträge einer öffentlichen Behörde bedürfen einer besonderen Beglaubigung nicht.

Für eine Vollmacht oder eine sonstige Vertretungs- oder Verwaltungsbefugnis ist derselbe Nachweis erforderlich wie bei der Bewilligung einer Eintragung in das Grundbuch. Zum Nachweise des Erwerbes von Todes wegen ist ein Zeugnis des Nachlaßgerichts erforderlich. Bei dem Erwerb im Wege der Auseinandersetzung genügt ein Zeugnis des zuständigen Gerichts oder Notars.

Für die Beglaubigung des Antrags und der Vollmacht ist auch die Gemeindebehörde des Wohnorts des Antragstellers oder des Vollmachtgebers zuständig.

Ist seit der Umschreibung eine Änderung in der Person des Gläubigers (Verheiratung einer Frau, Änderung des Namens, des Standes oder des Gewerbes, des Wohnorts) eingetreten, so kann verlangt werden, daß die Identität durch eine öffentliche Urkunde nachgewiesen wird.

Diese Vorschriften gelten auch für die Quittung über den Empfang der Zahlung.

1. A 51 betrifft die Legitimation sowohl für die Empfangnahme der Zahlung wie für jede Verfügung über die Schuldverschreibung (A 50 I).

2. Abs. 2 gilt auch bei Eintragung einer auf den Namen umgeschriebenen Schuldverschreibung als Buchschuld (A 5[I] Ges. betr. das Staatsschuldbuch vom 20. VII. 1912, GVBl. S. 684; ZfR. 1912 S. 475; Einführung in den cob. Landest. GVBl. 1921 S. 537).

3. Öffentliche Beglaubigung (§ 129 BGB.) entweder durch den Notar (A 1 NotG.) oder die Gemeindebehörde (Abs. 3).

4. Das Zeugnis des Nachlaßgerichts (Abs. 3) kann in einem Erbschein (§ 2353 BGB.) oder in einem Zeugnis über die Fortsetzung der Gütergemeinschaft (§ 1507 BGB.) oder über den Erwerb der Schuldverschreibungen bestehen.

5. Abs. 5 setzt voraus, daß die Person des Gläubigers die gleiche geblieben ist und hat nur Änderungen in der Bezeichnung im Auge.

Art. 52.

Ist das Verfügungsrecht des Antragstellers oder des Empfängers der Zahlung in der im Artikel 51 bestimmten Weise nachgewiesen, so ist die Staatsschuldenverwaltung ohne weitere Prüfung zu der Annahme berechtigt, daß der Antragsteller oder der Empfänger der Zahlung über die Schuldverschreibung rechtswirksam verfügen kann.

1. Die Staatsschuldenverwaltung wird durch die Prüfung nach A 51 von jeder Verantwortung entlastet nicht nur dem Gläubiger, sondern jedem Dritten gegenüber. Die Geltendmachung einer Fälschung und eines Irrtums ist ausgeschlossen.

2. Jedoch widerspricht es Treu und Glauben (§ 242 BGB.), diese Rechtswirkung auch dann eintreten zu lassen, wenn den gesetzlichen Organen oder Angestellten die wirkliche Rechtslage bei der Verfügung über die Schuldverschreibung oder Empfangnahme der Zahlung bekannt war. Für den Berechtigten erwächst hieraus zugleich ein Schadensersatzanspruch nach § 826 BGB. (vgl. A 110 A. 5).

Übertragung.

Art. 53.

Eine Übertragung der Schuldverschreibung wird der Staatskasse gegenüber erst mit der Umschreibung wirksam.

1. Die freie Verfügung über die Schuldverschreibung wird durch die Umschreibung nicht berührt. Die Übertragung vollzieht sich durch Abtretung und Übergabe der Urkunde (§§ 392, 402, 403 BGB.). Auch die Sicherungsübereignung fällt hierunter. Gegenüber der Staatsschuldenverwaltung ist der Nachweis über die Abtretung durch öffentliche oder öffentlich beglaubigte Urkunden vorzulegen (A 51[III]).

2. Die nach §§ 1279ff. BGB. zulässige Verpfändung bedarf zur Wirksamkeit nur der Anzeige an den Schuldner (§ 1280 BGB.).

3. Gleiche Fassung vgl. A 16 Ges. vom 20. VII. 1912 betr. das Staatsschuldbuch (GVBl. S. 684).

Anwendung anderer Vorschriften.

Art. 54.

Die Vorschriften der §§ 798 bis 803, 805 des Bürgerlichen Gesetzbuchs gelten auch für die auf den Namen des Gläubigers umgeschriebenen Schuldverschreibungen.

Auf das Aufgebotsverfahren zum Zwecke der Kraftloserklärung einer solchen Schuldverschreibung finden die Vorschriften der §§ 1010 bis 1014 der Zivilprozeßordnung keine Anwendung.

Die einzelnen Vorschriften betreffen: § 798 BGB. Umtausch beschädigter Urkunden, §§ 799, 800 BGB. Kraftloserklärung im Wege des Aufgebotsverfahrens, §§ 1003ff. ZPO. mit Ausnahmen §§ 1010—1014 ZPO. s. Abs. 2, § 11 EGZPO. örtliche Zuständigkeit des Amtsgerichts s. A 29 AGZPO., § 801 BGB. Ausschlußfristen, Verjährung, § 802 BGB. Zahlungssperre, § 803 BGB. Zinsscheine.

Umgeschriebene Staatsschuldverschreibungen älteren Rechts.

Art. 55.

Die Vorschriften der Artikel 49 bis 54 gelten auch für die Staatsschuldverschreibungen, deren Umschreibung auf den Namen des Gläubigers vor dem Inkrafttreten des Bürgerlichen Gesetzbuchs erfolgt ist. An dem Rechte aus einem vor diesem Zeitpunkt ausgestellten Erneuerungsscheine wird nichts geändert.

1. Nach A 174 EGBGB. gelten für die vor Inkrafttreten des BGB. aufgestellten Schuldverschreibungen auf den Inhaber §§ 798—800, 802, 804, 806 S. 1 BGB. Indessen findet auch insoweit A 101 EGBGB. Anwendung (Staudinger A 174 IX EGBGB.).

2. Erneuerungsscheine sind nach der überwiegenden Auffassung des Verkehrs nicht selbständige Schuldverschreibungen, sondern Legitimationspapiere zum Empfang neuer Zinsscheine (RG. **31**[147], **74**[341], Staudinger § 803, IV b).

Es kommen nur Erneuerungsscheine zu den umgeschriebenen Inhaberpapieren in Betracht.

3. Zinsscheine gelten stets als Inhaberpapiere, selbst wenn die dazu gehörigen Schuldverschreibungen auf den Namen umgeschrieben sind; sie können auf den Inhaber nicht umgeschrieben werden; auf sie finden A 49ff. keine Anwendung.

4. Die Vorschrift wurde in den coburgischen Landesteilen eingeführt mit dem Abmaße, daß an die Stelle der Worte „vor dem Inkrafttreten des Bürgerlichen Gesetzbuches" die Worte treten: **„vor dem Zeitpunkt der Einführung dieser Vorschriften in den vormals coburgischen Landesteilen"**. Das Inkrafttreten des A 55 wurde auf 1. IV. 1922 bestimmt (A 1 Bek. vom 30. I. 1922, GVBl. S. 153), vgl. Einleitung Ziff. II.

Erloschene und verjährte Schuldverschreibungen sowie Zinsscheine.

Art. 56.

Das Erlöschen und die Verjährung der Ansprüche aus einer Staatsschuldverschreibung oder einem Zinsscheine kommt dem Fonds zustatten, aus welchem die Zahlung zu leisten war.

1. Verjährung und Ausschlußfristen für Schuldverschreibungen und Zinsscheine § 801 BGB., A 54.

2. Wegen Verwendung der dem Staate zufließenden Mittel und des einschlägigen Verfahrens s. A 5 A. 4b.

Körperschaften, Stiftungen und Anstalten des öffentlichen Rechts.

Art. 57.

Die Vorschriften der Artikel 49 bis 55 finden entsprechende Anwendung auf Schuldverschreibungen, die von einer dem bayerischen Staate angehörenden Körperschaft, Stiftung oder Anstalt des öffentlichen Rechtes ausgestellt sind.

1. Zu den Körperschaften, welche dem Staat angehören, sind zu rechnen die politischen Gemeinden, Bezirke und Kreise. Wegen der Stiftungen des öffentlichen Rechts s. A 5 Vorb. II. Anstalten des öffentlichen Rechts: Notariatskasse (A 126a NotG. in der Fassung des Ges. vom 21. III. 1930 (GVBl. S. 70).

2. Die richtige Verwendung der auf Grund A 57, 54 freiwerdenden Mittel steht unter Aufsicht der zuständigen Staatsverwaltungsbehörde.

Haftpflicht bei Benutzung öffentlicher Grundstücke oder Gewässer zu Anlagen oder Betrieben.

Art. 58.

Werden öffentliche Straßen oder Plätze mit Genehmigung der zuständigen Behörde zu dem Betrieb einer Eisenbahn benutzt, so ist der Unternehmer auch für den Schaden verantwortlich, der bei dem Betrieb infolge des öffentlichen Gebrauchs der Straßen oder Plätze an einer fremden Sache entsteht, sofern nicht der Unfall durch höhere Gewalt oder durch Verschulden des Inhabers der Sache verursacht ist.

Der Anspruch verjährt in zwei Jahren von dem Unfall an.

I. Nach A 7 Ziff. 19 RV. steht dem Reich die Gesetzgebung über die Eisenbahnen zu; landesgesetzliche Regelung außerhalb des Reichsrechts ist zulässig (A 12 RV.). A 105 EGBGB. behält landesgesetzliche Vorschriften vor, nach welchen der Unternehmer eines Eisenbahnbetriebs für den aus dem Betrieb entstehenden Schaden im weiteren Umfange als nach den Vorschriften des Bürgerlichen Gesetzbuches verantwortlich ist. Nach dem derzeitigen Reichsrecht (§ 1 des Reichshaftpflichtgesetzes vom 7. VI. 1871, RGBl. S. 207, haftet der Unternehmer eines Eisenbahnbetriebs für Betriebsunfälle nur für Personenschäden (Tötung oder Körperverletzung eines Menschen). A 58 dehnt die Haftung im bestimmten Umfange auf Sachschäden aus.

Unberührt bleiben die Bestimmungen des Handelsgesetzbuches (§§ 456 bis 475) über die Haftung für Verlust und Beschädigung von Gütern, welche der Eisenbahn zur Beförderung übergeben wurden.

II. 1. A 58 schließt sich nach der Fassung § 1 RHaftpflichtges. an; die hiezu ergangene Rechtsprechung ist in ihren Grundsätzen anwendbar (ObLG. 21 A $^{237, 241}$).

2. Unter Eisenbahnen sind Schienenwege zu verstehen, welche der Beförderung von Personen und Sachen dienen und durch ihren Betrieb besondere Gefahren bedingen. Sie können öffentlichen oder privaten Zwecken dienen (Anschlußgeleise, Arbeitsbahnen). Gleichgültig ist, welche Kraft zur Fortbewegung verwendet wird (Dampf, Elektrizität, Pferde, Menschen) und die Betriebsart Kleinbahnen) (Enneccerus Bd. I § 468 Ziff. I, 2a S. 721).

3. Unternehmer. Auf Grund A 171 RV. sind die Staatseisenbahnen auf das Reich übergegangen, und zwar die bayerischen Staatseisenbahnen nach Ges. vom 30. III. 1920 (GVBl. S. 173). Der Betrieb der Reichseisenbahnen obliegt der für diesen Zweck gegründeten Reichsbahngesellschaft (§ 1 Ges. vom 30. VIII. 1924, RGBl. II S. 272, § 22 der Satzung der deutschen Reichsbahngesellschaft, RGBl. 1924, II S. 281). Andere Eisenbahnen bedürfen der Genehmigung (A 8 bayr. GewGes. vom 30. I. 1868 i. d. F. v. A 8 StPO. § 8 GewO.), aufrechterhalten durch § 10^{I} des Staatsvertrages betr. den Übergang der bayerischen Staatseisenbahnen auf das Reich (GVBl. 1920 S. 174, 177; Strafvorschrift A 154 PStGB.). Sachschäden, welche beim Betriebe einer nicht genehmigten Eisenbahn auf öffentlichen Straßen und Plätzen entstehen, werden nach § 823^{II} BGB. beurteilt (Böhm-Klein A. 6; Henle-Schneider A. 2; Örtmann § 61 Ziff. II 6). Hiebei begründet schon ein schuldhafter Verstoß gegen A 154 PStGB., welcher als Schutzgesetz zu erachten ist, die Schadenshaftung (Enneccerus Bd. I § 452 Ziff. III 2 S. 675; RGK. § 823 A. 15, 16). Die Rechtslage des Geschädigten ist demnach keineswegs ungünstiger als im Falle des A 58. Der Unternehmer haftet im Rahmen des A 58 auch für das Verschulden seiner Angestellten, Arbeiter und der sonstigen Personen, welche im Betriebe verwendet sind. Für die Gefährdungshaftung kommt § 831 BGB. nicht in Betracht (RGK. § 831 A. 1 S. 596; ZfR. 1907 S. 447 A. 55). Daneben besteht für Eisenbahnen, welche im Betrieb des Staates oder einer öffentlichen Körperschaft stehen, deren unmittelbare Haftung nach A 131 RV., soweit eine schuldhafte Amtsverletzung in Ausübung der anvertrauten öffentlichen Gewalt in Betracht kommt (A 131 RV., A 60).

4. Voraussetzung der Schadenshaftung.

a) Der Schaden muß zeitlich und örtlich mit den besonderen Gefahren des Eisenbahnbetriebes in ursächlichem Zusammenhang stehen (Enneccerus Bd. I § 468 Ziff. I, 1 b S. 721; s. Näheres Rechtsprechung zu § 1 RHaftpflichtges.).

b) und auf den bestimmungsgemäßen Gebrauch der öffentlichen Straßen und Plätze, über welche die Eisenbahn führt, zurückzuführen sein. Spielt sich das schädigende Ereignis auf einem Seitenweg oder einem Nachbargrundstück durch Scheuen der Pferde oder Berührung mit dem abgerissenen Strang einer Starkstromleitung ab, so besteht keine Haftung nach A 88, sondern gegebenenfalls nur nach § 823 BGB. Bei bestimmungswidriger oder vorschriftswidriger Benutzung besteht kein Schadensanspruch z. B. Befahren eines Fußweges mit einem Fahrrad, Wagen oder Kraftfahrzeug, unbefugtes Stehenlassen eines Fahrzeuges, Streunen von Hunden auf der Straße, Niederlegen von Gegenständen (Örtmann § 61 Ziff. II 4 S. 273, Böhm-Klein A. 5, Henle-Schneider A. 8).

5. Der Unternehmer ist zunächst für den Schaden verantwortlich, ohne daß es auf ein Verschulden auf seiner Seite ankommt (Gefährdungshaftung)

a) Jedoch wird er befreit, wenn der Unfall durch höhere Gewalt herbeigeführt wurde, und zwar im ganzen Umfang (vgl. über den Begriff die Rechtsprechung zu § 1 RHaftpflichtges.).

b) Der 2. Fall — Verschulden des Inhabers der Sache — bedeutet die Anwendung des § 254 BGB.

Inhaber ist, wer z. Zt. des Unfalles die tatsächliche Herrschaft über die Sache hatte: der Eigenbesitzer (§ 878 BGB.), Verwaltungs- und Nutzungsbesitzer (§ 868 BGB.), Besitzdiener (§ 855 BGB.) (ObLG. $21^{237, 239}$, Henle-Schneider A. 11).

Unter Verschulden ist hier Vorsatz oder Fahrlässigkeit zu verstehen (§§ 823^{I}, 276^{I} S. 2 BGB.). Maßgebend ist das Verschulden des Inhabers, gleichviel wer den Schaden geltend macht; infolgedessen kommt bei A 58 die Geltendmachung der Bestimmungen §§ 278, 831 BGB. nicht in Betracht (ObLG. 21[237], [239]). Für die Annahme des ursächlichen Zusammenhangs genügt es, wenn bei dem schädigenden Ereignis ein Verschulden des Inhabers mitgewirkt hat, ohne daß es sich auf die beschädigte Sache unmittelbar bezieht. Durch vorschriftswidriges Lenken eines Wagens wird der Zusammenstoß mit der Straßenbahn und die Beschädigung der mitgeführten Güter verursacht. Im einzelnen Falle ist die gesamte Betriebsgefahr und etwaige Erhöhung durch besondere Umstände gegenüber dem Verschulden gemäß § 254 BGB. abzuwägen (ObLG. 21[237], [239]).

6. Zu erstatten ist der „an der Sache" entstandende Schaden; er besteht in der Wiederherstellung der wirtschaftlichen Substanz (§ 249 BGB.); der Gläubiger kann statt dessen die Leistung des entsprechenden Geldbetrages verlangen (§ 249 S. 2 BGB.), der Verpflichtete dagegen die Geldentschädigung nur wählen, wenn die Herstellung mit unverhältnismäßigen Kosten verknüpft ist (§ 251 II BGB.). Dagegen scheidet Ersatz eines weiteren Schadens oder des entgangenen Gewinnes (§ 252 BGB.) aus (Henle-Schneider A. 9).

7. Berechtigt zur Geltendmachung ist der unmittelbar Verletzte, d. h. der Eigentümer; jedoch kann auch ein Dritter Schadensersatz beanspruchen, soweit er dem Eigentümer hiefür einzustehen hat und der endgültig Geschädigte ist (RG. 87[289], 93[39], 97[88]). Eine Begrenzung der Schadenhaftung der Höhe nach wie in § 7a RHaftpflichtges., § 12 I Ziff. 3 KFG. ist nicht bestimmt.

8. Für den Beginn der Verjährung ist es gleichgültig, wann der Ersatzberechtigte von dem Schaden und der Person des Ersatzpflichtigen Kenntnis erhält.

9. Sind Mehrere für einen Unfall verantwortlich, so haften sie als Gesamtschuldner (§ 421 BGB.). Im Innenverhältnis findet der Ausgleich nach § 426 BGB. statt. Gemäß § 254 BGB. wird hiebei zugleich die Verschiedenheit der Beteiligung und der Grad des Verschuldens des Einzelnen abgewogen (ObLG. 21 A [155], [163]). Dies gilt insbesondere beim Zusammentreffen der Gefährdungshaftung mit einer Haftung auf Grund Verschuldens (RGK. § 426 A. 1, § 840 A. 3c, Staudinger § 426 B II).

Soweit die Mithaftung für ein Kraftfahrzeug besteht, bemißt sich der Ausgleich nach § 17 II KFG. (Müller, Automobilgesetz § 17 DIa2; a. M. Eger LZ. 1927 Sp. 304.

10. Ein Ausschluß der Haftung im voraus durch Vertrag kommt nicht in Frage, weil § 5 RHaftpflichtges. entsprechend anwendbar ist (Böhm-Klein A. 7 — a. M. Henle-Schneider A. 4). Die Versicherung des Unternehmers gegen die gesetzliche Haftung bleibt unberührt.

III. Die Haftung kann außerdem auf §§ 823, 89, 31, 831 BGB. gestützt werden (ObLG. 21 A [156], [163]). Zu ersetzen ist hiernach der gesamte Schaden einschließlich des entgangenen Gewinnes (§ 252 BGB., s. dagegen oben A. 6).

Dem Unternehmer steht der Rückgriff gegen Dritte, welche den Schaden verursacht haben, offen.

Art. 59.

Wird die Benutzung eines dem öffentlichen Gebrauche dienenden Grundstücks oder eines öffentlichen Gewässers zu einer Anlage oder einem Betriebe gestattet, so kann bei der Erteilung der Genehmigung von der zuständigen Behörde bestimmt werden, daß der Unternehmer für den Schaden, der bei dem öffentlichen Gebrauche des Grundstücks oder des Gewässers durch die Anlage oder den Betrieb verursacht wird, oder für gewisse Arten eines solchen Schadens verantwortlich ist.

Im Falle der Tötung oder einer Verletzung des Körpers oder der Gesundheit eines Menschen finden die Vorschriften der §§ 842 bis 844 des Bürgerlichen Gesetzbuchs Anwendung.

Die Ersatzpflicht des Unternehmers erstreckt sich nicht auf einen Schaden, der durch höhere Gewalt oder durch Verschulden des Verletzten oder des Inhabers der beschädigten Sache verursacht ist.

Der Anspruch auf Schadensersatz verjährt in zwei Jahren von dem Unfall an. Im Falle einer Tötung beginnt die Verjährung der im § 844 des Bürgerlichen Gesetzbuchs bestimmten Ansprüche mit dem Eintritte des Todes.

1. Reichsgesetzlicher Vorbehalt: A 65, 106 EGBGB.

2. Abweichung von A 58:
a) Ausdehnung der Haftung des Unternehmers auf die Anlage (auch bei Eisenbahnen) und öffentliche Gewässer, ferner auf Personenschaden,
b) Bestimmung der Haftung durch Anordnung der zuständigen Verwaltungsbehörde.

3. Öffentliche Gewässer sind Flüsse und Flußteile, welche zur Schiff- oder Floßfahrt dienen, sowie die Nebenarme solcher Flüsse, selbst wenn sie nicht zur Schiff- oder Floßfahrt dienen (öffentliche Flüsse), ferner die vom Staate errichteten Kanäle, soweit sie durch die Staatsregierung der Schiff- od. Floßfahrt eröffnet sind, endlich Seen und sonstige geschlossene Gewässer nach den bestehenden Rechtsverhältnissen (§ 1 Wassergesetz vom 23. März 1907, GVBl. S. 157 ff.).

4. Als Unternehmungen kommen neben den Eisenbahnen in Betracht: elektrische Leitungen, Wasser-, Gasleitungen, Triebwerke, Stauanlagen, Leitung von Flüssigkeiten in öffentliche Gewässer, Fähren (Überfahrtsanstalten), Schwebebahnen, Badeanstalten (A 42 Wasserges.).

5. Zuständig für die Haftungsbestimmung ist die für die Genehmigung zuständige Behörde. Die Anordnung steht im Ermessen der Verwaltungsbehörde und muß bei Erteilung der Genehmigung getroffen werden, eine spätere Anordnung ist nicht mehr zulässig (Henle-Schneider A. 5).

Jedoch kann eine spätere Genehmigung für eine Änderung, Ausdehnung der Anlage oder des Betriebes Anlaß geben, eine Haftpflicht aufzuerlegen. A 59 setzt die Höchstgrenze der Haftung fest. Die Haftung kann auf einzelne Arten von Schäden eingeschränkt werden. Maßgebend ist die Bedeutung und die Gefahr der Anlage und des Betriebes im Zusammenhalt mit den Bedürfnissen des Verkehrs.

Eine Beschränkung nach dem Höchstbetrage der Schadenshaftung (vgl. § 7a RHaftpflichtges., § 12 Ziff. 3 KFG.) ist nicht zulässig.

6. Wegen des Begriffs des Unternehmers, der Schadenshaftung bei Errichtung der Anlage, Eröffnung des Betriebs ohne Genehmigung s. A 58 A. II 3.

7. Über die Voraussetzungen der Schadenshaftung s. A 58 A. II 3. Der öffentliche Gebrauch an öffentlichen Gewässern ist nicht gleichbedeutend mit dem Gemeingebrauch (A 26 Wasserges.). Hiedurch wird jedermann das Recht eingeräumt, das Wasser zu bestimmten Zwecken zu benützen (Brenner, Wasserges. A 26 A. 2a).

Die Ausübung eines Rechts (Fischereirechts) fällt nicht unter den öffentlichen Gebrauch und begründet daher keine Schadenshaftung (Henle-Schneider A. 8). Wegen des Entlastungsbeweises des Unternehmers bei höherer Gewalt, Verschulden des Inhabers der Sache und des Verletzten, Umfanges des Sachschadens s. A 58 A. II 4—6. Die weitergehende Bestimmung des § 845 BGB. findet für die Gefährdungshaftung keine Anwendung.

8. Für den Beginn der Verjährung im Falle der Tötung gilt das gleiche wie bei A 58 A. II 8.

9. Über die Ausgleichung unter Gesamtschuldnern s. A 58 A. II 9, über den Ausschluß der Haftung s. A 58 A. II 10, über die Anwendung der §§ 823, 89, 31, 831 BGB. s. A 58 A. III.

10. Unberührt bleiben die besonderen Bestimmungen des Wassergesetzes über die Leistung von Entschädigungen (vgl. A 35 I, II S. 2, 37 V, 40 II S. 2, 82 S. 2,109 II, 156, 158, 160, 163, 164). Über das einschlägige Entschädigungsverfahren s. A 195 Wasserges.

Haftung des Staates und der Kommunalverbände für Beamte.

Art. 60.

Verletzt ein Beamter des Staates, einer Gemeinde oder eines anderen Kommunalverbandes in Ausübung der ihm anvertrauten öffentlichen Gewalt vorsätzlich oder fahrlässig die ihm einem Dritten gegenüber obliegende Amtspflicht, so trifft dem Dritten gegenüber die im § 839 des Bürgerlichen Gesetzbuchs bestimmte Verantwortlichkeit an Stelle des Beamten den Staat oder den Verband, in dessen Dienste der Beamte steht. Bei den Amtsgeschäften der Gerichtsvollzieher gilt dies auch für die Verletzung der Pflichten gegenüber dem Auftraggeber.

Ausländern kann die Entschädigung, vorbehaltlich der Haftung des Beamten, verweigert werden, wenn nicht nachgewiesen ist, daß in dem Heimatstaate des Beschädigten eine der Vorschrift des Abs. 1 Satz 1 entsprechende Haftung Deutschen gegenüber wenigstens insoweit anerkannt wird, als der Ersatz des Schadens von dem Beamten nicht zu erlangen ist.

Die für einzelne Klassen von Beamten bestehenden besonderen Vorschriften bleiben unberührt.

Die im Dienste einer Gemeinde oder eines anderen Kommunalverbandes stehenden Beamten haben dem Verbande den Schaden zu ersetzen, der diesem aus der Verletzung der Amtspflicht entsteht. Die Vorschriften des § 852 des Bürgerlichen Gesetzbuchs finden mit der Maßgabe Anwendung, daß die dreijährige Verjährungsfrist mit dem Zeitpunkte beginnt, in dem die Ersatzpflicht des Verbandes dem Beschädigten gegenüber anerkannt oder rechtskräftig festgestellt ist.

I. 1. Der Landesgesetzgebung sind vorbehalten die Vorschriften über die Haftung des Staates, der Gemeinden und anderer Kommunalverbände für den von ihren Beamten in Ausübung der anvertrauten öffentlichen Gewalt zugefügten Schaden (A 77 EGBGB.).

2. Die Rechtslage hat eine tiefgreifende Änderung erfahren durch A 131 RV.:

„Verletzt ein Beamter in Ausübung der ihm anvertrauten öffentlichen Gewalt die ihm einem Dritten gegenüber obliegende Amtspflicht, so trifft die Verantwortlichkeit grundsätzlich den Staat oder die Körperschaft, in deren Dienst der Beamte steht. Der Rückgriff gegen den Beamten bleibt vorbehalten.

Die nähere Regelung liegt der zuständigen Gesetzgebung ob.“

Nach der ständigen Rechtsprechung des Reichsgerichts enthält A 131, I S. 1 unmittelbares Recht (RG. **102**[166, 391]; **104**[291]; **106**[34]; **107**[41]; **108**[249]). Der ausgesprochene Rechtssatz: Die unmittelbare Haftung des Staates oder der Körperschaft tritt an Stelle des bisherigen Reichs- und Landesrechts (§ 12 GBO.. Ges. vom 22. III. 1910 über die Haftung des Reichs für seine Beamten RGBl. S. 798, A 77 EGBGB., A 60). RG. **105**,[335] (Anschütz RV. A 131 A.[4], Delius, Die Beamtenhaftpflichtgesetze 4. Aufl. § 2 S. 29) leitet weiter aus A 131I RV. einen selbständigen Beamtenbegriff ab und lehnt auch insoweit die Anwendung des Landesrechts ab, obwohl anerkannt wird, daß „A 131I S. 1 nur eine grundsätzliche Ordnung der Staatsverantwortlichkeit bezweckt und Abs. 2 eine nähere Ausgestaltung durch die zuständige Gesetzgebung zuläßt“. Als Beamter wird derjenige erachtet, welcher mit öffentlicher Gewalt vom Staat oder von der Körperschaft bekleidet ist. Der Hinweis „auf die zuständige Gesetzgebung“ deutet indessen zweifellos darauf hin, daß nur in Ansehung der sog. Staatshaftung ein bindender Rechtssatz aufgestellt werden wollte. Auch ohne diesen Vorbehalt ist für die Auslegung des § 839 BGB. allgemein anerkannt, daß aus dem öffentlichen Recht des Landes jeweils zu entnehmen ist, wer als Landesbeamter anzusehen ist (RGK. § 839 A. 2, Staudinger § 839 A. 4 b; Enneccerus Bd. I § 457 I 1a, A. 2 S. 688, Delius, a. a. O. § 9 A. 2 S. 145).

Demnach beschränkt sich die Bedeutung des A 131 RV. auf die Frage der Haftung selbst. Hiedurch wird zunächst § 12 GBO. gegenstandslos, welcher nur die gleiche Haftung ausspricht: Verletzt ein Grundbuchbeamter vorsätzlich oder fahrlässig die ihm obliegende Amtspflicht, so trifft den Beteiligten gegenüber die im § 839 BGB. bestimmte Verantwortlichkeit an Stelle des Beamten den Staat oder die Körperschaft, in deren Dienste der Beamte steht. A 60 mit § 839 BGB. bleiben insoweit aufrechterhalten, als sie den verfassungsmäßigen Grundsatz ergänzen (RG. **102**[166, 171], **106**[34], **107**[62]).

3. Besondere Vorschriften: a) Notare sind an sich keine Beamten nach A 1 BG. (Reindl BG. A 12[1] S. 14). A 131 RV. findet daher auf sie keine Anwendung. Die Staatshaftung ist besonders geregelt durch A 126 Not.Ges.:

Für den Schaden, den ein Notar oder ein Notariatsverweser in Ausübung des ihm anvertrauten Amtes durch Verletzung der Amtspflicht einem Dritten zufügt, ist der Staat nach Maßgabe der Art. 60, 61 des Ausführungsgesetzes zum Bürgerlichen Gesetzbuche verantwortlich.

Der Notar oder Notariatsverweser hat dem Staate nach Maßgabe des Artikel 60 Abs. 4 des Ausführungsgesetzes zum Bürgerlichen Gesetzbuche den Schaden zu ersetzen, der dem Staate aus der Verletzung der Amtspflicht entsteht. Für den Schaden, den hienach ein Notariatsverweser dem Staate zu ersetzen hat, haftet dem Staate neben dem Notariatsverweser der Notar nach Maßgabe des Artikel 115 (NotG.)

Für den Schaden, den ein Notar oder ein Notariatsverweser in Ausübung des Amtes des Testamentsvollstreckers einem Dritten zufügt, haftet der Staat nicht.

Notariatsbeamte stehen nur in einem öffentlichen Dienstverhältnisse zur Notariatskasse, aber nicht zum Staate (A 129^{II} NotGes. i. d. Fassung des Ges. vom 21. III. 1930, GVBl. S. 65, Notariatsbeamtenordnung vom 5. IX. 1925, JMBl. S. 67). Für sie haftet der Notar unbedingt, selbst wenn kein Verschulden in Betracht kommt (A 20 NotGes.).

Einzelfragen: Fehlende Unterschrift des Notars (ObLG. **18** A^{230}, **19** A^{253}), Belehrungspflicht (ObLG. **17** A^{151}), Nichtbeachtung der Form des § 1153^{II} BGB. (ZfR. 1919^{56}), umgehende Vorlage der Urkunde nach dem Geschäftsgang (ObLG. **10** A^{646}, **18** A^{341}, ZfR. **1916**$^{97, 231}$), Nichtbenachrichtigung der Gläubiger (ObLG. **19** A^{376}), unzulässige Erklärung, daß für den Vollzug amtlich gehaftet wird; Überschreitung der Amtsbefugnisse, jedoch Haftung des Staates (ObLG. **14** A$^{388, 431}$, **15** A ^{431}). Nicht erforderlich Voraussehbarkeit des Schadens (RG. **81**^{361}, JW. **1908**^{526}, SA **63** Nr. **510**, Recht **1910** Nr. 2589; **1912** Nr. 875; ZfR. **1916**^{231}). — Die Notariatsbeamten sind im allgemeinen nicht befugt, Rechtsauskunft zu erteilen. Die Rechtsuchenden können sich nicht auf die Richtigkeit einer solchen Auskunft verlassen; der Notar haftet nur, wenn er den NB. im allgemeinen oder besonders zur Erteilung der Rechtsauskunft ermächtigt oder bei der späteren Beurkundung von der Erteilung Kenntnis hatte (JW. **1910** ^{1004}, Gruchot **55** ^{361}, ZfR. **1919** ^{57}).

b) Für die Reichsbeamten und die Personen des Soldatenstandes ist neben A 131 RV. § 1 Ges. vom 22. V. 1910 über die Haftung des Reichs für seine Beamten (RGBl. S. 798) maßgebend.

Der Reichskanzler und die Reichsminister besitzen keine Beamteneigen schaft, jedoch stehen sie zum Reiche in einem öffentlichrechtlichen Amtsverhältnisse (§ 1 Reichsministergeś. vom 27. III. 1930, RGBl. I S. 96).

Reichsbahnbeamte sind mittelbare Reichsbeamte; für ihre Amtspflichtverletzungen haftet die Reichsbahngesellschaft, welche den Betrieb der Reichsbahnen übernommen hat (Reichsbahngesetz vom 30. VIII. 1924, RGBl. II S. 272).

II. 1. Täter kann nur sein ein bayerischer Beamter, welcher im Dienste des bayerischen Staates oder einer bayerischen öffentlichen Körperschaft steht (A 131 RV.). Unter öffentliche Körperschaften fallen nach bayerischem Recht Gemeinden und andere Kommunalverbände, d. h. Bezirke, Kreise (A 60). Die Haftung tritt auch dann ein, wenn der Beamte außerhalb Bayerns seinen Dienstsitz hat und dort die Amtspflichtverletzung begangen hat (Henle-Schneider A. 1, Örtmann § 59 Ziff. II 1 b*a*, S. 258).

Als Staatsbeamte sind die Personen anzusehen, welche sich auf Grund einer Ernennung der zuständigen Behörde (§ 68 II BU.) im Dienstverhältnisse zum Staate befinden und entweder einer in der Gehaltsordnung aufgeführten Beamtengruppe angehören oder durch Anordnung der Staatsregierung als Beamte erklärt sind (A 1 BG.). Verzeichnis der Beamten s. GVBl. 1928 S. 215.

Gemeindebeamte: die berufsmäßigen Mitglieder der Gemeinderäte und die Personen im Dienste der Gemeinde, die die Eigenschaft des Gemeindebeamten kraft Gesetzes oder durch Erklärung der Gemeinde besitzen (A 78 GO.). Für Bezirksbeamte gelten die Vorschriften der Gemeindeordnung entsprechend (A 36 BezO.). Wegen der Kreisbeamten vgl. A 38 KrO.

Volksschullehrer sind nunmehr Beamte (A 143^{III} RV., A 1^{III} Ges. vom 14. VIII. 1919, GVBl. S. 437), ferner

Gendarmerieoffiziere (A 1 Ges. vom 31. VII. 1919, GVBl. S. 409), Polizeibeamte (A 204 BG. i. d. F. des Ges. vom 12. IV. 1928, GVBl. S. 193),

Grundbuchbeamte: Richter nach § 1 GVG., rechtskundige Grundbuchkommissäre, mit Grundbuchgeschäften besonders betraute Beamte (Art. 2 I AG.-GBO. ZVG. i. d. Fassung des Ges. vom 2. II. 1921, GVBl. S. 29, vom 20. XII. 1929, GVBl. S. 167).

Nicht unter die Beamten fallen:

Die Minister und Staatssekretäre (Kratzer VU. § 59 A. 8 a, § 68 A. 1 — a. M. Dyroff, VGG. A 7 A. 5 a), für welche ein Landesgesetz nach § 26 des Reichsministergesetz. vom 27. III. 1930 (RGBl. S. 96) bis jetzt nicht erlassen wurde, kirchliche Beamte (Anschütz RV. A 131 A. 5, Delius a. a. O. § 5 A. 3 S. 87), die Beamten der Berufsgenossenschaften, mit Ausnahme der land- und forstwirtschaftlichen Berufsgenossenschaft, der Orts-, Landes- und Innungskrankenkassen (Brand, Beamtenrecht, 3. Aufl. S. 17).

2. Die Voraussetzungen und der Umfang der Haftung richten sich auch bei Anwendung des A 131 RV. nach §§ 839ff. BGB. (Rechtsprechung und Schrifttum s. RGK. § 839; Staudinger § 839 A. 5).

Notwendig ist

a) Verletzung einer Amtspflicht einem Dritten gegenüber, nicht bloß einer Ordnungsvorschrift für den inneren Dienst;

b) in Ausübung der anvertrauten öffentlichen Gewalt: demnach Übertragung öffentlicher Dienstaufgaben an den Beamten und Handeln innerhalb dieser Zuständigkeit. Pflichtwidrige Unterlassung fällt hierunter, auch Überschreitung der Amtsbefugnisse. Auszuscheiden hat Vertretung privatrechtlicher Interessen, jede Tätigkeit außerhalb des zugeteilten Aufgabenkreises, ferner in Veranlassung oder bei Gelegenheit der Ausübung der öffentlichen Gewalt;

c) ein Verschulden: Vorsatz oder Fahrlässigkeit der Amtspflichtverletzung nach dem Maßstabe eines pflichtgetreuen Durchschnittsbeamten (Staudinger § 839 A. 5 b β). Auf den Grad des Verschuldens kommt es nicht an.

d) ein ursächlicher Zusammenhang mit dem eingetretenen Schaden. Nicht erforderlich ist, daß der Beamte die Schadenswirkung und den Umfang des Schadens voraussehen konnte.

Einzelfälle:

Der Gerichtsvollzieher ist nach der nunmehrigen Rechtsprechung sowohl dem Schuldner wie dem Gläubiger, und zwar nicht aus einem bürgerlichrechtlichen Vertragsverhältnis, sondern auf Grund seiner öffentlichrechtlichen Amtstätigkeit nach § 839 BGB. verantwortlich (RGBl. **82** 85, **102** 170, Stein-Jonas § 166 Vorbem. V 2). Infolgedessen ist A 60 I S. 2 gegenstandslos.

Unberührt bleibt die Vorschrift § 102 ZPO.:

Gerichtsvollzieher können durch das Prozeßgericht auch von Amtswegen zur Tragung derjenigen Kosten verurteilt werden, welche sie durch grobes Verschulden veranlaßt haben.

da die Haftung nach § 839 BGB. gleichwohl noch fortbesteht (Stein-Jonas ZPO. § 102 I SA 50 404).

Der Volksschullehrer übt gleichfalls eine öffentliche Gewalt aus (RSt. **25** 89; BGH. **30** 110; ZfR. 1909 S. 30 — a. M. Henle-Schneider A 60 A. 2; Böhm-Klein, A 1 b, Oertmann § 59 II 1 b d S. 259).

Amtsvormund (ObLG. **29** A 144). Für Beamte am Ludwigs-Donau-Main-Kanal haftet das Reich (ZfR. 1930 S. 182). Für die im Hauptamt beschäftigten Büro-, Kanzlei- und Unterbeamten der Landesversicherungsanstalten, welche in den bayerischen Staatsdienst übernommen wurden, haftet der Staat nur insoweit, als sie in Ausübung einer öffentlich anvertrauten Amtsgewalt handeln; im übrigen verbleibt es bei der Haftung der Versicherungsanstalt (VO. vom 26. V. 1920, GVBl. S. 267).

e) Sonderbestimmung für den beamteten Richter (§ 839 Abs. II BGB.), d. h. Richter nach § 1 GVG., Verwaltungsrichter, Handelsrichter (§ 112 GVG., RGK. § 839 A. 7 [a]), nicht dagegen Schöffen, Geschworenen (DRZ. 1917 S. 134), private Schiedsrichter (RG. **65** [175]), Arbeitsrichter. Wegen pflichtwidriger Verweigerung oder Verzögerung der Amtsausübung greift die weitergehende Haftung nach § 839 Abs. 1 BGB. Platz.

f) Bei fahrlässiger Pflichtverletzung besteht auch im Rahmen des A 131 RV., A 60 nur eine subsidiäre Haftung für den Fall, daß ein Schadensersatz auf andere Weise nicht möglich ist (§ 839 I S. 2 BGB.).

g) Mitwirkendes Verschulden (§ 254 BGB.) ist auch hier zu berücksichtigen (ObLG. **14** [665]). Daneben hat der schuldhafte Nichtgebrauch des Rechtsmittels in allen Fällen des § 839 Abs. 1 u. 2 BGB. den ganzen Verlust des Anspruches zur Folge, soferne hiedurch der Schaden hätte abgewendet werden können.

III. Die Vorschrift über die Gegenseitigkeit wurde durch A 131 I S. 1 RV. nicht berührt (RG. **111** [294], [375]). Die Eigenschaft eines Ausländers bemißt sich nach der Staatsangehörigkeit, gleichviel ob der Antragsteller seinen Wohnsitz im Inland oder im Ausland hat. Auch ausländische juristische Personen (s. A 10 A. 1) werden hievon betroffen. Entscheidend ist, ob die Forderung für einen Deutschen oder Ausländer entstanden ist; ein späterer Wechsel in der Person des Berechtigten, Übergang oder Übertragung der Forderung auf einen Ausländer oder umgekehrt, bedingt keine Änderung (Böhm-Klein A. 8; RG. **111** [294], [375]). Die Verweigerung der Entschädigung aus diesem Grunde steht im Ermessen des Fiskus oder der Körperschaft (Henle-Schneider A. 13). Die Führung des Nachweises der Gegenseitigkeit obliegt dem Antragsteller (Henle-Schneider A. 14a, Örtmann § 59 II 4 S. 263). Gegenseitigkeit ist anerkannt gegenüber Danzig (RGBl. 1930 I S. 29), den Niederlanden, soweit nicht eine Amtspflichtverletzung einer Person des Soldatenstandes in Betracht kommt (RGBl. 1928 I S. 414).

IV. 1. Für den Rückgriff des Staates gegenüber Beamten bestimmt A 13 BG.:

„*Verletzt ein Beamter vorsätzlich oder fahrlässig seine Amtspflicht, so haftet er dem Staate für den diesem daraus entstehenden Schaden.*

Die Vorschriften der §§ 827, 830, des § 840 Abs. 1, des § 852 Abs. 2 und des § 853 des Bürgerlichen Gesetzbuches finden entsprechende Anwendung.

Der Anspruch des Staates auf Schadensersatz verjährt in drei Jahren von dem Zeitpunkt an, in dem eine zur Geltendmachung des Anspruches zuständige Behörde von dem Schaden und der Person des ersatzpflichtigen Beamten Kenntnis erlangt hat, ohne Rücksicht auf diese Kenntnis in dreißig Jahren von der Begehung der Handlung an. Besteht der Schaden darin, daß der Staat wegen einer durch eine Amtspflichtverletzung erfolgten Schädigung eines Dritten diesem Ersatz leisten muß, so beginnt die dreijährige Verjährungsfrist mit dem Zeitpunkt, in dem die Ersatzpflicht des Staates dem Beschädigten gegenüber anerkannt oder rechtskräftig festgestellt worden ist."

Das Verfahren regelt sich nach A 179—181 BG. Der Rechtsweg steht dem Beamten gegenüber der Festsetzung der Verwaltungsbehörde offen.

2. A 60[IV] beruht auf der Fassung des A 226[I, II] BG. und regelt den Rückgriff der Gemeinde oder des Verbandes für alle Fälle der Amtspflichtverletzung, nicht bloß Dritten gegenüber (§ 839 BGB.) und nicht nur bei Ausübung der anvertrauten öffentlichen Gewalt (A 131^{I} S. 1 RV., A 60^{I} S. 1). Die Haftung des Beamten wird im Verwaltungsverfahren nach A 82, 83 GO. festgestellt, unbeschadet des Rechtsweges vor den ordentlichen Gerichten.

3. Die Haftung und das Verfahren richtet sich jeweils gegen aktive, in den einstweiligen Ruhestand mit Wartegeld und in den dauernden Ruhestand versetzte Beamte und entlassene Beamte. Auch nach dem Tode des Beamten kann das Feststellungsverfahren noch durchgeführt werden. Die Haftung der Erben bemißt sich nach den allgemeinen bürgerlichrechtlichen Vorschriften (§§ 1975 ff. BGB.).

4. Wegen der Aufrechnungsbefugnis s. A 12.

V. Zuständigkeit: Soweit Ansprüche gegen den Staat wegen Verschuldens von Staatsbeamten geltend gemacht werden, ist die Entscheidung ausschließlich den Landgerichten überwiesen (A 26 Ziff. 2 AGGVG.). Im übrigen sind die Vorschriften des GVG. über die sachliche Zuständigkeit maßgebend.

VI. 1. Die Eröffnung des ordentlichen Rechtsweges für Ansprüche nach A 131^{I} S. 1 RV. schließt eine Vorentscheidung nach A 11 EGGVG. aus (RG. **106**[34], ObLG. **22** A [234]). Infolgedessen wurde A 7^{II} VGG. wie folgt geändert (Ges. vom 7. III. 1924, GVBl. S. 65):

Der Verwaltungsgerichtshof ist berufen, in den Fällen, in denen die Vorschrift des Art. 61 Abs. 1 des Bayerischen Ausführungsgesetzes zum Bürgerlichen Gesetzbuch nicht Platz greift und ein Beamter des Staates, einer Gemeinde oder eines anderen Kommunalverbandes selbst wegen des Schadens in Anspruch genommen werden soll, den er durch eine in Ausübung oder in Veranlaßung der Ausübung der ihm anvertrauten öffentlichen Gewalt vorgenommenen Handlung einem Dritten zugefügt hat, die Vorentscheidung darüber zu treffen, ob der Beamte sich einer Überschreitung seiner Amtsbefugnisse oder der Unterlassung einer ihm obliegenden Amtshandlung schuldig gemacht hat. Soweit der Staat oder der Verband, in dessen Dienste der Beamte steht, einen Schaden zu ersetzen hat, für den der Beamte selbst nicht verantwortlich ist, hat der Verwaltungsgerichtshof die Vorentscheidung darüber zu treffen, ob der Beamte seine Amtsbefugnisse überschritten oder eine ihm obliegende Amtshandlung unterlassen hat. Bei Handlungen eines Beamten der streitigen oder der freiwilligen Gerichtsbarkeit ist die Vorentscheidung nicht zulässig. Die Vorentscheidung bindet das Gericht.

2. Hienach bleiben für die Vorentscheidung diejenigen Fälle übrig, in denen der Beamte selbst verklagt werden kann:

a) Haftung gegenüber einem Ausländer, dem mangels Gegenseitigkeit die Entschädigung verweigert wird (A 60^{II}).

b) Amtsverletzung aus Veranlassung der Ausübung der anvertrauten öffentlichen Gewalt;

c) ferner Haftung für den Schaden, für den der Beamte nicht verantwortlich ist (A 61).

d) Dagegen ist eine Vorentscheidung nicht notwendig für den Rückgriff gegen den Beamten, auch dann nicht, wenn der Anspruch des Verletzten ohne richterliches Urteil befriedigt wurde, da es gleichgültig ist, ob die Haftungsfrage im Wege des Prozesses ausgetragen wird oder nicht. Die zufällige Lage des einzelnen Falles und die Sachbehandlung der Behörde kann eine Änderung nicht bedingen. Die ursprüngliche Haftung des Staates oder Verbandes bleibt vielmehr unberührt, wenn sie freiwillig anerkannt wurde.

Infolgedessen sind die Voraussetzungen A 7^{II} BGG. hier nicht gegeben (Laforet-Schadenfroh, GO. Vorbem. zu A 13^{4} b II S. 190; Dyroff BGG. ErgänzBd. A 7 II S. 130, 131).

A 7^{II} BGG. ist ferner nicht anwendbar auf Notare (A 126 NotGes.).

Art. 61.

Ist ein Beamter des Staates, einer Gemeinde oder eines anderen Kommunalverbandes für einen Schaden der im Artikel 60 Abs. 1 bezeichneten Art deswegen nicht verantwortlich, weil er sich im Zustande der Bewußtlosigkeit oder in einem die freie Willensbestimmung ausschließenden Zustande krankhafter Störung der Geistestätigkeit befunden hat, so kann der Beschädigte von dem Staate oder dem Verbande Schadensersatz verlangen.

Für den Schaden, der daraus entsteht, daß der Beamte bei einem Urteil in einer Rechtssache die Amtspflicht verletzt, ist der Staat oder der Verband in dem Falle des Abs. 1 nicht verantwortlich.

Die Vorschriften des § 839 Abs. 1 Satz 2, Abs. 2 Satz 2, Abs. 3 des Bürgerlichen Gesetzbuchs und des Artikel 60 Abs. 1 Satz 2, Abs. 2, 3 finden entsprechende Anwendung.

1. Die Verantwortlichkeit eines Beamten ist im Falle des § 839 BGB. ausgeschlossen, wenn er sich im Zustande der Bewußtlosigkeit oder in einem die freie Willensbestimmung ausschließenden Zustande krankhafter Störung der Geistestätigkeit befunden hat (§ 827 S. 1 BGB.). Für die objektiv unrechtmäßige Amtshandlung des Beamten liegt demnach ein subjektives Verschulden nicht vor (Henle-Schneider A. 1). Demnach findet hier A 131^{I} S. 1 RV. keine Anwendung.

Dagegen ist ein fahrlässiges Verschulden anzunehmen, wenn der Beamte sich schuldhaft durch geistige Getränke oder ähnliche Mittel in einen vorübergehenden Zustand dieser Art versetzt hat (§ 827 S. 2 BGB.).

Vorsatz liegt vor, wenn er vorsätzlich diesen Zustand herbeigeführt hat, um eine unerlaubte Handlung zu begehen (RGK. § 827 A. 4, Staudinger § 827 A. 2). In den beiden letzten Fällen greift daher A 131^{I}, S. 1 RV., A 60^{I}, § 839 BGB. Platz.

2. Entsprechend anzuwenden sind für A 61:

a) § 839^{I} S. 2 BGB.: subsidiäre Haftung, soweit nicht der Verletzte auf andere Weise Ersatz zu erlangen vermag (s. A 60 A. II 2 d);

b) § 839^{II} S. 2 BGB.: pflichtwidrige Verweigerung oder Verzögerung der Amtsausübung bedingt bei Richtern Schadenshaftung nach A 61 A. I;

c) § 839^{III} BGB.: Verlust des Schadensanspruches, wenn der Verletzte vorsätzlich oder fahrlässig unterlassen hat, durch Gebrauch eines Rechtsmittels den Schaden abzuwenden (s. A 60 A. II 2 e);

d) A 60 I S. 2: Haftung der Gerichtsvollzieher gegenüber dem Auftraggeber (A 60 A. II 2 d)

e) A 60^{II}: Berücksichtigung der Gegenseitigkeit gegenüber Ausländern (A 60 III);

f) Vorentscheidung des Verwaltungsgerichtshofes ist notwendig (A 60, A. VI 1, 2 c);

Die Zuständigkeit der Gerichte richtet sich nach den allgemeinen Bestimmungen; A 26^{3} AGGVG. findet keine Anwendung.

Ein Rückgriffsrecht gegenüber Beamten besteht nicht (Henle-Schneider A. 8).

Nachbarrecht A 62—80.

Vorbemerkung.

Schrifttum: Das in Bayern geltende Nachbarrecht von Christian Meisner, 3. Aufl., J. Schweitzer Verlag.

1. Das Nachbarrecht ist im BGB. nur in einigen Punkten geregelt: § 906 Einwirkung durch Dämpfe, Rauch usw., § 907 gefährdende Anlagen, § 908 Einsturzgefahr eines Gebäudes, § 909 Vertiefung des Bodens, §§ 910, 911 Überhang, Überwuchs, Überfall, §§ 912—916 Überbau, §§ 917, 918 Notweg, § 919 Abmarkung, § 920 Grenzermittlung, §§ 921, 922 Grenzeinrichtung, § 923 Grenzbaum.

2. Vorbehalten sind landesgesetzliche Vorschriften, welche das Eigentum an Grundstücken zugunsten der Nachbarn noch anderen als den im Bürgerlichen Gesetzbuche bestimmten Beschränkungen unterwerfen, insbesondere wegen des Haltens von Anlagen, Bäumen und Sträuchern in einem bestimmten Abstande von der Grenze (A 124 EGBGB.) und die Bestimmung § 26 GewO. auf Eisenbahn-, Dampfschiffahrts- und ähnliche Verkehrsunternehmungen erstrecken (A 125 EG.-BGB.).

Die landesgesetzliche Regelung umfaßt das Fensterrecht (A 62—66), Schutz vor Verdunklung (A 67), Gemeinschaftsmauer (A 68—70), Gewächsabstand (A 71—75), Anwenderecht (A 76), Verzicht (A 77), Verjährung (78, 79), Verkehrsunternehmungen (A 80).

3. Eine Einschränkung der gesetzlichen Nachbarrechte oder ein Verzicht hierauf ist nach besonderer Vereinbarung zulässig. Soll eine Bindung in der Richtung gegen spätere Grundeigentümer erzielt werden, so bedarf es der Bestellung einer Grunddienstbarkeit (§ 1018 BGB.; ObLG. **10**[439], [441]; Enneccerus Bd. II 1 § 53 III S. 158, 159; Meisner § 27 IIc S. 351). Als belastet ist dasjenige Grundstück anzusehen, für welches die gesetzlichen Rechte gemindert wurden. Durch Vertrag können ferner Nachbarrechte, welche in den Gesetzen nicht aufgeführt sind, auf dem gleichen Wege eingeräumt werden. Es ist insbesondere zulässig, früher gesetzlich anerkannte Nachbarrechte wieder einzuführen, z. B. Lichtrecht, Traufrecht, Hammerschlags- und Leiterrecht.

Auch die Entschädigung für die Einwirkung auf ein Grundstück kann vertraglich ausgeschlossen oder näher bestimmt werden. Die dingliche Sicherung erfolgt je nach Art der Leistung durch Reallast (§ 1105 BGB.) oder durch Grundschuld (§ 1191 BGB.) (a. M. ObLG. **10**[439], [441]).

Besondere Vorschriften wegen des Verzichts bei landesgesetzlichen Nachbarrechten s. A 77; wegen der Verjährung s. § 924, A 78, 79.

4. Der Ausübung des Nachbarrechts ist durch § 226 BGB. eine Grenze gezogen; sie ist unzulässig, wenn sie ohne eigenes Interesse nur darauf ausgeht, dem Nachbarn Schaden zuzufügen (Schikaneverbot).

5. A 62—70 bilden nur eine allgemeine Regelung der nachbarlichen Verhältnisse, welche Mißstände verhüten soll. Stellen sich im einzelnen Fall trotz Einhaltung der gesetzlichen Bestimmungen unzulässige Einwirkungen auf das Nachbargrundstück ein, so bleibt es dem geschädigten Eigentümer unbenommen, die Beseitigung der Anlage zu verlangen (§ 907 I S. 2 BGB.). Ausnahme s. § 26 GewO. A 80 unten.

6. Bei Baugesuchen können Einwendungen aus dem bürgerlichen Rechte erhoben werden; die Austragung ist dem ordentlichen Rechtswege vorzubehalten; jedoch können berechtigte Einsprüche auch im baupolizeilichen Verfahren berücksichtigt werden (Englert, Bauordnung A 69 A. 3).

Fensterrecht A 62—67.

Art. 62.

Sind Fenster weniger als 0,60 m von der Grenze eines Nachbargrundstücks entfernt, das mit Gebäuden versehen ist oder als Hofraum oder Hausgarten dient, so müssen sie auf Verlangen des Eigentümers dieses Grundstücks so eingerichtet werden, daß bis zur Höhe von 1,80 m über dem hinter ihnen befindlichen Boden weder das Öffnen noch das Durchblicken möglich ist. Die Entfernung wird von dem Fuße der Wand, in der sich das Fenster befindet, unterhalb der zunächst an der Grenze befindlichen Außenkante der Fensteröffnung ab gemessen.

1. Geschützt ist das Nachbargrundstück d. h. die anstoßende, abgegrenzte Grundfläche, und zwar hinsichtlich:

a) des Gebäudes, d. h. eines mit dem Grund und Boden in fester Verbindung stehenden, in seiner Gesamtheit unbeweglichen Bauwerks (RGSt. 4^{161}, 10^{103}). Art des Gebäudes gleichgültig: Wohnhaus, Stall, Lager, Fabrik, Werkstätte, öffentliche Gebäude, Kirche, Schule, ebenso Standort, welcher nicht unmittelbar an der Grenze liegen muß, hier jedoch nach dem Bedürfnis des herrschenden Grundstücks, außerdem Anwendung des § 226 BGB.;

b) des Hofraumes, d. h. der zu einem Gebäude gehörigen Fläche, welche dessen wirtschaftlichen Zwecken dient (Meisner § 22 I S. 287);

c) des Hausgartens, d. h. der als Gartenland bearbeiteten Grundfläche, welche von den Gebäudebewohnern benutzt wird.

Die Feststellung dieser Voraussetzungen ist Tatfrage; dies gilt insbesondere vom Obstgarten; hiebei wird eine Umzäunung nicht als wesentliches Merkmal anzusehen sein (Meisner § 22 I S. 287, 288). Eine andere Art der Benützung genießt den gesetzlichen Schutz nicht z. B. Hausacker, Hauswiese.

2. Lichtöffnungen und Fenster als Teil eines Gebäudes ohne Rücksicht, ob es bewohnt ist oder nicht, sind an sich gestattet; es müssen lediglich Vorkehrungen gegen eine Öffnung oder einen Durchblick getroffen werden.

3. Der Abstand von 60 cm bis zur Grenze des Nachbargrundstückes wird von der Außenseite des Gebäudes an der Lichtöffnung, die Höhe von 1,80 m vom Fußboden im Innern des Gebäudes an gemessen.

4. Das Recht tritt in Kraft, sobald auf den beiden benachbarten Grundstücken der im Gesetze vorgesehene Zustand zur Entstehung gelangt ist, sei es durch Anbringung einer Lichtöffnung oder Errichtung eines Gebäudes. Es steht nur dem Eigentümer (§ 1004 BGB.) und den ihm gleichgestellten Berechtigten: dem Miteigentümer (§ 1011 BGB.), dem Erbbauberechtigten (§ 1017 BGB.), dem Nießbraucher (§ 1067 BGB.), nicht dem Mieter, Pächter zu. Die Geltendmachung steht in seinem Ermessen. Stillschweigen schadet nicht. Verjährung ist ausgeschlossen (A 78). Wegen Erlöschens durch Verzicht s. A 77.

5. Praktisch können nach den baupolizeilichen Vorschriften Lichtöffnungen und Fenster von der Beschaffenheit des A 62 regelmäßig überhaupt nicht entstehen (§§ 49, 54^{IV} Bauordnung; Englert, Bauordnung A 64 A. S. 283).

Art. 63.

Balkone, Erker, Gallerien und ähnliche Anlagen, die weniger als 0,60 m von der Grenze eines Nachbargrundstücks abstehen, das mit

Gebäuden versehen ist oder als Hofraum oder Hausgarten dient, müssen auf der dem Nachbargrundstücke zugekehrten Seite auf Verlangen des Nachbars mit einem der Vorschrift des Artikel 62 entsprechenden Abschlusse versehen werden. Der Abstand wird bei vorspringenden Anlagen von dem zunächst an der Grenze befindlichen Vorsprung ab, bei anderen Anlagen nach Artikel 62 Abs. 1 Satz 2 gemessen.

1. Ähnliche Anlagen, welche das Verweilen von Menschen gestatten: wie Terrassen, Loggien. Nicht hierunter fällt die Anbringung von Gegenständen für technische, geschäftliche Zwecke: Reklameschildern, Beleuchtungskörpern.

2. Im übrigen s. A 62.

Art. 64.

Die Vorschriften der Artikel 62, 63 kommen auch gegenüber einem Grundstücke, das einer öffentlichen Eisenbahnanlage dient, zur Anwendung. Die Fenster und anderen Lichtöffnungen sowie der Abschluß der im Artikel 63 bezeichneten Anlagen dürfen jedoch so eingerichtet werden, daß sie das Durchblicken gestatten.

1. Eine Eisenbahnanlage ist öffentlich, wenn sie für den öffentlichen Verkehr genehmigt ist.

Als Bestandteile sind anzusehen der Bahnkörper auf der ganzen Strecke, das Bahnhofs- und Betriebsgebäude, Weichen, Schienen, Dämme, der Laderaum (ObLG. **16** A [13], [14]), nicht dagegen Zufahrtsstraßen.

2. Im übrigen vgl. A 62, 63.

Art. 65.

Für Fenster, andere Lichtöffnungen und Anlagen der im Artikel 63 bezeichneten Art, die sich an der Baulinie befinden, gelten die Vorschriften der Artikel 62 bis 64 nicht.

1. Die Befreiung tritt nur ein, solange die Baulinie besteht, mit der Festsetzung. Eine spätere entsprechende Verlegung läßt das Nachbarrecht wieder aufleben.

2. Die Baulinie muß zwischen den beiden Nachbargrundstücken hindurchziehen, jedoch nicht auf der Grenze verlaufen. Soweit an einer Seite keine Baulinie besteht, finden die nachbarlichen Bestimmungen A 62—64 Anwendung.

Älteres Recht A 66, 67.
a) **gesetzliche Vorschriften.**

Art. 66.

Für die zur Zeit des Inkrafttretens des Bürgerlichen Gesetzbuchs bestehenden Lichtöffnungen, Fenster, Balkone, Erker und ähnlichen Anlagen bleiben die bisherigen Vorschriften in Geltung, soweit sie eine geringere Beschränkung bestimmen als die Artikel 62 bis 65.

1. An sich hat das Nachbarrecht mit dem Inkrafttreten des Bürgerlichen Gesetzbuches Geltung erlangt. Der zu diesem Zeitpunkte bestehende Rechtszustand

wird jedoch aufrechterhalten, soweit die früheren gesetzlichen Bestimmungen für das belastete Grundstück günstiger sind als das neue Recht.

2. Wegen der Rechtsgebiete, auf welche sich A 66 bezieht, Meisner § 22 1a—i S. 294—301.

b) **erworbene Rechte.**

Art. 67.

Hat der Eigentümer eines Gebäudes vor dem Inkrafttreten des Bürgerlichen Gesetzbuchs nach den Vorschriften des preußischen Landrechts durch Zeitablauf das Recht erlangt, daß zum Schutze seiner Fenster vor Verdunkelung mit Anlagen auf einem Nachbargrundstück ein bestimmter Abstand eingehalten werden muß, so gilt dieses Recht als Grunddienstbarkeit.

Das gleiche gilt, wenn der Eigentümer eines Gebäudes vor dem Inkrafttreten des Bürgerlichen Gesetzbuchs nach den Vorschriften des pfälzischen Rechtes durch Zeitablauf das Recht erlangt hat, Fenster, andere Lichtöffnungen oder Anlagen der im Artikel 63 bezeichneten Art zu halten, die den gesetzlichen Vorschriften nicht entsprechen.

1. Es handelt sich um Rechte, welche durch Ersitzung erworben wurden. Die Ersitzung muß bis zum Inkrafttreten des BGB. vollendet sein (Meisner § 22 Ziff. 2 S. 301).

2. Die Grunddienstbarkeit bedarf zur Erhaltung der Wirksamkeit gegenüber dem öffentlichen Glauben des Grundbuchs der Eintragung, soferne nicht mit ihr das Halten einer dauernden Anlage verbunden ist (A 11 ÜG.). Die Eintragung kann von jedem Teile verlangt werden (A 44 ÜG.).

Gemeinschaftsmauer A 68—70.

Art. 68.

Werden zwei Grundstücke durch eine Mauer geschieden, zu deren Benutzung die Eigentümer der Grundstücke gemeinschaftlich berechtigt sind, so kann der Eigentümer des einen Grundstücks dem Eigentümer des anderen Grundstücks nicht verbieten, die Mauer ihrer ganzen Dicke nach zu erhöhen, wenn ihm nachgewiesen wird, daß durch die Erhöhung die Mauer nicht gefährdet wird.

Der Eigentümer des Grundstücks, von dem aus die Erhöhung erfolgt ist, kann dem Eigentümer des anderen Grundstücks die Benutzung des Aufbaus verbieten, bis ihm für die Hälfte oder, wenn nur ein Teil des Aufbaus benutzt werden soll, für den entsprechenden Teil der Baukosten Ersatz geleistet wird. Ist der Bauwert geringer als der Betrag der Baukosten, so bestimmt sich der zu ersetzende Betrag nach dem Bauwerte. Die Ersatzleistung kann auch durch Hinterlegung oder durch Aufrechnung erfolgen. Solange das Verbietungsrecht besteht, hat der Berechtigte den Mehraufwand zu tragen, den die Unterhaltung der Mauer infolge der Erhöhung verursacht.

Wird die Mauer zum Zwecke der Erhöhung verstärkt, so ist die Verstärkung auf dem Grundstück anzubringen, dessen Eigentümer die Erhöhung unternimmt. Der nach Abs. 2 von dem Eigentümer des anderen Grundstücks zu ersetzende Betrag erhöht sich um den entsprechenden Teil des Wertes der zu der Verstärkung verwendeten Grundfläche. Verlangt der Eigentümer des Grundstücks, auf dem die Verstärkung angebracht worden ist, die Ersatzleistung, so ist er verpflichtet, dem Eigentümer des anderen Grundstücks das Eigentum an der zu der Mauer verwendeten Grundfläche seines Grundstücks soweit zu übertragen, daß die neue Grenzlinie durch die Mitte der verstärkten Mauer geht; die Vorschriften über den Kauf finden Anwendung.

1. Das BGB. enthält keine besondere Regelung der Rechtsverhältnisse der Gemeinschaftsmauer. Über die rechtliche Beurteilung und Ausgestaltung der Gemeinschaftsmauer gehen die Anschauungen in der Rechtsprechung und im Schrifttum sehr auseinander (RGK. § 95 A. 5, § 921 A. 8; Staudinger § 921 IV; Meisner § 8 S. 104ff.). Landesgesetzliche Vorschriften über die Erhöhung der Gemeinschaftsmauer und die Beteiligung des Nachbarn an den Kosten stehen mit dem BGB. nicht im Widerspruch. Sie fallen noch in den Rahmen des A 124 EG.-BGB., da es sich um andere Einschränkungen handelt, als sie das BGB. für Nachbarverhältnisse vorsieht (Planck A 124 A. 2, 3 b; Örtmann § 79, 2 d S. 337; Henle-Schneider A. 1). Die Rechtsgiltigkeit des A 68 begegnet daher keinen Bedenken.

2. Wird bei Errichtung eines Neubaues eine Mauer über die Grenze auf das Nachbargrundstück mit ausdrücklicher oder stillschweigender Zustimmung des Eigentümers geführt, so wird der hinüberragende Mauerteil zunächst nicht nach § 95 BGB. Bestandteil des Nachbargrundstücks, sondern Bestandteil des Gebäudes und Grundstücks des Bauenden (RG. **70**[209], JW. **1911**[366], [20], ZfR. **1915** S. 349). Erstellt jedoch der Nachbar einen Anbau unter Benützung der zuerst aufgeführten Mauer, so fällt der Mauerteil als Bestandteil seinem Grundstücke zu. Von da an scheidet die Grundstückgrenze die Mauer in zwei selbständige Teile. Die Benützung der Mauer steht beiden Teilen gemeinschaftlich zu (§§ 921, 922 BGB.). A 68 hat zur Voraussetzung, daß die Gemeinschaftsmauer fertiggestellt ist.

3. Eine spätere Erhöhung der Gemeinschaftsmauer muß naturgemäß die ganze Mauer umfassen, nicht bloß den einen Hälfteanteil. Die Ausführung ist nur von dem Beweis abhängig, daß hiedurch die Mauer nicht gefährdet wird.

b) Der Ersatzanspruch wegen der Baukosten ist ein künftiger und entsteht erst mit der Inanspruchnahme des Aufbaues durch den Nachbarn; berechtigt zur Geltendmachung ist derjenige, welcher im letztgenannten Zeitpunkte Eigentümer des Erhöhungsgrundstücks ist (Örtmann § 79 2 b S. 337, Henle-Schneider A. 1, ZfR. **1914** S. 391, **1915** (RG.) S. 349). Unter Berücksichtigung dieser Rechtslage ist auch eine Abtretung, Pfändung und Verpfändung des künftigen Ersatzanspruches zulässig. Der jeweilige Eigentümer des Nachbargrundstücks kann an sich den Aufbau benützen; das Verbietungsrecht des anderen Teils dient nur zur Wahrung seiner Ersatzansprüche und besteht nur solange, als nicht ein Ausgleich hierüber stattgefunden hat.

Die Höhe des Ersatzanspruches bemißt sich nach der Hälfte der Baukosten für die Erhöhung und Verstärkung, gegebenenfalls nach dem Maße der Benützung oder nach dem Bauwerte.

c) Auf den Anspruch wegen Übertragung des Eigentums an dem Grundstück bis zur neugeschaffenen Hälftegrenze findet § 274 BGB., §§ 726, 756, 765 ZPO. entsprechende Anwendung. Einwendungen gegen die Notwendigkeit der Bauführung können überhaupt nicht, gegen deren Richtigkeit nur bei Bemessung des Ersatzanspruchs berücksichtigt werden. Dagegen entfällt die Anwendung Abs. 3, wenn die Mauer aus einem anderen Grunde als der Erhöhung, z. B. wegen eines Anbaues verstärkt wurde (Meikel A. 7, Henle-Schneider A. 8).

4. Außer der Erhöhung oder Verstärkung ist eine eigenmächtige Veränderung der Gemeinschaftsmauer, insbesondere ein Niederreißen und Neuaufbau nicht zulässig (Henle-Schneider A. 5).

5. Der Anspruch aus A $68^{I, III}$ unterliegt nicht dem Verzicht (A 77) und der Verjährung (A 78) (Böhm-Klein A. 5); auf den Anspruch aus A 68^{II} kann verzichtet werden (A 77^{I}).

Art. 69.

Ist eine Mauer der im Artikel 68 Abs. 1 bezeichneten Art vor dem Inkrafttreten des Bürgerlichen Gesetzbuchs von dem Eigentümer des einen Grundstücks erhöht worden, so finden, soweit nach den bisherigen Vorschriften für die Benutzung des Aufbaus seitens des Eigentümers des anderen Grundstücks ein Teil der Kosten zu ersetzen oder eine sonstige Vergütung zu leisten ist, die Vorschriften des Artikel 68 Abs. 2, 3 Anwendung, es sei denn, daß die Vergütung schon vor dem Inkrafttreten des Bürgerlichen Gesetzbuchs fällig geworden ist.

1. Übergangsvorschrift. A 69 setzt voraus, daß die Mauer vor 1. I. 1900 erhöht und verstärkt wurde. Das alte Recht ist maßgebend für die Zulässigkeit der Bauführung, außerdem für die gesamten übrigen Rechtsverhältnisse, wenn vor diesem Zeitpunkte die Grenzmauer vom Nachbar benützt oder der Ersatzanspruch aus einem anderen Grunde fällig wurde.

Das neue Recht (A 68) gilt, wenn die Erhöhung und Verstärkung vor dem 1. I. 1900 nur begonnen, aber erst nach diesem Zeitpunkte vollendet wurde (Lieberich ZfR. 1914 S. 238 A. 5).

2. Im übrigen s. A 68.

Art. 70.

Hat zur Zeit des Inkrafttretens des Bürgerlichen Gesetzbuchs der Eigentümer eines Grundstücks auf Grund eines ihm nach den bisherigen Vorschriften gegenüber dem Eigentümer eines Nachbargrundstücks zustehenden Zwangsrechts eine Mauer, durch welche die Grundstücke geschieden werden, zu gemeinschaftlicher Benutzung zu errichten begonnen, so bleiben diese Vorschriften für das Recht und die Pflicht zur Herstellung der Mauer maßgebend.

Ist eine Mauer, durch welche zwei Grundstücke geschieden werden, von dem Eigentümer des einen Grundstücks auf Grund eines ihm nach den bisherigen Vorschriften gegenüber dem Eigentümer des anderen Grundstücks zustehenden Zwangsrechts zu gemeinschaftlicher Benutzung hergestellt worden, so finden an Stelle der bisherigen Vorschriften, nach welchen im Falle der Benutzung der Mauer seitens des Eigentümers des anderen Grundstücks ein Teil der Kosten zu ersetzen ist, die Vorschriften des Artikel 68 Abs. 2, 3 entsprechende Anwendung, es sei denn, daß der Ersatzanspruch schon vor dem Inkrafttreten des Bürgerlichen Gesetzbuchs fällig geworden ist.

Übergangsvorschrift für den sog. Kommunmauerzwang, wenn die Beteiligung an der Errichtung einer Grenzmauer dem Nachbar gesetzlich auferlegt ist. Die Einrichtung wurde in das neue Recht nicht übernommen. Die Bestimmung hat z. Zt. wenig praktische Bedeutung, da die einschlägigen Rechtsverhältnisse wohl ausnahmslos geregelt sind.

Grenzabstand von Pflanzen A 71—74.

Art. 71.

Der Eigentümer eines Grundstücks kann verlangen, daß auf einem Nachbargrundstücke nicht Bäume, Sträucher oder Hecken, Weinstöcke oder Hopfenstöcke in einer geringeren Entfernung als 0,50 m oder, falls sie über 2 m hoch sind, in einer geringeren Entfernung als 2 m von der Grenze seines Grundstücks gehalten werden.

Zugunsten eines Waldgrundstücks kann nur die Einhaltung eines Abstandes von 0,50 m verlangt werden. Das gleiche gilt, wenn Wein oder Hopfen auf einem Grundstück angebaut wird, in dessen Lage dieser Anbau nach den örtlichen Verhältnissen üblich ist.

1. Die Art der Benützung der Grundstücke (A 71^{I}) ist an sich gleichgiltig und kommt nur bei den besonderen Fällen des A 71^{II}, 72 in Betracht. — Ob ein Park als Waldgrundstück angesehen werden kann, ist Tatfrage. — Abs. 2 S. 1 findet auch Anwendung, wenn zwei Wälder benachbart sind. Der Anbau mit Wein und Hopfen muß im Falle des Abs. 2 S. 2 wenigstens den größten Teil des Grundstücks umfassen und darf sich nicht auf einzelne Pflanzen beschränken. — Ausnahmen wegen der Gewächse, die sich hinter einer Mauer oder einer sonstigen dichten Einfriedung befinden und diese nicht oder nicht erheblich überragen, der Bäume längs einer öffentlichen Straße oder auf einem öffentlichen Platze, der Pflanzungen zum Uferschutze, zum Schutze von Abhängen und Böschungen, ferner zum Schutze von Eisenbahnen s. A 74^{14}; hiegegen gilt A 71^{1} für Bäume in einem Hofraum oder Hausgarten.

2. Über Eigentümer s. A 62.

3. Wegen des Maßes des Abstands s. A 73.

4. Der Anspruch des Eigentümers geht dahin, daß auf dem Nachbargrundstücke Pflanzen von einer bestimmten Höhe in einem gewissen Abstand nicht gehalten werden dürfen. Sache des Nachbarn ist es, wie er dem vorschriftswidrigen Zustand abhilft. Er kann die Pflanzen gänzlich beseitigen oder von ihrem bisherigen Standort zurücksetzen oder auf das gesetzliche Höchstmaß zurückschneiden, gleichviel ob der Eigentümer die Beseitigung der Beeinträchtigung (§ 1004 BGB.) verlangt hat oder nicht. Es liegt kein Grund vor, die beiden letzteren Fälle verschieden zu behandeln und das Abschneiden nur solange zuzulassen, als der Eigentümer nicht Einspruch erhoben hat (a. M. Böhm-Klein A. 5, Henle-Schneider-Meikel A. 2, Meisner § 19 S. 239).

5. Kein Erlöschen durch Verzicht (A 77), Verjährung zulässig (A 78).

6. Unberührt bleibt das Recht zum Abschneiden und Halten von eingedrungenen Wurzeln und überhängenden Zweigen (§ 910 BGB.).

Art. 72.

Gegenüber einem landwirtschaftlich benutzten Grundstücke, dessen wirtschaftliche Bestimmung durch Schmälerung des Sonnenlichtes erheblich beeinträchtigt werden würde, ist mit Bäumen von mehr als 2 m Höhe ein Abstand von 4 m einzuhalten. Auf Stein- und Kernobstbäume findet diese Vorschrift keine Anwendung.

Die Einhaltung des im Abs. 1 bestimmten Abstandes kann nur verlangt werden, wenn das Grundstück die bezeichnete wirtschaftliche Bestimmung schon zu der Zeit gehabt hat, zu welcher die Bäume die Höhe von 2 m überschritten haben.

1. Landesges. Vorbehalt wegen der Obstbäume s. A 122 EGBGB.

2. Die landwirtschaftliche Benützung eines Grundstücks besteht im Anbau von landwirtschaftlichen Früchten: wie Gras, Getreide, Gartenerzeugnissen; nicht hierunter fallen Ödungen, Viehweiden. Notwendig ist ferner, daß die Art der Bebauung durch die Schmälerung des Sonnenlichts erheblich beeinträchtigt werden würde, nicht aber daß eine derartige Schädigung bereits eingetreten ist. Betroffen werden alle Baumsorten mit Ausnahme der Stein- und Kernobstbäume: wie Nußbäume, Maulbeerbäume, Pappeln, Birken, Eschen, Fichten, Tannen. Weitere Ausnahmen wegen der Bäume längs einer öffentlichen Straße oder auf einem öffentlichen Platze, in einem Hofraum oder in einem Hausgarten (A 74[1], [2]), bei einer Aufforstung (A 74[3]).

Der gesetzliche Schutz wird nur dann gewährt, wenn die landwirtschaftliche Benützung bereits bestand, als die Bäume die Höhe von 2 m überschritten haben, und noch fortbesteht bei Erhebung des Anspruches (Böhm-Klein A. 4, Meikel A. 2). Eine Änderung der wirtschaftlichen Bestimmung in der Zwischenzeit ist bedeutungslos.

3. Im übrigen findet A 71 Anwendung, auch hinsichtlich der Stein- und Kernobstbäume.

4. Verzicht (A 77), Verjährung (A 78).

Art. 73.

Der nach den Artikeln 71, 72 einzuhaltende Abstand wird von der Mitte des Stammes an der Stelle, wo dieser aus dem Boden hervortritt, bei Sträuchern und Hecken von der Mitte der zunächst an der Grenze befindlichen Triebe, bei Hopfenstöcken von der Hopfenstange oder dem Steigdraht ab gemessen.

Der Abstand wird von der bezeichneten Stelle in gleicher Höhe bis zur Grenze gemessen.

Art. 74.

Die Vorschriften der Artikel 71, 72 finden keine Anwendung auf Gewächse, die sich hinter einer Mauer oder einer sonstigen dichten Einfriedigung befinden und diese nicht oder nicht erheblich überragen. Sie gelten ferner nicht für Bäume, die längs einer öffentlichen Straße oder auf einem öffentlichen Platze gehalten werden, sowie für Pflanzungen, die zum Uferschutze, zum Schutze von Abhängen oder Böschungen oder zum Schutze einer Eisenbahn dienen.

Die Vorschrift des Artikel 72 Abs. 1 gilt auch nicht für Bäume, die sich in einem Hofraum oder einem Hausgarten befinden.

Im Falle einer Aufforstung kann die Einhaltung des im Artikel 72 Abs. 1 bestimmten Abstandes nicht verlangt werden, wenn die Aufforstung nach der Lage des aufzuforstenden Grundstücks der wirtschaftlichen Zweckmäßigkeit entspricht.

1. Der Begriff „Gewächse" und „Pflanzungen" bezieht sich auf alle in A 71. 72 aufgeführten Arten einschließlich der Bäume.

2. Wegen des Begriffes „Hofraum" und „Hausgarten" s. A 62 A. 1 b, c.

3. Unter Aufforstung versteht man die Neuanlegung von Wald auf einem Grundstücke, welches bisher in anderer Weise bebaut wurde (Meisner § 19 3 γ S. 245). Entscheidend für die wirtschaftliche Zweckmäßigkeit sind nicht die Verhältnisse des Eigentümers, sondern die Lage des Grundstücks.

3. Unberührt bleibt § 910 BGB. (s. A 62 Vorbem. 1).

4. Verzicht (s. A 77), Verjährung (s. A 78).

Art. 75.

Für die zur Zeit des Inkrafttretens des Bürgerlichen Gesetzbuchs vorhandenen Bäume, Sträucher und Hecken, Weinstöcke und Hopfenstöcke verbleibt es bei den bisherigen Vorschriften, soweit sie das Halten der Gewächse in einer geringeren als der nach den Artikeln 71 bis 74 einzuhaltenden Entfernung von der Grenze des Nachbargrundstücks gestatten.

Bei einem Grundstücke, das zur Zeit des Inkrafttretens des Bürgerlichen Gesetzbuchs mit Wald bestanden ist, gilt bis zur nächsten Verjüngung des Waldes das gleiche auch für neue Bäume und Sträucher. Im Falle der Verjüngung kann die Einhaltung eines mehr als 2 m betragenden Abstandes nicht verlangt werden. Die Verjüngung gilt im Falle des Plenterbetriebs am 1. Januar 1950 als eingetreten.

1. Aufrechterhaltung des Rechtszustandes zur Zeit der Einführung des Bürgerlichen Gesetzbuches.

2. Bestimmt das ältere Recht eine größere Entfernung als das neue Recht, so ist das letztere maßgebend.

3. Forstwirtschaftlich vollzieht sich die Waldnutzung zumeist in der Weise, daß eine bestimmte Teilfläche geschlagen und neu angepflanzt wird. Wenn dagegen die einzelnen Altersklassen ohne bestimmte Ordnung gemischt durcheinander stehen, wird die Verjüngung des Waldbestandes jeweils nur hinsichtlich einzelner Bäume durchgeführt (Plenterbetrieb).

4. Soweit eine Verjüngung nicht eintritt, gilt das ältere Recht.

5. Übergangsvorschrift hinsichtlich der überhängenden Zweige und hereindringenden Wurzeln (A 9 Übergangsges.).

6. Das bisherige Recht findet nur Anwendung wegen der geringeren Entfernung, in welcher die Gewächse gegenüber A 71—74 gehalten werden dürfen; im übrigen, namentlich wegen der Verjährung (A 78) und wegen des Verzichts (s. A 77) gilt das neue Recht.

Anwenderecht.

Art. 76.

Soweit in den Landesteilen rechts des Rheins nach örtlichem Herkommen bei der Bestellung landwirtschaftlicher Grundstücke die Überschreitung der Grenze eines Nachbargrundstücks gestattet ist (Anwenderecht), bleibt diese Befugnis mit dem bisherigen Inhalte bestehen.

1. Das örtliche Herkommen ist hiernach für dieses Rechtsgebiet als Rechtsnorm nach § 2 EGBGB. erklärt. Es gilt nur, soweit es sich bis zum Inkrafttreten des Bürgerlichen Gesetzbuches gebildet hat. Für die Zeit nach dem 1. I. 1900 wird eine Neubildung nicht anerkannt (Meisner § 26 III S. 341).

2. Anwenderecht, d. h. das Recht zur Überschreitung der Grenze auf das Nachbargrundstück bei landwirtschaftlichen Arbeiten. Es kann allgemein gehalten oder auf bestimmte Arbeiten oder eine Bebauungsart beschränkt sein (ObLG. 4 [671], [675]; Meisner § 26 II S. 338, 339).

3. Die Sicherung des Rechtes durch Bestellung einer Grunddienstbarkeit (§ 1018 BGB.) ist zulässig (s. Vorbem. zu A 62 Ziff. 3).

4. Wegen Erlöschens durch Verzicht s. A 78, wegen Verjährung s. A 79.

Verzicht.

Art. 77.

Die im Artikel 68 Abs. 2, im Artikel 69, im Artikel 70 Abs. 2 und im Artikel 76 bezeichneten Befugnisse erlöschen durch Verzicht des Berechtigten. Der Verzicht erfolgt durch Erklärung gegenüber dem Eigentümer des Nachbargrundstücks. Die Erklärung muß im Falle des Artikel 76 in öffentlich beglaubigter Form abgegeben werden.

Ist das Grundstück des Berechtigten mit dem Rechte eines Dritten belastet, so finden die Vorschriften des § 876 des Bürgerlichen Gesetzbuchs entsprechende Anwendung. Im Falle der Belastung mit einer Reallast, einer Hypothek, einer Grundschuld oder einer Rentenschuld ist der Verzicht auf das im Artikel 68 Abs. 2, im Artikel 69 und im Artikel 70 Abs. 2 bezeichnete Verbietungsrecht dem Dritten gegenüber wirksam, wenn er erfolgt, bevor das Grundstück zugunsten des Dritten in Beschlag genommen worden ist.

1. Auf die Ausübung des Nachbarrechts kann im einzelnen Falle oder auf bestimmte Zeit verzichtet werden. Hiezu genügt ein formloser Vertrag. Soll der Vertrag für und gegen den Rechtsnachfolger bindend sein, so bedarf es der Bestellung einer Grunddienstbarkeit (§ 1018 BGB., ObLGR. 10 [439], [441], Enneccerus Bd. II 1 § 53 III S. 158, 159, Meisner § 27 IIc S. 351). Dieser Verzicht bedingt

noch kein Erlöschen des Rechts. Er wirkt nur solange, als der Vertrag Geltung hat und die Grunddienstbarkeit besteht. Nach Fortfall dieses Rechtsgrundes, insbesondere nach Aufhebung der Grunddienstbarkeit durch Aufgabeerklärung und Löschung (§ 875 BGB.) oder durch Verjährung (§ 901 BGB.) leben die gesetzlichen Nachbarrechte wieder auf.

2. A 77 eröffnet die Möglichkeit, durch Verzicht das Recht zum Erlöschen zu bringen: bei A 68^{II}, 69, 70^{II}: Verbietungsrecht wegen der Benützung der Gemeinschaftsmauer; A 76 Anwenderecht. Auch A 68^{III} ist hinzuzurechnen, da er nur eine Erweiterung des A 68^{II} enthält (Böhm-Klein A. 5; Henle-Schneider A. 8). Ein Erlöschen durch Verzicht kommt nicht in Betracht bei den Rechten nach A 62—66, 68^{I}, 71—75.

Außerdem ist die Zustimmung des Dritten, für den das Grundstück mit einem Rechte belastet ist, erforderlich:

a) beim Anwenderecht (A 76),

b) bei den Rechten nach A 68^{II}, ^{III}, 69, 70^{II}, wenn das Grundstück mit einem anderen Rechte als einer Reallast, einer Hypothek, einer Grundschuld oder einer Rentenschuld belastet ist, oder im Falle einer solchen Belastung bei Abgabe der Verzichtserklärung zugunsten eines Dritten noch nicht in Beschlag genommen worden ist (vgl. §§ 1121, 1122 BGB.). Die Zustimmung entfällt, wenn das Recht des Dritten durch den Verzicht nicht berührt wird (§ 876 S. 2 BGB.).

3. Für das Anwenderecht ist öffentliche Beglaubigung der Verzichtserklärung vorgeschrieben. Im übrigen sind Verzicht und Zustimmungserklärung an keine Form gebunden (§ 129 BGB., A 1, 35 NotG.). Sie erfolgen jeweils gegenüber dem Eigentümer des Nachbargrundstücks; die Zustimmungserklärung kann auch beim Grundbuchamt abgegeben werden (§ 876 S. 3 BGB.).

4. Auf Schadensersatzansprüche auf Grund von Nachbarrechten und Ersatzansprüche nach A 68^{II}, ^{III}, 69, 70^{II} kann formlos wirksam verzichtet werden.

Verjährung.

Art. 78.

Die sich aus den Vorschriften der Artikel 62 bis 66 und des Artikel 68 Abs. 1 ergebenden Ansprüche unterliegen nicht der Verjährung. Der Anspruch auf Beseitigung eines die Vorschriften der Artikel 71 bis 75 verletzenden Zustandes verjährt in fünf Jahren. Die Verjährung beginnt mit dem Ablaufe des Kalenderjahrs, in welchem die Verletzung erkennbar wird.

Werden Gewächse, in Ansehung deren der Anspruch verjährt ist, durch neue ersetzt, so ist die vollendete Verjährung ohne Einfluß auf das Recht des Eigentümers des Nachbargrundstücks, in Ansehung der neuen Gewächse die Einhaltung des in den Artikeln 71 bis 74 und im Artikel 75 Abs. 2 vorgeschriebenen Abstandes zu verlangen.

1. Die Verjährung der Grunddienstbarkeiten nach A 67 richtet sich nach § 1028 BGB., der Baukostenansprüche nach A 68^{II}, 69, 70 nach §§ 194, 195 BGB. (Henle-Schneider A. 1, Meikel A. 1).

Wegen des Anwenderechts s. A 79.

2. A 78^{I} S. 2 bedeutet nicht eine Verjährung des Anspruches aus A 71—75 überhaupt, sondern nur gegenüber dem jeweiligen Pflanzenstande.

Bei einer Neupflanzung (Verjüngung) beginnt die Verjährung neuerdings mit dem Ablaufe des Kalenderjahres, in welchem der verletzende Zustand (A 71 bis 74, 75II) erkennbar wird.

3. Im übrigen gelten die Vorschriften des BGB. über die Verjährung, insbesondere Hemmung (§§ 202ff. BGB.), Unterbrechung (§§ 208ff. BGB.), Wirkung (§ 222 BGB.) der Verjährung.

Erlöschen des Anwenderechts. **Art. 79.**

Ein Anwenderecht erlischt mit dem Ablaufe von zehn Jahren nach der letzten Ausübung. Die für die Verjährung geltenden Vorschriften der §§ 202 bis 207, 209 bis 212, 216, 217, 219, 220 des Bürgerlichen Gesetzbuchs finden entsprechende Anwendung.

1. Die Ausübung des Miteigentümers, Nießbrauchers, Pächters und eines jeden, der zur Benützung des herrschenden Grundstückes berechtigt ist, steht derjenigen des Eigentümers gleich.

2. Die entsprechende Anwendung der Verjährungsvorschriften des BGB. erklärt sich daraus, daß es sich hier nicht um eine Verjährung handelt.

Gleichgültig ist, aus welchen Gründen in dem Zeitraum von 10 Jahren das Anwenderecht nicht ausgeübt wurde, z. B. wegen anderer Bebauungsart, Verwendung von Maschinen.

Verkehrsunternehmungen. **Art. 80.**

Die Vorschrift des § 26 der Gewerbeordnung findet auf Eisenbahn-, Dampfschiffahrts- und ähnliche Unternehmungen, welche dem öffentlichen Verkehre dienen, entsprechende Anwendung.

I. § 26 der GewO. lautet:

„Soweit die bestehenden Rechte zur Abwehr benachteiligender Einwirkungen, welche von einem Grundstück aus auf ein benachbartes Grundstück geübt werden, dem Eigentümer oder Besitzer des letzteren eine Privatklage gewähren, kann diese Klage einer mit obrigkeitlicher Genehmigung errichteten gewerblichen Anlage gegenüber niemals auf Einstellung des Gewerbebetriebs, sondern auf Herstellung von Einrichtungen, welche die benachteiligende Einwirkung ausschließen oder, wo solche Einrichtung untunlich oder mit einem gehörigen Betriebe des Gewerbes unvereinbar sind, auf Schadloshaltung gerichtet werden."

II. 1. A 26 schränkt die Ausübung des gesamten gesetzlichen Nachbarrechts, sowohl nach BGB. wie nach AG. (s. Vorbem. 1 u. 2 zu A 62)

a) zugunsten der Verkehrsunternehmungen ein,
b) soweit eine behördliche Genehmigung vorliegt,
c) in Ansehung der Anlage, soweit sie der Genehmigung entspricht.

Als Verkehrsanlagen kommen in Betracht Eisenbahnanlagen jeder Art einschließlich der Weichen, Schienen, Stationsgebäude, Laderaum, Dämme (ObLG. **16** A 13, 14), Dampfschiffahrtsunternehmungen, Motorboote, Fähren, Rohrpostanlagen, Schwebebahnen, Flugverkehranlagen.

Bezüglich der Eisenbahnanlagen entspricht die Einschränkung des § 1004 BGB. der ständigen Rechtsprechung (Örtmann § 81 A. 2 S. 341, RG. **58**134, **97**290 **98**347).

2. Der Anspruch steht zu dem Eigentümer oder Besitzer des Nachbargrundstücks (RG. **59**[326], **100**[75], **105**[214]). Er richtet sich gegen den Unternehmer der Anlage (wegen der Eisenbahnen s. A 58 A. II 3), gegebenenfalls gegen den mit dem Bahnbau oder der Erweiterung der Bahnanlage betrauten Bauunternehmer (RGK. § 906 A. 13 S. 200). Zu prüfen ist nur, ob eine behördliche Genehmigung vorliegt, nicht ob bei Ausführung der einzelnen Anlagen die polizeilichen Sondervorschriften eingehalten wurden (ObLG. **15** A S. 14, 15).

Einstellung des Betriebes (§ 1004 BGB.) kann nicht verlangt werden, sondern zunächst Herstellung von Einrichtungen, welche die benachteiligende Einwirkung ausschließen. Eine genaue Bezeichnung der Abhilfe ist nicht erforderlich. Sache des Unternehmers ist es, die entsprechenden Maßnahmen zu treffen.

In zweiter Linie geht der Anspruch auf Schadloshaltung, soferne eine solche Einrichtung untunlich oder mit einem gehörigen Betriebe unvereinbar ist (RG. **93**[103], **99**[179]), d. h. auf den Geldbetrag, welcher der Herstellung entspricht (§ 249 S. 2 BGB.). Der Schadensersatz besteht in der Kapitalabfindung, ausnahmsweise in einer Rente (RGK. § 906 A. 13 S. 199. — Die von Meisner § 39^{III} A. 1 S. 507 hiegegen erhobenen Bedenken dürften nicht durchgreifen.).

Zur Begründung des Anspruches ist der Nachweis eines Verschuldens nicht erforderlich (RG. **101**[105] h. M.). Jedoch dürfte der Nachweis eines Verschuldens für Schäden, welche der Klagestellung vorausgehen (a. M. RG. **105**[214]), entfallen, da § 26 GewO. für eine derartige Unterscheidung keine genügende Unterlage bietet.

Form der Auflassung.

Art. 81.

In Ansehung der in Bayern liegenden Grundstücke kann die Einigung der Parteien bei der Übertragung des Eigentum und der Bestellung eines Erbbaurechts außer vor dem Grundbuchamt auch vor einem bayerischen Notar erklärt werden.

1. Für den Vertrag, durch den sich der eine Teil verpflichtet, das Eigentum an einem Grundstücke zu übertragen, ist gerichtliche oder notarielle Beurkundung vorgeschrieben (§ 313 BGB.). Insoweit ist landesgesetzlich auf Grund A 15^{II} AGGVG. der Notar ausschließlich zuständig.

Zur Übertragung des Eigentums an einem Grundstück ist die Einigung des Berechtigten und des anderen Teils über den Eintritt der Rechtsänderung (Auflassung) und die Eintragung der Rechtsänderung erforderlich (§ 873 BGB.). Diese Einigung muß bei gleichzeitiger Anwesenheit beider Teile vor dem Grundbuchamt erklärt werden (§ 925^{I} BGB.). A 143^{I} EGBGB. läßt landesgesetzliche Vorschriften dahin zu, daß hinsichtlich der im Lande gelegenen Grundstücke die Erklärung auch vor einem Notar abgegeben werden kann. Dementsprechend setzt A 81 die Zuständigkeit des bayerischen Notars hiefür wahlweise fest (A 1, 35 NotG.).

Die gleichen Vorschriften gelten für die Übertragung der Rechte, welche landesrechtlich dem an Grundstücken gleichgestellt sind, d. i. des Bergwerkseigentums und der unbeweglichen Kuxe (A 22, 263 Bergges. vom 20. III, 1869 in der Fassung des Ges. vom 30. VII. 1900, GVBl. S. 775), des Fischereirechts, der Realgewerbeberechtigung (A 17^{II} AGGBO.) und des in A 19^{II} des Ges. über das Liegenschaftsrecht in der Pfalz vom 1. VI. 1898 bezeichneten Rechts an einzelnen Räumen eines fremden Gebäudes.

2. Dagegen findet nach § 11 VO. vom 15. I. 1919 (RGBl. S. 72), welche durch das Übergangsgesetz vom 4. III. 1919 (RGBl. S. 285) bestätigt wurde, § 925 BGB.

auf das Erbbaurecht nicht Anwendung. Durch § 1015 BGB. sind die Reichs- und Landesgesetze, welche hierauf verweisen, außer Kraft gesetzt (§§ 35, 36 VO. a. a. O.). Damit ist A 143^{I} EGBGB. A 81 für das Erbbaurecht ausgeschaltet. Zur Bestellung eines Erbbaurechts genügt nunmehr formlose Einigung nach § 873 BGB.

Indessen ist für den Vertrag, durch den sich der Grundstückseigentümer zur Bestellung des Erbbaurechtes verpflichtet, die Vorschrift § 313 BGB. aufrechtzuerhalten. Die Einigung über den Eigentumsübergang ersetzt hier die Eintragung in das Grundbuch und heilt somit den etwaigen Formmangel aus § 313 I BGB. (ZfR. **1919** S. 170).

3. Demnach ist ein Vertrag nach § 313 BGB., welcher nicht vor einem Notar beurkundet ist, nichtig, soweit nicht Heilung des Formmangels nach § 313^{II} BGB. eintritt. Die Beurkundung kann auch vor einem außerbayerischen Notar rechtsgültig stattfinden.

Die Beurkundung der Auflassung hinsichtlich der in Bayern liegenden Grundstücke ist hiegegen außer vor dem Grundbuchamt nur vor einem bayerischen Notar zulässig; eine besondere örtliche Zuständigkeit der Notariate kennt das Notariatsgesetz nicht.

Dagegen sind für beide Verträge andere Behörden: wie das Vormundschafts- und Nachlaßgericht, das Prozeßgericht einschließlich des beauftragten- oder Einzelrichters (ObLGR. **4**^{235}, **11**^{53}) nicht zuständig.

4. Wegen der Zuständigkeit der Distriktsverwaltungsbehörde zur Beurkundung der Auflassungserklärung im Zwangsenteignungsverfahren s. A 26 AGZPO.

5. Hinsichtlich der Sachbehandlung ist bestimmt, daß das Grundbuchamt wie der Notar die Auflassungserklärung nur entgegennehmen soll, wenn die nach § 313 BGB. erforderliche Urkunde vorgelegt wird. Der Vorlegung der Urkunde steht die Aufnahme durch den Notar gleich (§ 12 AGGBO.). Hier handelt es sich nur um eine Ordnungsvorschrift. Die Nichtbeachtung ist für die Wirksamkeit der Auflassungserklärung ohne Einfluß (ObLG. **11**^{396}).

Art. 82.

Werden Grundstücke durch einen Notar versteigert, so bedarf es bei der Auflassung, sofern sie noch in dem Versteigerungstermine stattfindet, nicht der gleichzeitigen Anwesenheit beider Teile.

1. Reichsgesetzlicher Vorbehalt A 145^{II} EGBGB.

2. Zuständigkeit der Notare für freiwillige und zwangsweise Versteigerungen (A 15^{II} AGGVG., A 44, 25 AGGBO., letzteres in der Fassung des Ges. vom 2. II. 1912, GVBl. S. 30, A 1 NotG.).

3. Wenn sich der Versteigerer die Erteilung des Zuschlages für einen späteren Zeitpunkt vorbehält, ist für die später erforderliche Auflassung § 925 BGB. A 81 maßgebend (Henle-Schneider A. 3).

Buchungsfreie Grundstücke.
a) **Übertragung des Eigentums.**

Art. 83.

Zur Übertragung des Eigentums an einem Grundstücke, das im Grundbuche nicht eingetragen ist und nach den Vorschriften der Grundbuchordnung auch nach der Übertragung nicht eingetragen zu werden braucht, ist die Einigung des Veräußerers und des Erwerbers darüber, daß das Eigentum übergehen soll, und die öffentliche Beurkundung der Erklärungen der beiden Teile erforderlich.

Die Übertragung des Eigentums kann nicht unter einer Bedingung oder einer Zeitbestimmung erfolgen.

1. Die einschlägige Bestimmung § 90 GBO. lautet:

„Durch landesherrliche Verordnung kann bestimmt werden, daß die Grundstücke des Fiskus oder gewisser juristischer Personen, die öffentlichen Wege und Gewässer, sowie solche Grundstücke, welche einem dem öffentlichen Verkehr dienenden Bahnunternehmen gewidmet sind, nur auf Antrag ein Grundbuchblatt erhalten. Das Gleiche gilt von den Grundstücken des Landesherrn und den Grundstücken, welche zum Haushalt oder Familiengut einer landesherrlichen Familie, der Fürstlichen Familie Hohenzollern oder der Familie des vormaligen Hannover'schen Königshauses, des vormaligen Churhessischen und des vormaligen Herzoglich Nassauischen Fürstenhauses gehören.

Steht demjenigen, welcher nach Abs. I von der Verpflichtung zur Eintragung befreit ist, das Eigentum an einem Grundstück zu, über das ein Blatt geführt wird, oder erwirbt er ein solches Grundstück, so ist auf seinen Antrag das Grundstück aus dem Grundbuch auszuscheiden, wenn eine Eintragung, von der das Recht des Eigentümers betroffen wird, nicht vorhanden ist."

2. Zum Vollzuge bestimmt VO. vom 1. VII. 1898 (GVBl. S. 377; JMBl. S. 255):

§ I. Die in § 90 Abs. I GBO. bezeichneten Grundstücke erhalten nur auf Antrag ein Grundbuchblatt.

Juristische Personen im Sinne des § 90 Abs. I der GBO. sind die Kreis- und Distrikts(Bezirks)gemeinden, die politischen und Kirchengemeinden, die öffentlichen Stiftungen, die Klöster und die Versicherungsanstalten für Invaliditäts- und Altersversicherung.

3. Die VO. befaßt sich nicht mit der Feststellung oder Verleihung der juristischen Persönlichkeit, sondern nur mit der Anwendung des § 90^{I} GBO. Die Eigenschaft als juristische Person bedarf daher jeweils der besonderen Prüfung. Gemeinde, Bezirk und Kreis sind Körperschaften des öffentlichen Rechts (Ges. vom 17. X. 1927, GVBl. S. 293, 325, 335), desgl. Ortschaften, d. h. Siedlungen mit eigener Ortsflur und eigenem Vermögen (A 62 I GO.). Wegen der Rechtsfähigkeit der Kirchengemeinden (A 1 Kirchengemeindeordnung vom 24. IX. 1912, GVBl. S. 911), der öffentlichen Stiftungen (Vorbem. II zu A 5), der Klöster (A 7—9 A. I 1), der Versicherungsanstalten für Invaliditäts- und Altersversicherung (§§ 3, 4 der Reichsversicherungsordnung vom 15. XII. 1924, RGBl. I S. 779); nicht hieher gehören die Krankenkassen, Berufsgenossenschaften, Innungen.

4. § 90 Abs. 1 S. 2 GBO. ist durch das neue Verfassungsrecht nicht beseitigt. A 109^{III} RV. verfügt nur die Aufhebung „der öffentlichrechtlichen Vorteile des Standes und der Geburt" (Anschütz RV. A 109 A. 4). Auch das bayer. Ges. vom 28. III. 1919 (GVBl. S. 114) hat die gleiche Rechtswirkung, wenn es sich auch nicht ausdrücklich hierüber ausspricht (vgl. A 1 A. I 2 oben). Da es sich hier um Vorschriften des bürgerlichen Rechts handelt, so kann kein Zweifel bestehen, daß sie noch fortbestehen.

5. Wegen der Behandlung der buchungsfreien Grundstücke der ortskirchlichen Stiftungen und Kirchengemeinden s. § 7 der Verwaltungsordnung der Kirchengemeindeordnung vom 14. Juni 1918, KMBl. S. 163, JMBl. S. 110.

Art. 84.

Zur Begründung einer Dienstbarkeit an einem Grundstücke, das im Grundbuche nicht eingetragen ist und nach den Vorschriften der Grundbuchordnung nicht eingetragen zu werden braucht, ist die Einigung des Bestellers und des Erwerbers darüber, daß das Grundstück mit der Dienstbarkeit belastet werden soll, erforderlich. Die Erklärung des Bestellers muß in öffentlich beglaubigter Form abgegeben werden.

Zur Aufhebung einer Dienstbarkeit an einem Grundstücke der im Abs. 1 bezeichneten Art ist die Erklärung des Berechtigten gegenüber dem Eigentümer erforderlich, daß er die Dienstbarkeit aufgebe; die Erklärung muß in öffentlich beglaubigter Form abgegeben werden. Die Vorschriften des § 876 des Bürgerlichen Gesetzbuchs finden entsprechende Anwendung.

Eine Dienstbarkeit an einem Grundstücke der im Abs. 1 bezeichneten Art erlischt mit dem Ablaufe von zehn Jahren nach der letzten Ausübung. Hat eine Ausübung nicht stattgefunden, so beginnt die zehnjährige Frist mit dem Zeitpunkte, von dem an die Ausübung zulässig war. Die für die Verjährung geltenden Vorschriften der §§ 202 bis 207, 209 bis 212, 216, 217, 219, 220 des Bürgerlichen Gesetzbuchs finden entsprechende Anwendung. Der Lauf der Erlöschungsfrist wird nicht dadurch gehemmt, daß die Dienstbarkeit nur zeitweise ausgeübt werden kann. Die Frist endigt jedoch in diesem Falle nicht, bevor die Zeit, zu welcher die Ausübung zulässig war, zum zweiten Male eingetreten und seit dem zweiten Eintritt ein Jahr verstrichen ist.

1. Zu den Dienstbarkeiten gehören die Grunddienstbarkeiten (§§ 1018ff. BGB.), der Nießbrauch (§§ 1030ff. BGB.) und die beschränkten persönlichen Dienstbarkeiten (§ 1090 BGB.). Für die übrigen Rechte am Grundstücke: die Hypotheken, Grundschulden, Rentenschulden, Reallasten, Verkaufsrechte bleibt es bei den allgemeinen Vorschriften: insbesondere über die Eintragung in das Grundbuch (§ 873[I] BGB.).

Die Änderung des Inhalts der Dienstbarkeit richtet sich nach den Vorschriften über Begründung oder Aufhebung des Rechts, je nachdem eine Ausdehnung oder Beschränkung der Dienstbarkeit in Betracht kommt (Henle-Schneider A. 1).

2. Der Formzwang des § 313 BGB. für den Vertrag, durch den sich der Eigentümer zu Bestellung der Dienstbarkeit verpflichtet, bleibt unberührt.

3. Wegen der öffentlichen Beglaubigung s. § 129 BGB., A 1 NotGes.

4. Die Eintragung der Dienstbarkeit in das Grundbuch ist gleichwohl zulässig (Henle-Schneider A. 2; Meikel A. 3). Die Verjährung bemißt sich alsdann nach § 901 BGB.

Reallasten.

Art. 85.

Als Reallast kann außer dem Rechte auf Leistungen, die zu einer Leibrente, insbesondere zu einem Leibgedinge, gehören, nur das Recht auf die regelmäßig wiederkehrende Leistung von fest bestimmten Geldbeträgen oder fest bestimmten Mengen von Bodenerzeugnissen oder fest bestimmten Mengen elektrischer Arbeit bestellt werden.

Bei der Bestellung einer Reallast solcher Art muß der Geldbetrag bestimmt werden, durch dessen Zahlung der Eigentümer die Reallast ablösen kann, es sei denn, daß die Reallast das Recht auf Leistung elektrischer Arbeit zum Gegenstande hat.

Auf die Ablösung der Reallast finden die für die Ablösung einer Rentenschuld geltenden Vorschriften des § 1202 des Bürgerlichen Gesetzbuchs entsprechende Anwendung. Haftet der Eigentümer für die während der Dauer seines Eigentums fällig werdenden Leistungen auch persönlich, so erstreckt sich im Falle der Kündigung die persönliche Haftung auf die Ablösungssumme.

Durch Verordnung kann bestimmt werden, daß und unter welchen Voraussetzungen Reallasten mit einem anderen als dem in Abs. 1 bezeichneten Inhalte bestellt werden dürfen und daß Abweichungen von Abs. 2 zulässig sind.

I. 1. Der Zusatz bei Abs. 1 und 2 wegen der elektrischen Arbeit beruht auf Ges. vom 23. Juli 1921 (GVBl. S. 379), der Absatz 4 auf Ges. vom 11. IV. 1923 (GVBl. S. 147).

2. Zu Abs. 4 erging VO. vom 17. IV. 1923 (GVBl. S. 147):

§ 1. Reallasten können bis auf weiteres ohne die Beschränkung nach Art. 85 Abs. 1 des Ausführungsgesetzes zum Bürgerlichen Gesetzbuche bestellt werden. Ein Geldbetrag, durch dessen Zahlung der Eigentümer die Reallast ablösen kann (Art. 85 Abs. 2 a. a. O.) braucht hiebei nicht bestimmt zu werden.

§ 2. Unternehmer, welche Grundstücke gegen Bestellung von anderen als den in Art. 85 Abs. 1 AG. z. BGB. bezeichneten Reallasten beleihen und auf Grund der erworbenen Reallasten Schuldverschreibungen auf den Inhaber ausgeben, bedürfen der staatlichen Genehmigung. Der Antrag ist bei dem Staatsministerium für Landwirtschaft anzubringen, das im Einvernehmen mit den sonst beteiligten Staatsministerien entscheidet. Vor der Genehmigung des Betriebes sollen die Reallasten für den Unternehmer nicht eingetragen werden.

II. 1. Als Reallast gilt jede Belastung eines Grundstücks in der Form, daß wiederkehrende Leistungen an denjenigen, zu dessen Gunsten die Belastung erfolgt, zu entrichten sind (§ 1105 BGB.). Beschränkung der Reallasten, sowie nähere Bestimmung ihres Inhalts und Maßes durch landesgesetzliche Vorschriften ist zulässig (A 115 EGBGB.), mit Ausnahme des Erbbauzinses (§ 9^I S. 2 VO. vom 15. I. 1919 über das Erbbaurecht, RGBl. S. 72).

2. Das BGB. (§ 1105) und A 85 befassen sich nur mit der Bestellung von Reallasten; die zur Zeit des Inkrafttretens des Bürgerlichen Gesetzbuches bestehenden Reallasten bleiben unberührt (A 46 ÜG.).

3. Da durch § 1 VO. die landesgesetzliche Beschränkung nach A 85^I aufgehoben wurde, bleibt nur mehr die besondere Vorschrift A 41^I S. 1 über die Zulässigkeit der Reallast für Leibgedingsansprüche bestehen. Im übrigen ist für den Inhalt die weitgehende Vorschrift des § 1105 BGB. maßgebend; hierunter fallen wiederkehrende Reichnisse jeder Art, selbst wenn sie nicht auf regelmäßige Leistung (Staudinger § 1105 I 5 b S. 1115) oder einen bestimmten Geldbetrag oder eine bestimmte Menge gerichtet sind. Zulässig sind insbesondere Reallasten für eine Leibrente (§§ 759 ff. BGB.), Krankenhilfe aus einem Leibgedingsvertrag entgegen nach früherem Recht (ObLG. **9**[161]), Ansprüche der Gutsbeamten auf Besoldung und Pension (ObLG. **14**[393]), Abbaurechtsansprüche (anders nach früherem Recht ZfR. 1917[310]), Komplexlasten (ObLG. **27** A S. 138, 142), dagegen nicht Kirchenbaulasten (ObLG. **24** A S. 291).

4. A 85[II] ist durch § 1 VO. nicht ausdrücklich aufgehoben. Nach Beseitigung der Verpflichtung zur Festsetzung eines Geldbetrages für die Ablösung der Reallast ist die Anwendung des A 85[III] nunmehr für den Fall zulässig, daß die Parteien freiwillig eine Vereinbarung nach A 85[II] treffen. Denn der Inhalt des A 85[III] wurde durch das Ges. vom 11. IV. 1923 (GVBl. S. 147) nicht berührt.

5. § 2 VO. vom 17. IV. 1923 bedeutet die Ausdehnung des § 795 BGB. auf diejenigen Fälle, in welchen durch die Schuldverschreibung eine andere Leistung als die in A 85[I] bezeichnetem Leistung versprochen wird. Nach § 1[II] RG. vom 23. VI. 1923 betr. die Ausgabe von wertbeständigen Schuldverschreibungen auf den Inhaber findet § 795 BGB. Anwendung, wenn die Schuldverschreibung eine andere Leistung als die Zahlung eines Geldbetrages zum Gegenstande hat, der der Schuldner aber sich durch Zahlung eines Geldbetrages befreien kann. Insoweit ist die bayer. Vorschrift gegenstandslos.

III. Wegen Aufwertung der Geldreallasten s. § 31 AufwGes. vom 16. VII. 1925 (RGBl. I S. 117).

Art. 86.

Forstberechtigungen, Jagdberechtigungen und Weiderechte können auch in der Pfalz nicht begründet werden.

1. Nach A 1[2] Jagdges. vom 30. III. 1850 sind die Jagdgerechtigkeiten auf fremdem Grund und Boden aufgehoben und dürfen nicht mehr bestellt werden; unzulässig ist ferner die Bestellung von Forstberechtigungen (A 33 Forstgesetz vom 28. III. 1852) und von den Weiderechten (A 34 Weideges. vom 28. V. 1852).

Das Verbot umfaßt nicht die Übertragung persönlicher Rechte dieser Art.

2. Wegen der Rechtsverhältnisse in der Pfalz s. Henle-Schneider A. 2—4.

Amtliche Ermittlung des Wertes von Grundstücken.

Art. 87.

Der Eigentümer eines Grundstücks kann den Wert des Grundstücks mit Rücksicht auf die Sicherheit von Hypotheken, Grundschulden oder Rentenschulden durch Sachverständige amtlich feststellen lassen. Für die Ernennung, Beeidigung und Vernehmung der Sachverständigen ist das Amtsgericht zuständig, in dessen Bezirke das Grundstück liegt. Die Vernehmung kann auch durch einen Notar erfolgen.

Die Staatsministerien der Justiz und des Innern können die Grundsätze bestimmen, nach denen der Wert der Grundstücke festzustellen ist, und das bei der Feststellung zu beobachtende Verfahren regeln.

1. A 79 EGBGB. läßt landesgesetzliche Vorschriften zu, nach welchen die zur amtlichen Feststellung des Wertes von Grundstücken bestellten Sachverständigen für den aus einer Verletzung ihrer Berufspflicht entstandenen Schaden in weiterem Umfange als nach dem Bürgerlichen Gesetzbuche haften. Der landesgesetzliche Vorbehalt umfaßt auch das Verfahren über Aufstellung der Sachverständigen und die amtliche Ermittlung des Wertes (Staudinger A 79 a. a. O. A. 2).

2. A 87 betrifft nur ein amtliches Verfahren, wobei die Ernennung, Beeidigung und Vernehmung der Sachverständigen dem Amtsgericht obliegt; für die Vernehmung ist außerdem der Notar zuständig. Die Wertsermittlung muß erfolgen zwecks Bestellung einer Hypothek, Grundschuld oder Rentenschuld. Berechtigt zum Antrag ist nur der Grundstückseigentümer, nicht ein Dritter, z. B. der Gläubiger. Zumeist bildet die Beibringung einer amtlichen Schätzung eine Bedingung für die Gewährung des Darlehens oder Kredits (vgl. Ziff. 5 II a der Bekanntmachung der Staatsministerien des Innern und der Finanzen vom 14. VI. 1918 betr. die Anlegung von Geldern der Kultusstiftungen und Kirchengemeinden, KMBl. S. 202, JMBl. S. 115). Im näheren ist das Verfahren geregelt in der Bekanntmachung vom 14. VI. 1909 betr. die Anweisung für die amtliche Feststellung des Wertes von Grundstücken (JMBl. S. 307) und der hiezu ergangenen Änderung nach Bekanntmachung vom 11. V. 1923 (JMBl. S. 35).

3. a) Außerdem können die Schätzer auf Ersuchen der Beteiligten unmittelbar, ohne amtliche Mitwirkung, derartige Gutachten abgeben (Privatschätzungen) (§ 29 Bek.).

b) Soweit die Schätzung von Grundstücken zu anderen Zwecken als den in A 87 bezeichneten vorgenommen wird, gelten die Schätzer als öffentlich bestellte Sachverständige (§ 30 Bek.).

c) Eine amtliche Feststellung des Zustandes oder Wertes einer Sache findet ferner statt in den im BGB. und in anderen Reichsgesetzen besonders bezeichneten Fällen (§ 164 FGG., Keidel FGG. § 166 A. 1).

Art. 88.

Verletzt ein zur amtlichen Feststellung des Wertes von Grundstücken mit Rücksicht auf die Sicherheit von Hypotheken, Grundschulden oder Rentenschulden bestellter Schätzer vorsätzlich oder aus Fahrlässigkeit die ihm obliegende Berufspflicht, so hat er den daraus für einen Hypotheken-, Grundschuld- oder Rentenschuldgläubiger entstehenden Schaden dem Gläubiger zu ersetzen. Fällt dem Schätzer nur Fahrlässigkeit zur Last, so kann er nur dann in Anspruch genommen werden, wenn der Beschädigte nicht auf andere Weise Ersatz zu erlangen vermag.

1. Gegenüber dem Eigentümer haftet der Schätzer aus dem Dienstvertrag für Vorsatz und Fahrlässigkeit (§§ 611, 276 BGB.). Darüber hinaus wird nunmehr die Haftung gegenüber dem Gläubiger ausgedehnt, und zwar gegenüber jedem Gläubiger, welcher als Inhaber der Hypotheken-, Grundschuld- oder Rentenschuldforderung durch die Schätzung geschädigt ist (Henle-Schneider A. 3).

Sie gilt nur für den Fall nach A 87; nicht für die sonstige Tätigkeit des Schätzers, insbesondere die Privatschätzung vgl. A 87 A. 3. Nach dieser Richtung ergibt sich eine Haftung nur aus § 826 BGB.

2. Vorausgesetzt wird eine vorsätzliche oder fahrlässige Verletzung der Berufspflicht bei Abgabe der Schätzung und ein ursächlicher Zusammenhang mit dem

Eintritt des Schadens. § 254 BGB. ist zu berücksichtigen (Böhm-Klein A. 3, Henle-Schneider A. 2 a). Das Ergebnis einer Zwangsversteigerung kann wegen der Umstände, welche die Gebote und die Höhe des Erlöses beeinflussen, nicht ohne weiteres einen Maßstab für den Eintritt und die Höhe des Schadens abgeben (Henle-Schneider A. 3).

3. Eine Haftung des Staates oder der Gemeinde besteht nicht (Ortmann § 58 II 3 S. 255; Henle-Schneider A. 4), auch nicht wegen der amtlichen Mitwirkung des Amtsrichters und Notars, da ihnen nur die Vernehmung obliegt; die Verantwortlichkeit für die Schätzung trifft ausschließlich die Schätzer.

Recht der Gemeinden und Stiftungen auf Sicherungshypothek gegenüber ihren Verwaltern.

Art. 89.

Die Gemeinden und die anderen Kommunalverbände, die Stiftungen des öffentlichen Rechtes und die unter der Verwaltung einer öffentlichen Behörde stehenden Stiftungen sind berechtigt, zu verlangen, daß für die Forderungen, die aus der Verwaltung ihres Vermögens gegen den Verwalter entstehen, eine Sicherungshypothek an Grundstücken des Verwalters in das Grundbuch eingetragen wird. Die Eintragung der Hypothek ist für den Betrag zu erwirken, für welchen der Verwalter Sicherheit zu leisten hat, soweit nicht die Sicherheit anderweit geleistet wird.

Die Eintragung der Hypothek erfolgt auf Ersuchen der Behörde, welcher die Ausführung der über die Sicherheitsleistung getroffenen Bestimmungen obliegt. Ergibt sich eine Haftung des Verwalters, so kann das Ersuchen auch von der für die Feststellung der Haftung zuständigen Behörde gestellt werden.

Die Eintragung der Hypothek an mehreren Grundstücken darf nur soweit verlangt werden, daß der Wert der Grundstücke das Doppelte des zu sichernden Betrags erreicht; der Wert wird unter Abzug der Belastungen berechnet, welche der Hypothek im Range vorgehen.

1. Kommunalverband: Bezirks-, Kreisgemeinde (Bezirksordnung vom 17. X. 1927, GVBl. S. 327, Kreisordnung vom 17. X. 1927, GVBl. S. 335), Stiftungen des öffentlichen Rechts (s. Vorbem. II zu A 5), Kirchenstiftungen (s. A 1, 6 der Kirchengemeindeordnung vom 24. IX. 1912, GVBl. S. 911).

2. Die Eigenschaft als Verwalter setzt nur ein Dienstverhältnis, aber kein Beamtenverhältnis voraus.

3. Der Anspruch auf Sicherung besteht für Forderungen aus der Verwaltung, d. i. aus schuldhafter Verletzung der Berufspflicht (§§ 611, 823, 276 BGB.) oder wegen Kassenfehlbeträge, dagegen nicht wegen Disziplinar- oder Ordnungsstrafen, der Kosten eines Disziplinarverfahrens, aus Rechtsgeschäften: Kauf, Darlehen. Die Forderung muß bereits entstanden sein; nicht notwendig ist, daß sie fällig oder das Haftungsverfahren (A 82, 83 GO.) durchgeführt ist.

3. Sicherungshypothek (§§ 1184, 1190 BGB.).

4. Besondere Form des Antrags nicht erforderlich (§§ 1113, 1190 BGB.). § 39 GBO.; keine Vormerkung § 883 BGB. (ObLG. 21 A 274.)

5. Die Eintragung kann auch auf dem außerbayerischen Grundbesitz des Verwalters erfolgen; dem Ersuchen um Eintragung hat jedes deutsche Grundbuchamt zu entsprechen (Staudinger A 91 EGBGB. A. 3).

6. Begrenzung der Eintragung, wenn auf dem Grundstück für ein Darlehen der Landeskulturrentenanstalt an Kriegsbeschädigte eine Hypothek und die Verschuldungsgrenze im Grundbuch eingetragen ist (A 2, 8—10 Siedlungsges. vom 15. VII. 1916, GVBl. S. 135).

7. Wegen der Ansprüche der Staatskasse s. A 123.

Bekanntmachung des Verlustes von Inhaberpapieren.

Art. 90.

Die Distriktspolizeibehörden haben auf Antrag desjenigen, welchem ein Inhaberpapier gestohlen worden, verloren gegangen oder sonst abhanden gekommen ist, den Verlust im Reichsanzeiger bekannt zu machen, wenn der Verlust glaubhaft gemacht wird. Der Antragsteller hat die Kosten vorzuschießen.

Bei dem Verluste von Banknoten und anderen auf Sicht zahlbaren unverzinslichen Inhaberpapieren kann die Bekanntmachung nicht verlangt werden; für abhanden gekommene Zins-, Renten- oder Gewinnanteilscheine kann sie nur verlangt werden, wenn die Scheine später als in dem nächsten auf die Bekanntmachung folgenden Einlösungstermine fällig werden.

1. Inhaberpapiere sind Papiere, bei denen der Aussteller dem Inhaber der Urkunde eine Leistung verspricht (§ 793I BGB.).

An Inhaberpapieren tritt der gutgläubige Erwerb selbst dann ein, wenn sie gestohlen wurden, verloren gingen oder sonst abhanden kamen (§§ 932—935, 1293, 1207 BGB.).

Auf Seite eines Kaufmannes, welcher Bankiers- und Geldwechslergeschäfte betreibt, ist jedoch der gute Glaube ausgeschlossen, wenn zur Zeit der Veräußerung oder Verpfändung der Verlust von einer öffentlichen Behörde oder von dem aus der Urkunde Verpflichteten im Deutschen Reichsanzeiger bekannt gemacht und seit dem Ablauf des Jahres, in welchem die Veröffentlichung erfolgt ist, nicht mehr als ein Jahr verstrichen war (§ 367I HGB.).

Im näheren schließt sich die Regelung nach A 90 der Fassung des § 367I HGB. an.

2. Für die Glaubhaftmachung des Verlustes ist § 294 ZPO. maßgebend.

3. Die Bekanntmachung gehört in Städten, in welchen eine Polizeidirektion errichtet wurde, zur Dienstaufgabe dieser Behörde (A 4 A. 3).

Lösungsanspruch der öffentlichen Pfandleihanstalten.

Art. 91.

Öffentlichen Pfandleihanstalten steht das Recht zu, Sachen, an denen sie nach den Vorschriften des § 935 Abs. 1 und der §§ 1207, 1208 des Bürgerlichen Gesetzbuchs ein Pfandrecht nicht oder nur im Range nach dem Rechte eines Dritten, mit welchem die Sache belastet ist, erwerben, dem Berechtigten nur gegen Bezahlung des auf die Sache gewährten Darlehens samt Zinsen herauszugeben. Die Vorschriften des § 1003 des Bürgerlichen Gesetzbuchs finden entsprechende Anwendung.

1. a) Der Erwerb des Pfandrechts bei einem entgegenstehenden Eigentumsrechte oder Pfandrechte tritt nicht ein, wenn der Erwerber nicht im guten Glauben war oder wenn die Sache dem Eigentümer gestohlen worden, verloren gegangen oder sonst abhandengekommen war (§§ 935, 1207, 1208 BGB.).

b) A 94^{II} EGBGB. läßt landesgesetzliche Vorschriften zu, nach welchen öffentliche Pfandleihanstalten berechtigt sind, die ihnen verpfändeten Sachen nur gegen Bezahlung des auf die Sache gewährten Darlehens herauszugeben.

2. Zu Annahme der Öffentlichkeit einer Pfandleihanstalt genügt es, wenn sie vom Staat, von einer Gemeinde oder einer sonstigen Korporation des öffentlichen Rechts errichtet ist. Jedoch kann die Anwendung des A 91 nicht davon abhängig gemacht werden, ob bei ihr gemeinnützige, öffentliche Interessen vorwiegen (Böhm-Klein A. 1, 1; Staudinger A 94 II B 1 im wesentlichen — a. M. Henle-Schneider A. 1, Meikel A. 2).

3. Der eingeräumte Lösungsanspruch stellt sich als Zurückbehaltungsrecht nach § 273, 274 BGB. dar; die Pfandsache ist nur Zug um Zug gegen Begleichung der Pfandforderung herausgegeben. Hierunter fallen neben dem Darlehen auch die erwachsenen Zinsen.

4. Die entsprechende Anwendung des § 1003 BGB. richtet sich gegen den Berechtigten, welcher die Herausgabe der Pfandsache gegen Entrichtung des Lösungsbetrages verlangen kann.

5. Der Geschäftsbetrieb der gewerblichen Pfandleiher und Pfandleihanstalten (A 94^{I} EGBGB.) richtet sich nach §§ 34—38 GewO., Bek. vom 11. II. 1911 (GVBl. S. 83) mit Abänderung zu § 22^{II} nach Bek. vom 8. I. 1912 (GVBl. S. 18).

Verschieden hievon ist das Gewerbe der Pfandvermittler, vgl. hiezu Bek. vom 11. II. 1911 (GVBl. S. 94) nebst Abänderung zu § 4^{I} nach Bek. vom 8. I. 1912 (GVBl. S. 18).

Eheschließung von Ausländern.

Art. 91 a.

Nichtdeutsche beiderlei Geschlechts, die in Bayern eine Ehe schließen wollen, haben dem Standesbeamten, der das Aufgebot anordnet, ein Zeugnis der zuständigen Behörde ihres Heimatstaates darüber vorzulegen, daß dieser kein Ehehindernis bekannt ist.

Männliche Nichtdeutsche haben außerdem ein Zeugnis der zuständigen Behörde ihres Heimatstaates darüber vorzulegen, daß sie ihre Staatsangehörigkeit durch die Eheschließung nicht verlieren und daß sie die Staatsangehörigkeit auf die Ehefrau sowie auf die ehelichen und durch die Ehe legitimierten Kinder übertragen.

Die Staatsregierung kann Vorschriften darüber erlassen, wie die Zuständigkeit der Behörde nachzuweisen ist, die das Zeugnis nach Abs. I, II ausgestellt hat.

Von Abs. I und II kann im einzelnen Falle oder für Angehörige bestimmter ausländischen Staaten allgemein Befreiung gewährt werden. Zuständig ist zur Befreiung von Abs. I das Staatsministerium der Justiz, von Abs. II das Staatsministerium des Innern.

A 91 a wurde eingesetzt durch A 95 des Armengesetzes vom 21. VIII. 1914. Durch A 53II des Fürsorgegesetzes vom 14. III. 1930 (GVBl. S. 38) wurde das Armengesetz aufgehoben, hiebei jedoch durch A 53III die Vorschrift A 95 ArmGes. (d. i. A 91 a) in der früheren Fassung aufrechterhalten.

Anlegung von Mündelgeld in Hypothekforderungen.

Art. 92.

Für die Anlegung von Mündelgeld ist eine Hypothek, eine Grundschuld oder eine Rentenschuld als sicher nur zu erachten, wenn sie innerhalb der ersten Hälfte des Wertes des Grundstücks zu stehen kommt.

I. 1. Nach § 1807I1 BGB. soll Mündelgeld nur in Forderungen angelegt werden, für die eine sichere Hypothek an einem inländischen Grundstück besteht, oder in sicheren Grundschulden oder Rentenschulden an inländischen Grundstücken.

Die Landesgesetze können für die innerhalb ihres Geltungsbereichs belegenen Grundstücke die Grundsätze bestimmen, nach denen die Sicherheit einer Hypothek festzustellen ist (§ 1807II BGB.).

2. Die Grundstücke, welche eine Sicherheit bieten sollen, müssen innerhalb Bayerns liegen (vgl. § 1807II BGB.).

3. Der Wert des Grundstückes wird durch eine Schätzung festgestellt, und zwar zunächst durch eine amtliche Schätzung (A 87 A. 2).

II. Sonstige Vorschriften über die Anlegung von Mündelgeld:

1. A 32 des Ges. betr. die Übergangsvorschriften zum Bürgerlichen Gesetzbuch: Zur Anlegung von Mündelgeld sind auch nach dem Inkrafttreten des Bürgerlichen Gesetzbuches die Schuldverschreibungen bayerischer Gemeinden und diejenigen von Kreditanstalten ausgegebenen Wertpapiere, insbesondere Pfandbriefe, geeignet, in welchen bisher nach den vom Staatsministerium der Justiz getroffenen Bestimmungen Mündelgeld angelegt werden durfte. Die Zulassung zur Anlegung von Mündelgeld kann vom Staatsministerium der Justiz jederzeit widerrufen werden.

2. Durch Reichsgesetz vom 29. X. 1927 (RGBl. I S. 325) über die Mündelsicherheit von Wertpapieren und Forderungen wird in den Fällen des § 1807 Abs. I Nr. 1—4 gestattet, daß die Höhe der geschuldeten Leistung neben oder an Stelle der Angabe durch den amtlich festgestellten Preis einer bestimmten Menge von Feingold oder in einer anderen nach den Gesetzen über die Ausgabe wertbeständiger Schuldverschreibungen auf den Inhaber und über wertbeständige Hypotheken vom 23. VI. 1923 (RGBl. I S. 407) zulässigen Weise bestimmt wird.

Entsprechend dem für die landesgesetzliche Regelung offen gelassenen Vorbehalt wurde die gleiche Vorschrift für die im Art. 32 des Übergangsges. (siehe oben) bezeichneten Vermögensgegenstände (VO. vom 26. II. 1928, GVBl. S. 37) sog. wertbeständigen Schuldverschreibungen erlassen.

3. Wegen der Anlegung von Mündelgeld bei Sparkassen vgl. § 22 ZustVO. vom 24. XII. 1899 (Anlage I), Bek. vom 21. XII. 1899 (JMBl. 1899 S. 113), insbesondere des Bez.-Verbandes Waldsassen (JMBl. 1925 S. 29), der Stadt- und Bezirkssparkasse Pottenstein (GVBl. 1928 S. 160), Füssen (Staatsanzeiger 1929 Nr. 140), in Wertpapieren bayerischer Kreditanstalten (Bek. vom 9. IX. 1899, GVBl. S. 830), der bayerischen Landeskulturrentenanstalt (Bek. vom 30. VIII. 1922, JMBl. S. 188), in kommunalen Wertpapieren (Bek. vom 7. VII. 1901, RGBl. S. 263), in Staatsbuchschulden (Bek. vom 18. IX. 1913, JMBl. S. 228).

III. Dagegen darf Mündelgeld nicht bei den amtsgerichtlichen Hinterlegungsstellen angelegt werden (A 76 IV AGGVG.).

Gemeindewaisenrat.

Art. 93.

Für jede Gemeinde wird ein Gemeindewaisenrat bestellt.

In Städten mit mehr als 100000 Einwohnern können mehrere Gemeindewaisenräte, jeder für einen abgegrenzten Teil des Stadtbezirkes, gebildet werden.

Art. 94.

Der Gemeindewaisenrat besteht in Gemeinden mit städtischer Verfassung sowie in Gemeinden mit mehr als 5000 Einwohnern aus dem Bürgermeister, wo deren mehrere vorhanden sind, aus dem ersten, als Vorsitzenden und aus einer Anzahl gewählter Waisenräte. Der Bürgermeister kann sich durch ein Mitglied des Magistrats oder der Gemeindeverwaltung vertreten lassen.

In den übrigen Gemeinden werden ein oder mehrere Waisenräte aufgestellt. Bei der Aufstellung mehrerer Waisenräte ist jedem ein örtlich abgegrenzter Bezirk zuzuweisen.

Art. 95.

Die Zahl der Waisenräte wird in Gemeinden mit städtischer Verfassung vom Magistrat unter Zustimmung der Gemeindebevollmächtigten, in anderen Gemeinden von der Gemeindeverwaltung festgesetzt. Das Gleiche gilt von der Bildung mehrer Gemeindewaisenräte nach Artikel 93 Abs. 2. Die Gemeindeverwaltung bestimmt in den Fällen des Artikel 94 Abs. 2 auch die Bezirke der einzelnen Waisenräte.

Art. 96.

Die Waisenräte werden in Gemeinden mit städtischer Verfassung von den in einen Wahlkörper vereinigten Magistratsmitgliedern und Gemeindebevollmächtigten, in den übrigen Gemeinden von der Gemeindeverwaltung gewählt.

Zur Wahl der Waisenräte ist nach der Vollendung der ordentlichen Gemeindewahl und nach der Bildung des Armenpflegschaftsrats zu schreiten.

Wählbar ist, wer zum Mitgliede des Armenpflegschaftsrats gewählt werden kann.

Als gewählt ist zu erachten, wer bei der Wahl die meisten Stimmen erhalten hat. Die Wahl gilt für die Zeit bis zu der nächsten nach Abs. 2 stattfindenden Wahl.

Abgänge in dem Personalstande der Waisenräte sind sofort durch Neuwahl zu ersetzen.

Die Gewählten werden durch den Bürgermeister auf Handgelübde verpflichtet.

Art. 97.

Das Amt des Waisenrats ist ein unentgeltliches Gemeindeamt.

Art. 98.

Der Gemeindewaisenrat ist befugt, Frauen, welche hiezu bereit sind, als Waisenpflegerinnen in widerruflicher Weise aufzustellen.

In den im Artikel 94 Abs. 2 bezeichneten Gemeinden erfolgt die Aufstellung auf dem Vorschlag des Waisenrats durch den Bürgermeister.

Die Waisenpflegerinnen haben unter Leitung des Gemeindewaisenrats bei der Beaufsichtigung der im Kindesalter stehenden Mündel und bei der Überwachung weiblicher Mündel mitzuwirken.

Art. 99.

Die Geschäftsführung des Gemeindewaisenrats, insbesondere der Verkehr mit dem Vormundschaftsgerichte, wird durch die Staatsministerien der Justiz und des Innern geregelt.

Es kann insbesondere angeordnet werden, daß die Waisenräte eines Bezirkes zeitweise unter der Leitung des Vormundschaftsrichters zusammentreten, um von dem Zustande der Aufsicht über die Erziehung und körperliche Pflege der Mündel in dem Bezirke Kenntnis zu erlangen sowie allgemeine Fragen ihrer Amtsführung zu besprechen und Mängel abzustellen.

Nach §§ 3^{II}, 42^{I} des Jugendwohlfahrtsgesetzes vom 9. VII. 1922 (RGBl. I S. 622) obliegt nunmehr dem Jugendamt die Tätigkeit des Gemeindewaisenrats. Nach A 13^{I} RV. sind demnach A 93—99, welche den gleichen Gesetzstoff regeln, aufgehoben. Der Vorbehalt für die landesgesetzliche Regelung nach A 2 des Einführungsgesetzes zum Jugendwohlfahrtsgesetz vom 9. VII. 1922 (RGBl. S. 647) trifft hier nicht zu.

Aus dem gleichen Grund sind außer Kraft getreten die noch aufrecht erhaltenen Bestimmungen des coburgischen Landesrechtes (A 49, 51 AGBGB. für das frühere Herzogtum Coburg vom 21. XI. 1899, Ges.Slg. S. 217, Schiedermair, Jugendamtsges. A 43 A. 3). Nunmehr sind einschlägig A 25—27 des Gesetzes zur Ausführung des Reichsgesetzes für Jugendwohlfahrt vom 20. VII. 1925 (Jugendamtsgesetz) (GVBl. S. 211).

Anstaltsvormund.

Art. 100.

Für eine unter staatlicher Verwaltung oder Aufsicht stehende Erziehungs- oder Verpflegungsanstalt kann durch Anordnung der zuständigen Staatsministerien bestimmt werden, daß der Vorstand der Anstalt die Rechte und Pflichten eines Vormundes für die zur Erziehung oder zur Verpflegung in die Anstalt aufgenommenen Minderjährigen hat.

Der Vorstand behält die Rechte und Pflichten des Vormundes auch nach der Beendigung der Erziehung oder der Verpflegung bis zur Volljährigkeit des Mündels.

Dem Vorstande stehen die nach § 1852 Abs. 2 des Bürgerlichen Gesetzbuchs zulässigen Befreiungen zu. Ein Gegenvormund ist nicht zu bestellen.

Der Vorstand hat die Aufnahme des Minderjährigen in die Anstalt dem Vormundschaftsgericht anzuzeigen.

Die Befugnis des Vormundschaftsgerichts, einen anderen Vormund zu bestellen, bleibt unberührt. Auf Antrag des Vorstandes ist ein anderer Vormund zu bestellen.

A 100 beruht auf dem landesgesetzlichen Vorbehalt nach A 136 Ziff. 3 EG.-BGB. Die Bestellung von Anstaltsvorständen zu Vormündern ist in § 47 des Jugendwohlfahrtsgesetzes vom 9. VII. 1922 (JWG.) (RGBl. S. 622) selbständig geregelt; zugleich sind A 136 EGBGB. und die hierauf erlassenen Landesgesetze aufgehoben (§ 48I S. 1 JWG., Art. 4 EGJWG.).

Jedoch gelten die Anstaltsvormünder, welche auf Grund A 100 mit allen oder einzelnen Rechten und Pflichten eines Vormundes für Minderjährige betraut waren, nunmehr als Anstaltsvormünder nach § 47 JWG. (Art. 46 des Jugendamtsges. vom 20. VIII. 1925, GVBl. S. 211).

Rechte öffentlicher Wohltätigkeitsanstalten in Ansehung des Nachlasses unterstützter oder verpflegter Personen.

Art. 101.

Öffentliche Wohltätigkeitsanstalten können aus dem Nachlasse der von ihnen innerhalb der letzten zehn Jahre vor dem Tode unterstützten oder unentgeltlich verpflegten Personen Ersatz der für die Unterstützung oder die Verpflegung gemachten Aufwendungen für die ganze Dauer der Leistung verlangen, soweit nicht durch die Geltendmachung des Anspruchs der notdürftige Unterhalt eines pflichtteilsberechtigten Angehörigen des Erblassers gefährdet werden würde.

Der Ersatzanspruch kann nicht zum Nachteile der Nachlaßgläubiger geltend gemacht werden. Verbindlichkeiten aus Pflichtteilsrechten, Vermächtnissen und Auflagen bleiben außer Betracht.

I. Unberührt bleiben nach A 103 EGBG. die landesgesetzlichen Vorschriften, nach welchen der Staat sowie Verbände und Anstalten, die auf Grund öffentlichen Rechts zur Gewährung von Unterhalt verpflichtet sind, Ersatz der für den Unterhalt gemachten Aufwendungen von der Person, welcher sie den Unterhalt gewährt haben, sowie von denjenigen verlangen können, welche nach den Vorschriften des Bürgerlichen Gesetzbuches unterhaltspflichtig waren.

II. 1. Öffentliche Wohltätigkeitsanstalten sind diejenigen, welche von einer juristischen Person des öffentlichen Rechts errichtet sind, oder selbst juristische Personen des öffentlichen Rechts sind z. B. öffentliche Stiftungen.

2. A 101 findet nur Anwendung, wenn die Unterbringung in der Anstalt in Ausübung der öffentlichen Wohltätigkeit erfolgt, nicht dagegen, wenn der Unterstützte einen Anspruch hierauf hatte: sei es auf Grund des Rechtes zum Stiftungsgenuß oder der Leistung einer öffentlichen Versicherungsanstalt.

3. Die Leistungen sind nicht auf die letzten 10 Jahre vor dem Tode, sondern im ganzen Umfange, selbst wenn sie auf 30—40 Jahre zurücklegen, zu ersetzen. Der Ersatzanspruch, welcher dem bürgerlichen Rechte angehört, entsteht erst mit dem

Tode (Meikel A. 3; Henle-Schneider A. 2); die Verjährung richtet sich von da an nach § 195 BGB. Die Anwendung des § 196 I Z. 11 BGB. scheidet schon deswillen aus, weil es sich hier nicht um Leistungen der öffentlichen Wohltätigkeit handelt.

4. Anrechnung des Wertes der eingebrachten Sachen bei öffentlichen Verpflegungsanstalten (A 102).

5. Eine Begrenzung des Ersatzanspruches tritt ein, soweit

a) der Pflichtteil der Angehörigen (§ 2303 BGB.) derart beschränkt wird, daß hiedurch ihr notdürftiger Unterhalt (§ 1611 BGB.) gefährdet wird,

b) Forderungen der Nachlaßgläubiger bestehen (§ 1967 BGB.).

III. Für das Gebiet der öffentlichen Fürsorge ist die Rückerstattungspflicht des Unterstützten der Landesgesetzgebung überlassen (§ 25 der Reichsverordnung über die Fürsorgepflicht vom 13. II. 1924, RGBl. I S. 100).

Einschlägig ist A 47 des Bayerischen Ausführungsgesetzes vom 14. III. 1930, FürsG. (GVBl. S. 38):

Personen, die trotz genügender eigener Mittel von einem Fürsorgeverband unterstützt worden sind oder binnen zehn Jahren nach Empfang einer Fürsorgeleistung ein Einkommen oder Vermögen erlangt haben, das ihnen, unbeschadet der Sicherstellung ihres eigenen Lebensunterhaltes und des Lebensunterhaltes der ihnen gegenüber unterhaltsberechtigten Personen, die Erstattung ermöglicht, sind vorbehaltlich anderer reichsrechtlicher Bestimmungen zum Ersatze verpflichtet.

Der Fürsorgeverband kann für Fürsorgeleistungen, die in den letzten zehn Jahren vor dem Tode des Unterstützten gewährt worden sind, auch Ersatz aus dem Nachlasse verlangen, es sei denn, daß dies eine unbillige Härte gegenüber Erben, Pflichtteilsberechtigten, Vermächtnisnehmern oder Auflagenberechtigten bedeuten würde. Der Ersatzanspruch kann nicht zum Nachteil anderer Nachlaßgläubiger geltend gemacht werden; Verbindlichkeiten aus Pflichtteilsberechtigten, Vermächtnissen und Auflagen bleiben außer Betracht. Trifft der Ersatzanspruch des Fürsorgeverbandes mit dem Ersatzanspruch einer öffentlichen Wohltätigkeitsanstalt zusammen, die den Verstorbenen in den letzten zehn Jahren vor dem Tode verpflegt hat (Art. 101 des Ausführungsgesetzes zum Bürgerlichen Gesetzbuche), so kann er auch nicht zum Nachteile dieses Anspruches geltend gemacht werden.

Der Ersatzanspruch ist im Gegensatz zu A 101, 102 öffentlichrechtlich. Er entsteht im Falle des Abs. 2 mit dem Tode der unterstützten Person (vgl. oben II 3), beschränkt sich auf die Fürsorgeleistungen, welche während der letzten 10 Jahre gewährt wurden, und tritt nur insoweit hinter die Forderung einer öffentlichen Wohltätigkeitsanstalt nach A 101 zurück, als letztere die Verpflegung betrifft. Hierunter fällt auch die freie Wohnung, wenn sie zugleich mit der Verköstigung überlassen wurde. Dagegen können andere Unterstützungen der Wohltätigkeitsanstalt, wie Bargeld, nicht berücksichtigt werden. Die Anwendung des A 102 bleibt im vollen Umfange aufrecht erhalten.

Über die Ersatzpflicht entscheidet mit Ausschluß des Rechtsweges die Bezirksverwaltungsbehörde (A 46 FürsG.). Im übrigen vgl. Ziff. IX der Vollzugsvorschriften vom 9. III. 1930 zum Fürsorgegesetz (GVBl. S. 118).

Art. 102.

Durch die Satzungen einer öffentlichen Verpflegungsanstalt kann der Anstalt ein Recht auf die Sachen eingeräumt werden, welche von einer Person, die in der Anstalt bis zum Tode unentgeltlich verpflegt worden ist, zum Zwecke des Gebrauchs in der Anstalt eingebracht worden sind.

Das Eigentum an den der Anstalt zufallenden Sachen geht mit dem Eintritte des Erbfalls auf die Anstalt über. Der Wert der Sachen wird auf den der Anstalt zustehenden Ersatzanspruch angerechnet.

1. Unberührt bleiben landesgesetzliche Vorschriften, nach welchen einer juristischen Person in Ansehung des Nachlasses einer verpflegten oder unterstützten Person ein Recht auf bestimmte Sachen zusteht (A 139 EGBGB.).

2. Öffentliche Verpflegungsanstalten sind öffentliche Wohltätigkeitsanstalten (s. A 101 A. II 1), welche unentgeltliche Verpflegung, d. h. Kost und Wohnung gewähren. Damit können noch andere Leistungen z. B. in Geld verbunden sein.

3. Voraussetzung ist Unterbringung:

a) vom Gesichtspunkte der öffentlichen Wohltätigkeit (A 101 A. II 2),

b) bis zum Tode.

4. Das Recht der Anstalt erstreckt sich, soferne in der Satzung eine entsprechende Bestimmung enthalten ist, auf Sachen, welche dem persönlichen Gebrauche des Verlebten in der Anstalt gedient haben, und in seinem Eigentum standen.

5. Es tritt mit dem Tode des Unterstützten (§ 1922 BGB.) ein (Böhm-Klein A. 2, Henle-Schneider A. 4), stellt sich weder als Erbrecht noch als Vermächtnis (Henle-Schneider A. 4) dar und kann auch nicht durch Verfügung des Verlebten ausgeschlossen werden (Örtmann § 147 II 2, Meikel A. 4, Henle-Schneider A. 4).

Festsetzung des Ertragswertes. Art. 103.

Soweit in Fällen der Erbfolge oder der Aufhebung einer fortgesetzten Gütergemeinschaft der Ertragswert eines Landguts festzusetzen ist, gilt als solcher, vorbehaltlich der Berücksichtigung besonderer Umstände, der fünfundzwanzigfache Betrag des jährlichen Reinertrags. Durch Königliche Verordnung kann eine andere Verhältniszahl bestimmt werden.

Die Grundsätze, nach welchen der Reinertrag festzustellen ist, und die bei der Ermittelung des Ertragswerts zu berücksichtigenden besonderen Umstände werden von den Staatsministerien der Justiz und des Innern durch allgemeine Anordnung bestimmt.

1. Ist bei Aufhebung der fortgesetzten Gütergemeinschaft (§ 1515 II, III BGB.) oder auf Grund Erbfolge (§§ 2049, 2312 BGB.) ein Landgut zu übernehmen, so ist vielfach der Ertragswert festzusetzen.

Der Ertragswert bestimmt sich nach dem Reinertrage, den das Landgut nach seiner bisherigen wirtschaftlichen Bestimmung bei ordnungsmäßiger Bewirtschaftung nachhaltig gewähren kann (§ 2049 II BGB.). Der Landesgesetzgebung ist jedoch vorbehalten, Grundsätze über die Berechnung des Ertragswertes aufzustellen (A 137 EGBGB.).

Die wesentlichen Merkmale eines Landgutes bestehen in der erheblicheren Größe und Einrichtung für Ackerbau und Viehzucht (Achilles BGB. § 2130 A. 2).

2. Änderung der Verhältniszahl nach VO. des Gesamtministeriums vom 31. VII. 1926 (GVBl. S. 387):

Auf Grund des A 103 Abs. 1 Satz 2 des AGBGB. wird bestimmt:

In Art. 103 Abs. 1 Satz 1 des AGBGB. tritt mit sofortiger Wirksamkeit an die Stelle des fünfundzwanzigfachen Betrages bis auf weiteres der achtzehnfache Betrag des jährlichen Reinertrags.

Gegenüber diesem Berechnungsmaßstab sind jedoch besondere Umstände wie der ungünstige wirtschaftliche und bauliche Zustand des Landgutes zu berücksichtigen.

3. Anwendung bei Auflösung der Fideikommisse s. ZfR. 1919 S. 368.

Vermittelung der Auseinandersetzung in Ansehung eines Nachlasses oder eines Gesamtgutes.

Art. 104.

Für die Vermittelung der Auseinandersetzung in Ansehung eines Nachlasses zwischen mehreren Erben oder in Ansehung des Gesamtguts einer aufgehobenen ehelichen oder fortgesetzten Gütergemeinschaft zwischen den Beteiligten sind neben den Amtsgerichten die Notare zuständig.

Der Antrag kann, sofern nicht die Beteiligten die Wahl eines anderen Notars vereinbaren, nur bei einem Notar gestellt werden, der im Bezirk oder am Sitze des für die Vermittelung zuständigen Gerichts aufgestellt ist.

Bei den nach den Vorschriften der Zivilprozeßordnung erfolgenden Zustellungen obliegen dem Notar auch die Verrichtungen des Gerichtsschreibers. Der Notar ist auch für die Festsetzung der einem Beteiligten zu erstattenden Kosten zuständig.

Aufgehoben durch A 11 des Nachlaßges. vom 9. VIII. 1902 (GVBl. S. 463) s. A 132 am Eingang.

Mitwirkung der Gemeindebehörde bei der Sicherung eines Nachlasses.

Art. 105.

Die Anlegung von Siegeln zur Sicherung eines Nachlasses, der sich nicht in der Gemeinde befindet, in welcher das zuständige Amtsgericht seinen Sitz hat, kann dem Bürgermeister übertragen werden. In dringenden Fällen hat der Bürgermeister für die Sicherung des Nachlasses vorläufig durch Anlegung von Siegeln zu sorgen; die getroffene Maßregel ist sofort dem Amtsgericht anzuzeigen.

Dem Bürgermeister kann auch die Entsiegelung übertragen werden.

1. Soweit ein Bedürfnis besteht, hat das Nachlaßgericht bis zur Annahme der Erbschaft, wenn der Erbe unbekannt oder wenn ungewiß ist, ob er die Erbschaft angenommen hat, für den Nachlaß Sicherungsmaßregeln zu treffen; es kann insbesondere die Anlegung von Siegeln anordnen (§ 1960$^{I, II}$ BGB.). Durch Landesgesetz können dem Nachlaßgericht auch für andere Fälle die erforderlichen Sicherungsmaßregeln, insbesondere die Anlegung von Siegeln, überlassen werden (A 140 EGBGB.).

2. Die Anlegung der Siegel kann
a) der Amtsrichter selbst vornehmen.
Er kann sie ferner übertragen
b) einem Urkundsbeamten der Geschäftsstelle (A 63 AGGVG.),
c) einem Notar (A 2 NotG., § 274 NotGeschO.),
d) dem Bürgermeister, wenn sich der Nachlaß nicht am Sitze des Amtsgerichts befindet.

Die Anordnung steht dem Nachlaßgericht zu (§ 19 Nachlaßordnung vom 30. III. 1903, JMBl. S. 111 NO.), gegebenenfalls dem Gerichte, in dessen Bezirk das Bedürfnis nach Fürsorge hervortritt (§ 74 FGG.).

Der Bürgermeister erhält hierdurch die gleichen Rechte und Pflichten wie das Nachlaßgericht (§§ 17, 18 NO.); er handelt hiebei im übertragenen Wirkungskreis als Gemeindebeamter (§ 17 GO.); Stellvertretung ist zulässig (A. 17 GO.).

Im näheren vgl. Anweisung für die Mitwirkung der Gemeindebehörden bei der Sicherung eines Nachlasses (Bek. vom 18. XII. 1902, JMBl. 1903 S. 216, Einführung in den cob. Landesteilen, GVBl. 1922 S. 154).

Sicherungsmaßregeln beim Tode eines Beamten.

Art. 106.

Durch Königliche Verordnung können für den Fall des Todes eines Beamten des Staates, einer Kreisgemeinde, einer Distriktsgemeinde oder einer nicht unter gemeindlicher Verwaltung stehenden öffentlichen Stiftung Bestimmungen über die Sicherung der amtlichen Schriftstücke, Gelder und sonstigen Gegenstände, die der Verstorbene in Verwahrung gehabt, insbesondere über die Anlegung von Siegeln getroffen werden.

1. Die einschlägige Königliche Verordnung vom 7. XII. 1899 (GVBl. S. 1013, JMBl. S. 549) lautet:

§ 1. Nach dem Tode eines Beamten des Staates, einer Kreisgemeinde, einer Distriktsgemeinde oder einer nicht unter gemeindlicher Verwaltung stehenden öffentlichen Stiftung, mit Ausnahme der Pfründe- und Kirchenstiftungen, hat, — unbeschadet der Zuständigkeit des Nachlaßgerichts — die Behörde, welcher der Verstorbene angehört oder die Aufsichtsbehörde für die Sicherung der amtlichen Schriftstücke, Gelder und sonstigen Sachen, die der Verstorbene in Verwahrung gehabt hat, Sorge zu tragen, soweit ein Bedürfnis besteht. Die Behörde kann insbesondere die Anlegung von Siegeln anordnen. Für den Fall des Todes eines unserer Minister behalten Wir Uns vor, Selbst das Erforderliche anzuordnen.

§ 2. Die Behörde, welcher die im § 1 bezeichnete Fürsorge obliegt, kann um die Vornahme geeigneter Maßnahmen auch das Nachlaßgericht ersuchen.

Hat ein Rentamtmann, Rentamtsverweser oder Steuereinnehmer zur Zeit des Todes eine Kasse zu verwalten und befindet sich die vorgesetzte Behörde nicht am Sitze der Kasse, so hat das Nachlaßgericht zur Sicherung der im § 1 bezeichneten Sachen die geeigneten Maßregeln von Amtswegen vorzunehmen, sofern nicht die Behörde ersucht, hievon abzusehen. Das Nachlaßgericht hat der Behörde von den Maßregeln Mitteilung zu machen. Der Behörde liegt es ob, das Weitere zu veranlassen.

§ 3. Werden bei der Ausführung einer Maßregel, die das Nachlaßgericht zur Sicherung eines Nachlasses auf Grund des § 1960 BGB. angeordnet hat,

Sachen der im § 1 bezeichneten Art vorgefunden, so hat das Gericht die Behörde, welcher der Verstorbene angehört, oder die Aufsichtsbehörde hievon zu benachrichtigen und ihr zugleich von den Sicherungsmaßnahmen, die in Ansehung dieser Sachen vorgenommen werden, Mitteilung zu machen. Der Behörde liegt es ob, das Weitere zu veranlassen.

Einführung in den cob. Landesteilen s. GVBl. 1922 S. 154.

2. A 106 betrifft nur bayerische im Dienste befindliche Beamte, nicht Beamte des Reichs oder eines anderen deutschen Landes und wurde durch das Beamtengesetz nicht berührt.

Vollziehung einer Auflage im öffentlichen Interesse.

Art. 107.

Bezweckt in den Fällen des § 525 Abs. 2 oder des § 2194 Satz 2 des Bürgerlichen Gesetzbuchs die Auflage die Förderung von Interessen, die zum Wirkungskreis einer Körperschaft, Stiftung oder Anstalt des öffentlichen Rechtes gehören, so ist deren Behörde zuständig, die Vollziehung der Auflage zu verlangen.

1. Liegt bei einer Schenkung oder letztwilligen Zuwendung die Vollziehung einer Auflage im öffentlichen Interesse, so kann auch die zuständige Behörde die Vollziehung der Auflage verlangen (§§ 525^{II}, 2194^{II} BGB.).

2. Soweit die Wahrung des öffentlichen Interesses zum Wirkungskreise einer Behörde gehört, ist dieser Behörde die Zuständigkeit zur Antragstellung übertragen (§ 24 ZustVO. Anlage I).

3. Wegen der Stiftungen des öffentlichen Rechts Vorbem. II zu A 5, der Körperschaften des öffentlichen Rechts, Anstalten des öffentlichen Rechts A 57 A. 1.

4. Besondere Benachrichtigung der zuständigen Behörde gemäß § 2262 BGB. (A 34^{3} Nachlaßordnung vom 20. III. 1903, JMBl. S. 111, § 250^{3} NotGeschO.)

5. Sonstige Bestimmungen:

a) wegen der Notare: Bekanntmachung vom 24. XII. 1899 betr. die Geschäftsordnung für die Notariate (JMBl. S. 591):

„3. *Sicherung der Amtsbestände.*

§ 312. Nach dem Tode eines Notars oder Notariatsverwesers hat das Amtsgericht, in dessen Bezirk das Notariat liegt, für die Sicherung der Amtsbestände (Siegel, Urkunden, Bücher und Register, Gelder, Wertpapiere und Kostbarkeiten) Sorge zu tragen, soweit ein Bedürfnis besteht. Das Amtsgericht kann insbesondere die Anlegung von Siegeln anordnen.

Gleiches obliegt dem Amtsgericht dann, wenn im Falle der Entfernung des Notars oder einer geistigen Erkrankung das Bedürfnis einer amtlichen Fürsorge gegeben ist. Über die getroffenen Sicherungsmaßregeln ist sofort dem Präsidenten des Landgerichts Bericht zu erstatten. Der Präsident des Landgerichts kann weitere Sicherungsmaßregeln anordnen und die bestehenden aufheben."

b) wegen der Gemeindebeamten s. § 26^{III} Nachlaßordnung vom 20. III 1903 (JMBl. S. 111);

c) wegen der katholischen Geistlichen ist nunmehr § 68 II. Beilage zur Verfassungsurkunde aufgehoben. Das Konkordat vom 29. III. 1924 (GVBl. 1925 S. 53) enthält hierüber keine Bestimmungen.

Eröffnung von Testamenten und Erbverträgen.

Art. 108.

Befindet sich ein Testament oder ein Erbvertrag seit mehr als vierundfünfzig Jahren in amtlicher Verwahrung, so ist die Eröffnung vorzunehmen, sofern nicht bekannt ist, daß der Erblasser noch lebt. Die Vorschriften des § 2259 Abs. 2 und der §§ 2260 bis 2262 des Bürgerlichen Gesetzbuchs finden entsprechende Anwendung.

1. Die Zulässigkeit der Bestimmung A 108 ergibt sich aus § 200 FGG.

2. A 108 bezieht sich auch auf die vor 1. I. 1900 errichteten Testamente und Erbverträge, die vor diesem Zeitpunkte in amtliche Verwahrung gelangten (Örtmann § 150 IId S. 644, Henle-Schneider A. 1, NotGeschO. § 230).

3. Wegen Eröffnung und Verkündung der Testamente und Erbverträge vgl. A 2 NachlG. vom 9. VII. 1902 (GVBl. S. 463), §§ 27—41 NachlO. vom 20. III. 1903 (JMBl. S. 111).

Öffentliche Sparkassen (A 109—121).

Vorbemerkung.

1. Die Errichtung, Verwaltung und Beaufsichtigung der öffentlichen Sparkassen fällt in das Gebiet des öffentlichen Rechts und steht daher den Ländern zu (Staudinger A 99 A. 2 EGBGB., RG. **117**[261]). Landesgesetzliche Vorschriften sind zugelassen über öffentliche Sparkassen unbeschadet der Vorschriften des § 808 BGB. und über Anlegung von Mündelgeld (A 99 EGBGB.), ferner über die Kraftloserklärung der in § 808 BGB. bezeichneten Urkunden (A 102[II] EGBGB.).

2. Eine Sparkasse ist öffentlich, wenn sie von einer juristischen Person des öffentlichen Rechts: Gemeinde, Bezirk, öffentlichen Stiftung errichtet ist.

3. Auf Grund des § 1807 Abs. I Nr. 5 BGB. sind die bayerischen Gemeinde- und Bezirkssparkassen sowie die ältere gräflich Castellsche Kreditkasse in Castell zur Anlegung von Mündelgeld für geeignet erklärt. Die Satzung hat die Bestimmung zu enthalten, daß zur Erhebung von Mündelgeld die Genehmigung des Gegenvormunds oder des Vormundschaftsgerichts erforderlich ist (§ 1809 BGB., Bek. vom 21. XII. 1899 betr. die Anlegung von Mündelgeld bei öffentlichen Sparkassen, GVBl. S. 1239, JMBl. 1900 S. 113).

4. Für den Vollzug vergl. Grundbestimmungen für die Sparkassen der Gemeinden und Distrikte vom 1. VI. 1911 (MABl. S. 321), Bek. vom 4. IV. 1928 GVBl. S. 190, Bek. vom 25. V. 1930 (GVBl. S. 205).

Spareinlagen.

Art. 109.

Bei einer öffentlichen Sparkasse können Ehefrauen ohne Zustimmung des Ehemanns, Minderjährige und andere in der Geschäftsfähigkeit beschränkte Personen ohne Einwilligung des gesetzlichen Vertreters Spareinlagen machen.

1. Nach überwiegender Meinung wird das Rechtsgeschäft, welches durch die Spareinlage zustande kommt, als Darlehensvertrag aufgefaßt (RG. **73**[220], Staudinger § 607 II 8 — a. M. Örtmann § 53 II 1 S. 235, „irregulärer Verwahrungsvertrag"). Bei fehlender Einwilligung des Ehemannes oder gesetzlichen Vertreters

wäre der Vertrag nach den allgemeinen Vorschriften nicht wirksam (§§ 108, 114, 1396, 1443, 1519, 1525, 1549, 1550 BGB.). A 109 erklärt jedoch das Rechtsgeschäft auch ohne diese Einwilligung als gültig. Andere Mängel des Geschäftes: wie Fälschung der Unterschrift, arglistige Täuschung, Irrtum bleiben unberührt.

2. Durch die Einlage wird derjenige Inhaber der Darlehensforderung, auf dessen Namen sie eingeschrieben wird. Gleichgültig ist, aus wessen Mitteln sie entnommen wird, entscheidend ist vielmehr, wer nach dem erkennbaren Willen des Einzahlenden Gläubiger werden soll. Wird auf eine bereits bestehende Spareinlage eingezahlt, so ist im Zweifel anzunehmen, daß sie auf den berechtigten Inhaber des Sparkassenbuches erfolgen soll (RG. 73[221]).

Qualifiziertes Legitimationspapier.

Art. 110.

Ist eine öffentliche Sparkasse nach ihrer Satzung bei der Zahlung eines Guthabens an den Inhaber der Sparurkunde (Sparbuch, Sparschein) nicht verpflichtet, die Berechtigung des Inhabers zu prüfen, so ist sie, sofern nicht in der Urkunde eine abweichende Bestimmung getroffen ist, ohne weitere Prüfung zu der Annahme berechtigt, daß der Inhaber das Guthaben rechtswirksam kündigen und einziehen kann.

1. Fassung nach § 808[I] S. 1 BGB. Durch die Einführung der Satzungsbestimmung wird die Sparurkunde zum qualifizierten Legitimationspapier.

2. Die Sparurkunde ist nicht Trägerin des Forderungsrechts, sondern nur Beweisurkunde. Zur Übertragung ist Abtretung der Forderung notwendig (§§ 398ff. BGB.); damit geht zugleich das Eigentum an der Sparurkunde auf den Erwerber über (§ 952 BGB., RG. 89[401, 402]). In der Umschreibung des Sparguthabens auf einen anderen Berechtigten kann schon eine rechtsgültige Übertragung der Forderung liegen; dies gilt insbesondere, wenn die Forderung durch einen Vertrag nach § 331 BGB. nach dem Tode des Berechtigten übertragen wird (RG. 106[1]).

3. Die Sparkasse kann die Leistungen an den Inhaber rechtswirksam bewirken, selbst wenn die Urkunde gestohlen, abhanden gekommen oder wenn der Inhaber minderjährig ist. Die Sparkasse ist zur Leistung nicht verpflichtet; sie kann sich die nähere Prüfung der Legitimation des Inhabers vorbehalten. Die Auszahlung der ganzen Spareinlage kann von Aushändigung der Sparurkunde abhängig gemacht werden (§ 808[II] BGB.).

4. Die abweichenden Bestimmungen müssen für den einzelnen Fall aus der Sparurkunde ersichtlich sein: Genehmigung des Gegenvormunds- oder Vormundschaftsgerichts-Beistandes (§§ 1691, 1809 BGB.). Für die Beisetzung des einschränkenden Vermerks hat der Inhaber Sorge zu tragen; fehlt ein derartiger Vermerk, so greift die allgemeine Regel des A 110 Platz.

5. Durch das Verfahren nach A 110 gilt an sich die Leistung an den Berechtigten als bewirkt, selbst wenn der Inhaber der Sparurkunde nicht verfügungsberechtigt und empfangsberechtigt war. Jedoch widerspricht es Treu und Glauben (§ 242 BGB.), diese Rechtswirkung auch dann eintreten zu lassen, wenn den gesetzlichen Organen oder Angestellten der letztgenannte Mangel bei der Abhebung des Guthabens bekannt war (RG. 89[401, 403], RGK. § 808 A. [3], Örtmann § 53 Ziff. III 1a S. 235 — a. M. Enneccerus Bd. I § 435 Ziff. 2 S. 620, Henle-Schneider A. 4a). Die Sparkasse wird hiedurch zugleich dem Berechtigten schadensersatzpflichtig nach § 826 BGB.

Kraftloserklärung der Sparurkunde A 111—120.

Art. 111.

Die Kraftloserklärung einer abhanden gekommenen oder vernichteten Sparurkunde einer öffentlichen Sparkasse kann auch bei dem Vorstande der Sparkasse beantragt werden.

Für das bei der Kraftloserklärung durch den Vorstand zu beobachtende Verfahren gelten die Vorschriften der Artikel 112 bis 120.

1. Das landesgesetzliche Verfahren zur Kraftloserklärung ist einfacher, billiger und schneller; es bezieht sich lediglich auf Sparurkunden nach § 808 Abs. 1 BGB. A 110. Das reichsrechtliche Aufgebotsverfahren (§ 1023 ZPO.) bleibt daneben bestehen und kann selbst dann noch gewählt werden, wenn ein Antrag im erstgenannten Verfahren abgewiesen wurde.

2. Zuständig: entweder der Vorstand der juristischen Person, welche die Sparkasse errichtet hat, oder der satzungsgemäß besonders bestellte Vorstand. Die Beschwerde gegen Verfügungen und Anordnungen des Vorstandes geht an dessen vorgesetzte Stelle; gerichtliche Entscheidung ist ausgeschlossen (Henle-Schneider A. 3, Böhm-Klein A 112).

1. Antrag.

Art. 112.

Der Antragsteller hat den Verlust der Urkunde und die Tatsachen, von welchen seine Berechtigung abhängt, glaubhaft zu machen. Über die Wahrheit seiner Angaben kann ihm eine Versicherung an Eides Statt abgenommen werden.

1. Der Verlust besteht

a) im Abhandenkommen, wenn die Sparurkunde aus dem Gewahrsam des Antragstellers wider dessen Willen geriet und unauffindbar ist,

b) in der Vernichtung, der Zerstörung der Substanz oder von wesentlichen Teilen der Sparurkunde. Auch bei absichtlicher Vernichtung ist Kraftloserklärung zulässig, da hierin ein rechtsgültiger Verzicht nicht liegt (Stein-Jonas ZPO. § 1003 I).

2. Berechtigt ist derjenige, welcher materiell das Recht aus der Urkunde geltend machen kann (§ 1004 II ZPO.).

3. Die Glaubhaftmachung erfolgt nach § 294 ZPO. Ein Erbieten zur Versicherung an Eides Statt ist nicht notwendig (§ 1007 Ziff. 3 ZPO.). Die Abnahme steht im Ermessen des Vorstandes vgl. A 117 II.

2. Aufgebot. Anordnung mit Zahlungssperre.

Art. 113.

Der Vorstand erläßt ein Aufgebot und ordnet, wenn die Urkunde abhanden gekommen ist, die Sperre des Guthabens an.

1. Der Vorstand prüft zunächst die Zulässigkeit des Antrages entsprechend A 112; er kann auch eine Ergänzung des Antrages anordnen.

2. Zahlungssperre ohne besonderen Antrag (vgl. dagegen §§ 1019, 1023 ZPO.) bei der Sparkasse und ihren Zahlstellen. — Aufhebung (A 116 II).

3. Die Anordnung über Erlassung des Aufgebots und der Zahlungssperre ist dem Antragsteller zuzustellen (§ 329 III ZPO.).

3. Inhalt.

Art. 114.

Das Aufgebot hat zu enthalten:

1. die Bezeichnung des Antragstellers und der Urkunde;
2. die Aufforderung an den Inhaber der Urkunde, binnen drei Monaten seine Rechte unter Vorlegung der Urkunde anzumelden, widrigenfalls die Urkunde für kraftlos erklärt werden würde.

Die Bezeichnung der Urkunde soll die Angabe enthalten, für wen die Urkunde bei der ersten Einzahlung ausgestellt worden ist.

Ist in der Satzung der Sparkasse vorgeschrieben, daß die Sparbücher zeitweise behufs Richtigstellung der Bücher oder zu anderem Zwecke eingefordert werden, so muß die Anmeldungsfrist so bestimmt werden, daß sie nicht vor dem nächsten Termine, für welchen die Bücher eingefordert werden, beginnt.

1. Der Inhalt des Aufgebots ist im Anschluß nach § 947 Abs. 2 ZPO. gesetzlich festgelegt. Es empfiehlt sich, im Aufgebot den Wortlaut beizubehalten.

2. Anmeldefrist: 3 Monate — Verlängerung ausgeschlossen im Gegensatz zu § 1015 ZPO. Beginn der Frist: Tag der Erlassung des Aufgebots, Ausnahme bei Abs. 3. Die Vorlegung der Sparbücher zwecks Eintragung der Zinsen fällt nicht unter Abs. 3 (Henle-Schneider A. 2).

3. Verstoß gegen A 114 begründet Anfechtung § 957$^{II\,3}$ ZPO., A 119.

4. Veröffentlichung.

Art. 115.

Das Aufgebot ist durch Aushang bei der Sparkasse und durch einmalige Einrückung eines Auszugs in das für die Bekanntmachungen der Sparkasse bestimmte Blatt zu veröffentlichen.

Der Vorstand kann die einmalige Einrückung in noch ein anderes Blatt oder die einmalige Wiederholung der Einrückung in das im Abs. 1 bestimmte Blatt anordnen.

1. Die Veröffentlichung ist für den Beginn der Anmeldefrist ohne Bedeutung.

2. Wenn für die Veröffentlichungen der Sparkasse kein Blatt bestimmt ist, so ist das Aufgebot in dem für die juristische Person sonst vorgesehenen Blatt bekannt zu machen (Henle-Schneider A. 1).

3. Die wiederholte Veröffentlichung steht im Ermessen des Vorstandes der Sparkasse (Henle-Schneider A. 3, Meikel A. 1).

4. Vorschriftswidrige oder unterlassene Veröffentlichung begründet Anfechtung (§ 957 Abs. 2 Ziff. 3, A 119). Die Anordnung unter Abs. 3 fällt nicht hierunter.

5. Die Zahlungssperre (A 113) wird nicht veröffentlicht entgegen § 1019 Abs. 1 S. 2 ZPO.

5. Anmeldung. Aufhebung der Zahlungssperre.

Art. 116.

Meldet der Inhaber der Urkunde seine Rechte unter Vorlegung der Urkunde an, so hat der Vorstand den Antragsteller hievon zu benachrichtigen und ihm die Einsicht der Urkunde innerhalb einer zu bestimmenden Frist zu gestatten. Auf Antrag des Inhabers der Urkunde ist zu deren Vorlegung ein Termin zu bestimmen.

Die Sperre des Guthabens darf erst aufgehoben werden, nachdem dem Antragsteller die Einsicht nach Maßgabe des Abs. 1 gestattet worden ist.

I. 1. Abs. 1: Fassung nach § 1016 ZPO.

2. Die Anmeldung kann auch nach Ablauf der Anmeldefrist bis zur Kraftloserklärung (A 117) erfolgen. Dem Inhaber steht es frei, die Urkunde sofort oder in einem besonderen Termine, zu welchem der Antragsteller zu laden ist, vorzulegen. Durch die Vorlage der Urkunde erledigt sich das Aufgebotsverfahren, soferne die Echtheit und Wesensgleichheit der Urkunde anerkannt ist. Ein etwaiger Streit über das Recht an der Urkunde ist von den ordentlichen Gerichten zu entscheiden.

Wird die Urkunde trotz Anmeldung nicht vorgelegt, so nimmt das Aufgebotsverfahren seinen Fortgang.

3. Wird in der Anmeldung das Recht des Antragstellers bestritten, ohne daß die Urkunde vorgelegt wird, so richtet sich das Verfahren nach § 953 ZPO. (Fischer-Henle A. 1, Böhm-Klein A. 2), also entweder Aussetzung des Verfahrens oder Vorbehalt des Rechtes im Beschlusse (A 117^{I}). Nichtberücksichtigung eines angemeldeten Rechts begründet die Anfechtung nach § 957 Abs. I Ziff. 5 ZPO., A 119.

II. Bei Vorlage der Urkunde oder sonstiger Erledigung des Verfahrens ist die Zahlungssperre von Amts wegen aufzuheben. Dem Antragsteller ist jedoch im erstgenannten Falle zur Wahrung seiner Rechte zunächst die Einsicht nach Abs. I zu gestatten (§ 1022^{II} ZPO.).

6. Kraftloserklärung.

Art. 117.

Wird die Urkunde nicht vorgelegt, so ist sie durch Beschluß des Vorstandes für kraftlos zu erklären.

Vor der Erlassung des Beschlusses kann dem Antragsteller über die Wahrheit einer von ihm aufgestellten Behauptung eine Versicherung an Eides Statt abgenommen werden.

Der Beschluß, durch den die Urkunde für kraftlos erklärt wird, ist durch Aushang bei der Sparkasse und durch einmalige Einrückung des wesentlichen Inhalts in das im Artikel 115 Abs. 1 bezeichnete Blatt zu veröffentlichen.

1. Der Beschlußfassung geht kein Aufgebotstermin voraus; der Vorstand kann noch zur weiteren Sachaufklärung dem Antragsteller über die aufgestellten Behauptungen eine Versicherung an Eides Statt abnehmen (A 112 S. 2) und sonstige Ermittlungen von Amts wegen anstellen (§ 952^{III} ZPO.). In der äußeren Form paßt sich der Beschluß dem Aufgebot an.

2. Sachlich hat der Beschluß die Bedeutung eines Ausschlußurteils (§ 952 I ZPO.); er wirkt auch gegen diejenigen, welche keine Rechte angemeldet haben (RG. 67 98); ein etwaiger Vorbehalt ist nur durch freiwilligen oder urteilsmäßigen Verzicht zu beseitigen (RG. 67 100).

Gegen den Beschluß ist kein Rechtsmittel, sondern nur Anfechtungsklage statthaft (A 119).

Neue Urkunde.

Art. 118.

An Stelle der für kraftlos erklärten Urkunde erhält der Antragsteller eine neue Urkunde.

Die neue Urkunde tritt in jeder Hinsicht an Stelle der zu Verlust gegangenen Urkunde; der Antragsteller wird durch die Aushändigung zum berechtigten Inhaber unbeschadet des etwaigen Vorbehalts.

Anfechtungsklage.

Art. 119.

Der Beschluß des Vorstandes, durch den die Urkunde für kraftlos erklärt wird, kann nur durch Klage nach Maßgabe der §§ 957, 958 der Zivilprozeßordnung angefochten werden. Zuständig ist das Landgericht oder, falls der in der Urkunde angegebene Betrag nicht die Summe von dreihundert Mark übersteigt, das Amtsgericht, in dessen Bezirke die Sparkasse ihren Sitz hat.

Das auf die Anfechtungsklage ergangene Urteil ist, soweit es die Kraftloserklärung aufhebt, nach dem Eintritte der Rechtskraft in der im Artikel 117 Abs. 3 für die Kraftloserklärung vorgeschriebenen Weise zu veröffentlichen.

1. Die sachliche Zuständigkeit des Landgerichts bleibt auf Grund des Vorbehalts A 102 II EGBGB. auch für Anfechtungsklagen mit einem Streitwert über 300—500 RM. bestehen ohne Rücksicht auf die reichsrechtliche Zuständigkeit des Amtsgerichts für vermögensrechtliche Streitigkeiten (§ 23 Ziff. 1 GVG.).

2. Einzelne Anfechtungsgründe:

a) § 957 Ziff. 2 ZPO. findet keine Anwendung auf die Wiederholung der Veröffentlichung, welche im Ermessen des Vorstandes steht (A 115 II),
b) § 957 Ziff. 3 ZPO. vgl. A 114,
c) § 957 Ziff. 4 ZPO. Auch auf den erkennenden Vorstand der Sparkasse finden die Vorschriften über den Ausschluß von der Ausübung des Richteramts (§ 41 ZPO.) entsprechende Anwendung.
d) § 957 Ziff. 5 ZPO. vgl. A 116 A. II 3.

3. Die Veröffentlichung des Urteils (Abs. 2) erfolgt durch die Geschäftsstelle des erkennenden Gerichts, nicht durch den Vorstand der Sparkasse.

Gebührenfreiheit, bare Auslagen.

Art. 120.

Die Kraftloserklärung und das vorangehende Verfahren sind gebührenfrei. Die baren Auslagen hat der Antragsteller zu tragen.

Für die Ausstellung der neuen Urkunde kann eine Gebühr bis zu fünfzig Pfennig erhoben werden.

Nach allgemeinen Vorschriften kann der Vorstand der Sparkasse einen Vorschuß für die voraussichtlichen Auslagen erheben.

Ältere Sparurkunden. **Art. 121.**

Die Vorschriften der Artikel 110 bis 120 finden auch auf die vor dem Inkrafttreten dieses Gesetzes ausgegebenen Sparurkunden Anwendung.

Als Übergangsvorschrift kaum mehr von Bedeutung.

Ansprüche aus Rechtsverhältnissen des öffentlichen Rechts und Grundgefällen.

Vorbemerkung: Es handelt sich hier ausschließlich um Leistungen, welche im bayerischen öffentlichen Recht wurzeln. Für Ansprüche des Reichs findet die Reichsabgabenordnung vom 13. XII. 1919 (RGBl. S. 1993) Anwendung.

Haftung des Grundstücks. **Art. 122.**

Für Leistungen, die auf Grund eines Rechtsverhältnisses des öffentlichen Rechtes von einem Grundstücke zu entrichten sind, haftet das Grundstück. Die Haftung für fällige Leistungen erlischt mit dem Ablaufe von zwei Jahren nach dem Eintritte des Zeitpunkts, von dem an die Leistung gefordert werden kann, wenn nicht vorher die Beschlagnahme des Grundstücks erfolgt ist.

1. Vorausgesetzt sind

a) Leistungen des öffentlichen Rechts, nicht bürgerlichrechtlichen Rechtes, gleichviel wer forderungsberechtigt ist: Staat, Gemeinde, Bezirk, Kreis, Kirchengemeinde;

b) welche von dem Grundstück zu entrichten sind: Grund- und Haussteuern, Grundwertabgaben (A 6 Ges. vom 30. VI. 1921, GVBl. S. 361), Bek. vom 17. IX. 1921 (GVBl. S. 477), vom 4. XII. 1923 (GVBl. S. 388) und vom 2. III. 1928 (GVBl. S. 38), Hauszinssteuern, Beiträge zur öffentlichen Brandversicherung (A 71 II BrandversG.), vgl. JMBl. 1917 Beibl. S. 271, Beiträge für die land- und forstwirtschaftliche Berufsgenossenschaft (A 123 Ausführungsges. zur Reichsversicherungsordnung vom 2. XII. 1912, GVBl. S. 1175, eingef. in den cob. Landesteilen GVBl. 1921 S. 527), Gebühren für Einrichtung einer Gas- und Wasserleitung entsprechend der Satzung; dagegen nicht Gebühren für Benützung dieser Leitungen (ObLG. 2 [384]), ferner nicht persönliche Leistungen: wie Einkommen-, Gewerbe-, Umsatz-, Kapitalertrags-, Erbschaftssteuern, Abgaben, Beiträge zur landwirtschaftlichen Berufsgenossenschaft und zur Krankenkasse, Holzgelder (ZfR. 1921 S. 167 ObLG. 29 [306, 588]), Kirchrechten (VGH. 25 [408], Steiner ZVG. § 10 B a S. 52), Hagelversicherungsbeiträge (A 4 HagelversGes. i. d. F. Bek. vom 12. II. 1930, GVBl. S. 112), a. M. JMBl. 1917 Beibl. S. 271.

2. Die dingliche Haftung ist insoferne von Bedeutung, als wegen der bezeichneten Leistungen auch gegen denjenigen Grundstückseigentümer eine Zwangsvollstreckung betrieben werden kann, welcher nicht persönlicher Schuldner ist (vgl. Art. 4, 6—8 AGZPO.). In Betracht kommt nur ein Grundstück, welches in Bayern

liegt, nebst Bestandteilen und Zubehör (§§ 93—98 BGB.). Der Umfang der dinglichen Haftung richtet sich nach den einschlägigen gesetzlichen Bestimmungen.

3. Die Dauer der Haftung wurde abgeändert durch Ges. vom 14. III. 1917 betr. die Haftung eines Grundstücks für öffentliche Lasten (GVBl. S. 58):

Art. 1.

Die Haftung eines Grundstücks für öffentliche Lasten (Art. 122 des Ausführungsgesetzes zum Bürgerlichen Gesetzbuche), die nicht in wiederkehrenden Leistungen bestehen, dauert bis auf weiteres solange, als der Anspruch auf die Leistung nicht erloschen ist. Diese Vorschrift findet keine Anwendung auf Leistungen, die am 1. Januar 1915 schon zwei Jahre rückständig waren.

Art. 2.

Durch Königliche Verordnung wird bestimmt, wann die Vorschrift des Art. 1 außer Kraft tritt. Ist in einem Zwangsversteigerungsverfahren die Beschlagnahme des Grundstücks vor diesem Zeitpunkte erfolgt, so bleibt für dieses Verfahren die Vorschrift des Artikel 1 in Geltung.

Durch Ges. vom 17. II. 1918 (GVBl. S. 61) wurden die Vorschriften des A 1 Satz 1 und des A 2 des obengenannten Gesetzes ausgedehnt auch auf wiederkehrende Leistungen, für die nach dem 1. VIII. 1914 von der zuständigen Behörde Ausstand gewährt worden ist.

Beide Gesetze wurden zunächst erlassen im Zusammenhang mit der Kriegswirtschaft.

Einführung in den coburgischen Landesteilen s. GVBl. 1922 S. 154.

4. Verschieden von dem Erlöschen der dinglichen Haftung ist die Verjährung des Anspruchs auf eine Geldleistung (s. A 124). Ansprüche aus Entrichtung öffentlicher Lasten genießen das Recht auf vorzugsweise Befriedigung aus dem Grundstück an dritter Rangstelle (§ 10 I Ziff. 3 ZVG., A 23, 24 AGZVG.).

Art. 123.

Die Staatskasse ist berechtigt, für ihre Ansprüche wegen fälliger öffentlicher Abgaben und Kosten eines Verfahrens die Eintragung einer Sicherungshypothek an den Grundstücken des Schuldners zu verlangen. Die Eintragung der Sicherungshypothek an mehreren Grundstücken darf nur soweit verlangt werden, daß der Wert der Grundstücke den zweifachen Betrag des zu sichernden Anspruchs erreicht; der Wert wird unter Abzug der Belastungen berechnet, welche der Sicherungshypothek im Range vorgehen.

Die Eintragung der Sicherungshypothek erfolgt auf das Ersuchen der Behörde, welcher die Beitreibung der Leistung obliegt.

1. Landesgesetzlicher Vorbehalt A 91 EGBGB.

2. Voraussetzung: Fälligkeit; Art der Ansprüche: Landessteuern, sonstige öffentliche Abgaben an den Staat nebst den Kosten, welche auf das Verfahren erwachsen, desgleichen an die Gemeinde (ObLG. 18 260, gemeindliche Besitzveränderungsabgabe, 23 A 82 = ZfR. 1924 139), den Bezirk und Kreis, die Kirchengemeinde, soweit sie durch staatliche Behörden eingezogen werden; dagegen nicht, soweit die Einziehung den Reichsbehörden obliegt, da insoweit die Reichsabgabenordnung Anwendung findet (s. A. 9 unten), welche einen Rechtsbehelf nach A 123

nicht kennt. Ausgeschlossen sind: Forstgefälle, Holzgelder (ZfR. 1921[167], ObLG. **29**[306, 588]), Beiträge zur land- und forstwirtschaftlichen Berufsgenossenschaft (ZfR. 1906[134]), Kosten eines mit dem Fiskus geführten Prozesses.

3. Inhalt und Form des Ersuchens (§§ 1113, 1190 BGB., § 39 GBO.).

4. Eintragung auf außerbayerischem Grundbesitze des Schuldners zulässig; dem Ersuchen hat jedes deutsche Grundbuchamt stattzugeben (Staudinger A 91 EGBGB. A. 3).

5. Der Nachweis, daß der lastenfreie Wert des Anwesens den zweifachen Betrag der Forderung nicht übersteigt, trifft den Gläubiger (ZfR. 1907[142]).

6. Die Eintragung darf über die Verschuldungsgrenze nicht hinausgehen, wenn auf dem Grundstück für ein Darlehen der Landeskulturrentenanstalt an Kriegsbeschädigte eine Hypothek und die Verschuldungsgrenze im Grundbuche eingetragen ist (A 2, 8—10 SiedlungsGes. vom 15. VII. 1916, GVBl. S. 135).

7. A 123 ist keine Maßregel der Zwangsvollstreckung; ist zulässig während des Konkurses (§§ 14, 15 KO.), jedoch den Konkursgläubigern gegenüber unwirksam (ObLG. **5**[249]) und unterliegt nicht der Beschränkung nach § 866 ZPO. (ObLG. **21** A[276]), nicht zulässig Vormerkung nach § 883 BGB. (ObLG. **21** A[276]).

8. Abtretung öffentlicher Abgaben nebst Nebenrechten zulässig (ZfR. 1911[486]).

9. Über die Zwangsvollstreckung wegen öffentlicher Abgaben und Kosten vgl. A 6, 7 AGZPO.; A 37 des Ges. vom 5. IX. 1927 zum Vollzuge des Finanzausgleichgesetzes (GVBl. S. 283), §§ 298ff. der Reichsabgabenordnung vom 13. XII. 1919 (RGBl. S. 1993).

Verjährung.

Art. 124.

Die aus Rechtsverhältnissen des öffentlichen Rechtes entstandenen Ansprüche des Staates, einer Gemeinde oder eines anderen Kommunalverbandes auf eine Geldzahlung erlöschen, soweit nicht ein anderes vorgeschrieben ist, mit dem Ablaufe von drei Jahren, wenn die Tatsachen festgestellt sind, auf welchen der Anspruch beruht. Die Frist beginnt mit dem Schlusse des Kalenderjahrs, in welchem der Zeitpunkt eintritt, von dem an die Leistung der festgestellten Tatsachen gefordert werden kann. Die Vorschriften über die Hemmung und die Unterbrechung der Verjährung finden entsprechende Anwendung.

Der Lauf der Frist wird auch durch die im Beitreibungsverfahren an den Pflichtigen gerichtete Aufforderung zur Zahlung unterbrochen.

Besteht für den Anspruch ein Pfandrecht oder eine Hypothek, so wird durch das Erlöschen des Anspruchs die Geltendmachung des Rechtes, Befriedigung aus dem verhafteten Gegenstande zu suchen, nicht gehindert.

1. Unter A 124 fallen öffentlichrechtliche Geldforderungen jeder Art, des Staates, einer Gemeinde oder eines anderen Kommunalverbandes, soweit sie auf Landesgesetzen beruhen (ObLG. **2**[499]): Steuern, Abgaben, Gebühren nebst Kosten.

Notariatsgebühren (ObLG. 7^{60}, 8^{229}), nicht: Gebühren des Notars (ObLG. 7^{60}, $14^{615, 617}$), hier Verjährungsfrist nach § 196^{I} Z. 15 BGB., welche im Kostenfestsetzungsverfahren nach A 50—52, 57—62 NotGes. zu berücksichtigen ist (ObLG. 8^{228}), Holzgelder (ZfR. 1921^{167} ObLG. **29** $^{306, 588}$), Ansprüche aus bürgerlichrechtlichen Rechtsgeschäften: Pacht-, Mietzins, Ansprüche, welche durch rechtskräftige Entscheidung festgestellt sind und der allgemeinen Verjährung von 30 Jahren unterliegen (§ 195 BGB., ObLG. **14**^{348}).

2. Der Lauf der Verjährungsfrist beginnt erst, wenn die Grundlage des Anspruchs — Grund und Höhe — in einer Weise feststeht, daß der geschuldete Betrag ziffernmäßig berechnet werden kann (ObLG. **14**$^{303, 465}$) bei Notariatsgebühren mit der Beurkundung des Rechtsgeschäfts (ObLG. **5**^{532}, **11**^{383}), bei Pflegschaften und Vormundschaften, wenn keine Rechnung gestellt wird, mit ihrer Beendigung (ObLG. **13**^{102}, **16** B^{46}).

Bei bestrittenen Ansprüchen tritt der Fristenlauf erst mit der gerichtlichen Feststellung ein (ObLG. **11**^{391}).

Die Finanzbehörde ist zwar nicht verpflichtet, bei Meidung des Erlöschens des Anspruchs den Grundstückswert feststellen zu lassen (ObLG. **16** B^{31}, **17** B^{120}), jedoch wird zu fordern sein, daß die Feststellung im laufenden Geschäftsverkehr binnen angemessener Frist zu erfolgen habe.

Für Nachholungen von Gebühren läuft die Verjährungsfrist erst mit der Feststellung dieses Gebührenanfalls (ObLG. **18** B^{55}).

3. Besondere Bestimmungen über die Verjährungsfrist bleiben unberührt.

4. Über Hemmung der Verjährung s. §§ 202—207 BGB., Unterbrechung der Verjährung s. §§ 208—217 BGB. Der Vornahme einer Vollstreckungshandlung (§ 209^{II} Ziff. 5 BGB.), unter welcher der Antrag auf Eintragung einer Vollstreckungshypothek (§ 866 ZPO.), aber nicht der Antrag auf Eintragung einer Sicherungshypothek fällt, ist die Zahlungsaufforderung an den Pflichtigen im Betreibungsverfahren gleichgestellt (Abs. 2).

5. Abs. 3: Fassung nach § 223^{I} BGB.

Art. 125.

Die aus Rechtsverhältnissen des öffentlichen Rechtes entstandenen Ansprüche gegen den Staat, eine Gemeinde oder einen anderen Kommunalverband auf eine Geldzahlung erlöschen, soweit nicht ein anderes vorgeschrieben ist, mit dem Ablaufe von drei Jahren. Die Frist beginnt mit dem Schlusse des Kalenderjahrs, in welchem der Zeitpunkt eintritt, von dem an die Leistung gefordert werden kann. Die Vorschriften über die Hemmung und die Unterbrechung der Verjährung finden entsprechende Anwendung.

Das Erlöschen ist ausgeschlossen, wenn der Empfangsberechtigte sich vor dem Ablaufe der Frist bei der Kasse, welche die Zahlung zu leisten hat, zum Empfange meldet.

Diese Vorschriften gelten insbesondere auch für die Ansprüche auf Rückerstattung mit Unrecht erhobener Abgaben oder Kosten eines Verfahrens.

1. Vorbehalt zu Abs. 3 s. A 104 EGBGB.

2. Zu den öffentlichrechtlichen Ansprüchen nach A 125 gehören die Forderungen für Besoldung, getrennte Haushaltführung, Ersatz an Reisekosten, Umzugskosten sowohl aus dem Beamtenverhältnis wie aus einem Dienstvertrag bei Verwendung zur Erfüllung öffentlicher Aufgaben des Staates,

nicht für sonstige Dienstleistungen: Vergütungsanspruch einer im Gefängnis angestellten Köchin, für Straßenreinigung vor Staatsgebäuden, Lohn der Staatsarbeiter, deren Verjährung sich nach § 196^{I} Ziff. 8 BGB. richtet.

3. Die Meldung bei der Kasse, welche Zahlung zu leisten hat, bedeutet eine Unterbrechung der Verjährung, ähnlich wie im Falle des § 209 BGB., Die regelmäßige Verjährungsfrist von 30 Jahren (§ 195 BGB.) kommt von diesem Zeitpunkte in Betracht.

4. Die Verjährung nach Abs. 3 beginnt mit dem Tage, an welchem die zurückzuerstattenden Abgaben oder Kosten gezahlt wurden (ObLG. **5** ^{700}).

5. Für Ansprüche, welche durch rechtskräftige Entscheidung festgestellt sind, gilt die allgemeine Verjährung von 30 Jahren (§ 195 BGB., ObLG. **14** ^{349}).

6. Für Ansprüche aus dem Beamtenverhältnis sind die ordentlichen Gerichte (A 129^{I} RV.), aus einem Arbeitsverhältnis das Arbeitsgericht (§ 2^{I} Ziff. 2 ArbGG.) zuständig. Der rechtliche Charakter des Rückersatzanspruches richtet sich nach dem zugrunde liegenden Rechtsverhältnis.

7. Nicht unter A 125 fallen die Gebühren für die Zeugen und Sachverständigen (Gebührenordnung f. Zeugen und Sachverständige, Bek. vom 21. XII. 1925, RGBl. I S. 471), da sie reichsrechtlich geregelt sind (Verjährung s. § 19 a.a.O.).

Art. 126.

Die Vorschriften des Artikel 124 finden auf die Ansprüche der Kirchen, der Geistlichen und der sonstigen Kirchenbediensteten wegen der Gebühren für kirchliche Handlungen, auf die Ansprüche einer Genossenschaft des öffentlichen Rechtes auf Leistungen, die den Mitgliedern aus dem Genossenschaftsverband obliegen, sowie auf die Ansprüche auf Brückenzölle, Pflasterzölle und ähnliche Abgaben, die infolge eines besonderen Rechtsverhältnisses an eine Privatperson zu entrichten sind, entsprechende Anwendung. An die Stelle der Feststellung der Tatsachen, auf welchen der Anspruch beruht, tritt die Fälligkeit des Anspruchs.

Auf die Ansprüche auf Rückerstattung mit Unrecht erhobener Leistungen der im Abs. 1 bezeichneten Art finden die Vorschriften des Artikel 125 Abs. 1 entsprechende Anwendung.

1. Landesgesetzlicher Vorbehalt wegen Abs. 2 A 104 EGBGB.

2. Unter die Ansprüche von A 126^{I} fallen die Stolgebühren, Gebühren für Benützung von ortskirchlichem Eigentum und ortskirchlichen Anstalten (A 15^{III} KGO.)., Beiträge zu öffentlichen Wassergenossenschaften (A 110, 124 des Wasserges. vom 23. III. 1907, GVBl. S. 157).

Für die Entrichtung von Brückenzöllen, Pflasterzöllen und ähnliche Abgaben an Private kann ein Pachtverhältnis maßgebend sein.

3. Wegen der Verjährung des Rückerstattungsanspruches s. A 125 A. 4.

Art. 127.

Die Vorschriften der Artikel 124 bis 126 gelten auch für noch nicht verjährte Ansprüche, die vor dem Inkrafttreten des Bürgerlichen Gesetzbuchs entstanden sind. Die Vorschriften des Artikel 169 des Einführungsgesetzes zum Bürgerlichen Gesetzbuche finden entsprechende Anwendung.

Als Übergangsbestimmung nunmehr gegenstandslos.

Die Vorschrift wurde in den coburgischen Landesteilen eingeführt mit dem Abmaße, daß an die Stelle der Worte „vor dem Inkrafttreten des Bürgerlichen Gesetzbuches" die Worte treten „vor dem Zeitpunkte der Einführung dieser Vorschriften in den vormals coburgischen Landesteilen".

Das Inkrafttreten des A 127 wurde auf 1. IV. 1922 bestimmt (s. A 1, Bek. vom 30. I. 1922, GVBl. S. 153); im übrigen vgl. Einleitung Ziff. III.

Art. 128.

Die Grundgefälle des Staates und der Ablösungskasse sowie die an deren Stelle getretenen Lasten bedürfen zur Erhaltung der Wirksamkeit gegenüber dem öffentlichen Glauben des Grundbuchs nicht der Eintragung in das Grundbuch.

Die Vorschriften der Artikel 123, 124, 127 gelten auch für die wiederkehrenden Leistungen aus den in Abs. 1 bezeichneten Lasten.

1. Die Grundgefälle des Staates und der Ablösungskasse sowie die an deren Stelle getretenen Lasten beruhen auf A 29^{II} Ablösungsges. vom 4. VI. 1848, A 17 Grundentlastungsges. vom 28. IV. 1872, Art. 6 Ges. 2. II. 1898 betr. die Fortsetzung der Grundentlastung; sie wurden nach der früheren Rechtsprechung als Reallasten aufgefaßt. Es handelt sich nur um öffentlichrechtliche Ansprüche.

Das Recht auf Begräbnis in einem fremden Grundstücke wird hieher zu rechnen sein (ZfR. 1912 S. 52). Vgl. im übrigen A 27^{II} AGGBO.

2. Für die Rückerstattung unrechtmäßig erhobener Grundgefälle ist nicht A 125^{II}, sondern § 812 ff. BGB. maßgebend (Henle-Schneider A. 2).

Angelegenheiten der freiwilligen Gerichtsbarkeit Art. 129—133.

Allgemeine Bestimmung.

Art. 129.

Die Vorschriften der §§ 2 bis 27, 29 bis 34 und des § 199 Abs. 2 des Gesetzes über die Angelegenheiten der freiwilligen Gerichtsbarkeit gelten, soweit nicht ein anderes vorgeschrieben ist, auch für diejenigen Angelegenheiten der freiwilligen Gerichtsbarkeit, für welche die landesgesetzlichen Vorschriften maßgebend sind. Eine Anfechtung der Entscheidungen des Obersten Landesgerichts als Beschwerdegerichts findet nicht statt.

1. Landesgesetzlicher Vorbehalt § 200 FGG.

2. Auf dem Gebiete der freiwilligen Gerichtsbarkeit kommt eine Tätigkeit des Gerichts noch in Betracht u. a. für

a) das Fideikommißrecht (Ges. vom 28. III. 1919 über die Aufhebung der Fideikommisse, GVBl. S. 114, Ausführungsverordnung vom 26. IX. 1919 zu dem vorbezeichneten Gesetze, GVBl. S. 647, Verordnung vom 23. I. 1924 über Zwangsvollstreckung in Fideikommißsachen, GVBl. S. 27),
b) das Ges. vom 31. III. 1908 betr. die Landeskulturrentenanstalt (GVBl. S. 234) und das Gesetz vom 5. VIII. 1922 betr. die Flurbereinigung (GVBl. S. 433),
c) das Gesetz vom 15. VI. 1898 über das Unschädlichkeitszeugnis (GVBl. S. 301),
d) die Feststellung von Realgewerbeberechtigungen (A 15 AGGVG.),
e) die amtliche Ermittlung des Wertes von Grundstücken (A 87),
f) die Feststellung des Datums einer Privaturkunde (A 33 AGZPO.),
g) die Rechtshilfe in Angelegenheiten, die vor deutschen Behörden nicht anhängig sind: z. B. in ausländischen Nachlaßsachen,
h) bestimmte, den Notaren zugewiesene Verrichtungen (A 33 NotGes.).

3. Im wesentlichen sind die allgemeinen Vorschriften des FGG. als anwendbar erklärt:

Zu § 12 FGG.: Der Amtsbetrieb des Gerichts erstreckt sich auf alle der Landesgesetzgebung überlassene Angelegenheiten (ObLG. **13**[419], [433]).

Zu § 16[II] FGG.: Für Zustellungen von Amts wegen vgl. Bek. vom 2. III. 1910 (JMBl. S. 195), Bek. vom 8. VI. 1921 (JMBl. S. 102), Bek. vom 22. V. 1924 (JMBl. S. 21, 44).

Zu § 20 FGG.: Minderjährige, welche das 14. Lebensjahr vollendet haben, können in Angelegenheiten, welche landesgesetzlich geregelt sind, selbständig keine Beschwerde einlegen, da A 129 sich nicht auf § 59 FGG. erstreckt (ObLG. **11**[341]).

Die Polizeibehörde hat gegenüber Beschlüssen über Feststellung von Realgewerbeberechtigungen kein Beschwerderecht (ObLG. **7**[66]).

Der Notar kann in einer Angelegenheit, in der er für den Beschwerdeführer einen Antrag beim Gericht erster Instanz gestellt hat, für letzteren, jedoch nicht im eigenen Namen Beschwerde einlegen (ObLG. **9**[493]); kein Beschwerderecht des Notars vom Gesichtspunkte der ihm obliegenden Urkundenverwahrung (7. Abschnitt NotGeschO.).

Zu § 22 FGG.: Rechtsirrtum und Rechtsunkenntnis als Grund für die Wiedereinsetzung in den vorigen Stand (ZfR. **1925** S. 289; vgl. Keidel, FGG. § 22 A. 3a).

Zu § 27 FGG.: Die weitere Beschwerde kann nicht auf neue Tatsachen, sondern nur darauf gestützt werden, daß das Gesetz verletzt ist (§§ 549, 550, 561 ZPO.; ObLG. **10**[318], [339], **20**[296]).

Zu § 29 FGG.: Vom Anwaltszwang befreit ist die weitere Beschwerde eines Notars, welcher in der Angelegenheit einen Antrag beim Gericht erster Instanz gestellt hat (ObLG. **9**[493], **11**[597], Keidel FGG. § 29 A. 4b). Die Geschäftsstelle eines an sich unzuständigen Amtsgerichts ist zur Entgegennahme der Beschwerde befugt, wenn sie vom Beschwerdegericht darum ersucht wird (ObLG. **23** A [183]).

4. Erinnerungen und Beschwerden gegen den Ansatz von Gebühren und Auslagen in Angelegenheiten der freiwilligen Gerichtsbarkeit sind keine Angelegenheit der freiwilligen Gerichtsbarkeit, sondern werden nach A 37^{II}, 38, 40, 44 des Kostengesetzes vom 16. II. 1921 (GVBl. S. 134) entschieden (ObLG. **2**[153], **5**[329], **8**[269]).

Abgrenzung gegenüber Justizverwaltungssachen: Gegen Verweigerung der Aufnahme eines gesonderten Protokolls durch das Nachlaßgericht Dienstaufsichtsbeschwerde (ZfR. **1908**[416]). Über die Abgabe der Akten eines Fideikommißgerichts zu einem Privatklageverfahren entscheidet die Justizverwaltungsbehörde (ObLG. **22** A [119]).

Zwangsmaßregeln. **Art. 130.**

In den Angelegenheiten der freiwilligen Gerichtsbarkeit ist, soweit nicht ein anderes vorgeschrieben ist, die Anwendung unmittelbaren Zwanges zum Vollzug einer Verfügung zulässig, durch welche die Herausgabe einer Sache oder der Person eines Kindes, Mündels oder Pflegebefohlenen oder eine Maßregel angeordnet wird, deren Ausführung die Anwendung unmittelbaren Zwanges erfordert.

Die Zwangsmaßregeln werden von dem Gericht erster Instanz angeordnet.

Wird die herauszugebende Person oder Sache nicht vorgefunden, so kann der zur Herausgabe Verpflichtete zur Leistung des Offenbarungseids angehalten werden. Die Vorschriften des § 883 Abs. 2, 3, des § 900 Abs. 1 und der §§ 901, 902, 904 bis 910, 912, 913 der Zivilprozeßordnung finden entsprechende Anwendung.

1. Im Reichsrecht sind für die Erzwingung von Handlungen in einzelnen Fällen nur Ordnungsstrafen angedroht (§§ 1670, 1760, 1844 BGB., § 83 FGG.). Die Anwendung unmittelbaren Zwangs zur Durchführung gerichtlicher Anordnungen ist dagegen nicht vorgesehen. Landesgesetzliche Vorschriften hierüber sind nach § 200 FGG. zulässig.

2. Vorausgesetzt wird eine vollstreckbare Verfügung des zuständigen Gerichts. Das Beschwerdegericht kann Zwangsmaßregeln nicht anordnen (Abs. 2).

3. Anwendungsfälle:

a) Herausgabe eines Erbscheines, dessen Einziehung angeordnet ist (§§ 2259, 2361^{I} BGB., § 46 NachlO.).

b) Anordnungen nach §§ 1631^{I}, 1635^{I}, 1666, 1838, 1636 BGB.; Beispiel nach § 1666 ObLGR. **22** A [168], nach § 1636 BGB., ZfR. 1925 S. 44.

Dagegen fallen nicht hierunter Anordnungen des Prozeßgerichts nach § 627 ZPO. im Ehescheidungsprozeß oder einstweilige Verfügungen nach § 940 ZPO. im Prozeß über die Herausgabe eines Kindes, da hiefür die Bestimmungen der ZPO. über die Zwangsvollstreckung maßgebend sind (vgl. § 883 ZPO.).

Für die Ausführung der Schutzaufsicht (§ 58 Ges. vom 9. VII. 1922 über Jugendwohlfahrt = JWG., RGBl. S. 633) und die Fürsorgeerziehung (§§ 63, 67 JWG.) sind besondere Bestimmungen getroffen (§ 60 JWG., Art. 30—36 Jugendamtsges. vom 20. VII. 1925, GVBl. S. 211). Die Polizeibehörde bedarf bei Zwangsmaßnahmen gegen Jugendliche stets einer besonderen gesetzlichen Ermächtigung (A 114 RV.; Schiedermair A 42 A. 3 JAG.).

4. Die Anwendung des Zwanges ist unabhängig von anderen Rechtsbehelfen, wie Ordnungsstrafen; eine Androhung ist nur in § 46 NachlO. vorgeschrieben. Böhm-Klein A. 4, Henle-Schneider A. 5 erachten eine vorherige Androhung auch sonst als im Sinne des Gesetzes liegend (vgl. § 33 FGG.). Jedoch wird gerade hiedurch die Durchführung der Zwangsmaßregel häufig gefährdet.

5. Die Anordnung der Haft zur Erzwingung des Offenbarungseides ist zulässig (§ 901 ZPO.).

6. Für die Rechtsmittel ist auch in den Fällen, in denen einzelne Vorschriften der ZPO. als entsprechend anwendbar erklärt sind, Art. 129 mit §§ 19ff. FGG. maßgebend.

7. Kostenentscheidung s. A 131, 133.

Art. 131.

In den Angelegenheiten der freiwilligen Gerichtsbarkeit, mit Einschluß der Grundbuchsachen, sind die Kosten, soweit nicht besondere Vorschriften bestehen, von demjenigen zu tragen, in dessen Angelegenheit die amtliche Verrichtung stattfindet. Die einem anderen Beteiligten entstandenen Kosten sind diesem zu erstatten, soweit die gemachten Aufwendungen zur zweckentsprechenden Erledigung der Angelegenheit notwendig waren.

Die durch einen unbegründeten Antrag, eine unbegründete Beschwerde oder durch Verschulden eines Beteiligten verursachten Kosten, mit Einschluß der Aufwendungen eines anderen Beteiligten, soweit diese den Umständen nach notwendig waren, fallen dem Beteiligten zur Last, der sie verursacht hat. Die Vorschriften des § 91 Abs. 1 Satz 2, des § 100 Abs. 1, 2 und des § 102 der Zivilprozeßordnung finden entsprechende Anwendung.

I. Über die Kosten in Angelegenheiten der freiwilligen Gerichtsbarkeit ist reichsgesetzlich keine Regelung getroffen. Nach § 200 FGG. können daher durch die Landesgesetzgebung hierüber Vorschriften erlassen werden.

II. Verpflichtung zur Kostentragung:

1. Das Verfahren der freiwilligen Gerichtsbarkeit spielt sich zumeist nicht im Rahmen von entgegengesetzten Anträgen ab. Dem Wesen der Sache entspricht es, daß in erster Linie die Kosten demjenigen aufzuerlegen sind, in dessen Angelegenheit die amtliche Verrichtung stattfindet.

Dies gilt insbesondere, wenn das Gericht von Amts wegen tätig geworden ist (ObLG. **20** A [175]), bei einer vorläufigen Vormundschaft (§ 1906 BGB.), welche durch Zurücknahme oder Zurückweisung des Entmündigungsantrages beendigt wird (ObLG. **17** B[166], **21** A[337]), bei Anordnungen nach §§ 1635, 1636 BGB., selbst wenn sie durch Anträge eines Elternteiles veranlaßt wurden (ObLG. **13**[557], **19** A[316], **20** A[175], **23** A[44]; ZfR. **1928** [124]), Akteneinsicht (ObLG. **10**[71], **13**[424]).

Die Anmeldung zum Registeramt ist eine persönliche Angelegenheit desjenigen, welcher hiezu verpflichtet ist, nicht eine Angelegenheit der Gesellschaft oder des Vereins (ObLG. **7**[446, 618]).

Nicht unter A 131^I fallen die Kosten, welche den Eltern durch den Verkehr mit den Kindern entstehen (ZfR. **1928**[278]).

2. Der Grundsatz des § 91 ZPO. kommt zur Anwendung, wenn ein Antrag als unbegründet abgewiesen wird. Die Kosten hiefür treffen den Antragsteller. Ein unbegründeter Antrag liegt auch vor, wenn das angegangene Gericht zur Behandlung und Entscheidung nicht zuständig ist (a. M. ObLG. **13**[375]).

3. Die Kosten einer unbegründeten Beschwerde hat als unterliegender Teil der Beschwerdeführer zu tragen (§ 97 ZPO.), auch bei einer Angelegenheit, welche von Amts wegen eingeleitet wurde (ObLG. **11**[274, 281]). Seine Kostenpflicht ergibt sich ferner, wenn sich die Beschwerde im wesentlichen als unbegründet erwies (ObLG. **10**[365], **11**[50]). Dringt hiegegen die Beschwerde durch, so findet Abs. 1 Anwendung (ObLG. **16** A [21]).

4. Abgesehen hievon sind dem Beteiligten jeweils diejenigen Kosten aufzuerlegen, welche durch sein Verschulden entstanden sind, z. B. ein Beteiligter veranlaßt durch unwahre Angaben oder durch hartnäckiges Verhalten gerichtliche Anordnungen. Immerhin handelt es sich auch hier nur um Kosten des gerichtlichen Verfahrens.

5. Bei Anträgen von Beiständen und Bevollmächtigten (§ 13 FGG.) und eines Notars (ObLG. **9**[493], **21** A[296]) ist der Vertretene kostenpflichtig. Jedoch können Rechtsanwälten und anderen bevollmächtigten gesetzlichen Vertretern, ferner Urkundsbeamten und Gerichtsvollziehern diejenigen Kosten auferlegt werden, welche sie durch grobes Verschulden veranlaßt haben (§ 102 ZPO.).

6. Die Verpflichtung zur Kostentragung umfaßt in den Fällen auch die einem anderen Beteiligten erwachsenen Kosten, soweit sie nach den Umständen notwendig waren. Hiebei ist die Erstattungsfähigkeit der Kosten eines Rechtsanwalts vom Gesichtspunkte der Notwendigkeit besonders zu prüfen da § 91 Abs. 2 ZPO. nicht entsprechend anwendbar ist (ObLG. **13**[424, 425]).

7. Besteht der unterliegende Teil aus mehreren Personen, so haften sie nach Kopfteilen, vorbehaltlich einer besonderen Kostenentscheidung nach dem Maßstabe der Beteiligung (§ 100^{I, II} ZPO.).

8. Eine Überbürdung der Kosten auf die Staatskasse kommt nicht in Betracht, selbst wenn das Gericht von Amts wegen tätig geworden ist (ObLG. **8**[349], **10**[171], **15**[325]).

9. Die Entscheidung über die Kosten kann auch erlassen werden, wenn die Hauptsache erledigt ist.

10. Als Rechtsbehelf kommt die Beschwerde in Betracht (A 129, § 20 FGG.). Eine gesonderte Anfechtung der Entscheidung über die Kosten ist zulässig (ObLG. **5**[511], **15**[325], **27** A[202]).

III. 1. Die Festsetzung der Kosten erfolgt nach A 133.

2. Die Bewilligung des Armenrechts ist zulässig (§ 14 FGG. A 129), ebenso die Bewilligung von Gebührenfreiheit nach § 6 des Gerichtskostengesetzes (ObLG. **8**[239]). Wegen Notariatssachen vgl. A 53 NotGes., A 4^II des Kostengesetzes vom 16. II. 1921 (GVBl. S. 134 = KostG.); wegen der Gerichtsgebühren vgl. A 30—41 KostG.; wegen der Gebühren der Rechtsanwälte vgl. VO. vom 26. III. 1902 (GVBl. S. 113).

3. Wegen Anwendung der ZPO. bei Gebührensachen in Angelegenheiten der freiwilligen Gerichtsbarkeit s. A 129 A. 4.

4. Die Angelegenheiten der Fürsorgeerziehung sind gebühren- und stempelfrei (§ 74 JWG.), das gleiche gilt für die Verhandlungen und Beschlüsse zur Ausführung der FE. (A 41 JWG.). Die Kosten der FE. fallen dem Landesfürsorgeverband zur Last (A 38^I JWG.). Erstattungspflicht des Minderjährigen oder Unterhaltspflichtigen (A 38^II JWG.).

Art. 132.

Die Kosten der Auseinandersetzung in Ansehung eines Nachlasses oder des Gesamtguts einer aufgehobenen ehelichen oder fortgesetzten Gütergemeinschaft fallen, soweit sie durch das gemeinschaftliche Verfahren entstehen, bei der Auseinandersetzung in Ansehung eines Nachlasses dem Nachlasse, bei der Auseinandersetzung in Ansehung des Gesamtguts einer aufgehobenen ehelichen oder fortgesetzten Gütergemeinschaft dem Gesamtgute zur Last.

1. Neufassung nach A 11^II NachlG. vom 9. VIII. 1902 (GVBl. S. 463).

2. Über Auseinandersetzung in Ansehung des Nachlasses s. §§ 86, 193 FGG., Art. 6, 8 NachlG., über Auseinandersetzung in Ansehung des Gesamtgutes einer aufgehobenen oder fortgesetzten Gütergemeinschaft s. § 99 FGG.

3. Unter die Kosten des gemeinschaftlichen Verfahrens fallen auch die Kosten für einen unbekannten Erben (§ 1836 BGB., ZfR. 1916 S. 298), nicht die Kosten, welche einem einzelnen Beteiligten erwachsen.

4. Festsetzung der Kosten A 133.

Art. 133.

Die Kosten, welche einem Beteiligten zu erstatten sind, werden auf Antrag durch das Gericht erster Instanz, in Vormundschaftssachen, falls ein Familienrat bestellt ist, durch den Vorsitzenden festgesetzt. Gegen die Verfügung, durch welche die Festsetzung erfolgt, findet die sofortige Beschwerde statt.

Aus der Verfügung, durch welche die zu erstattenden Kosten festgesetzt werden, findet die Zwangsvollstreckung nach den Vorschriften statt, welche für die Zwangsvollstreckung aus den in bürgerlichen Rechtsstreitigkeiten erlassenen Kostenfestsetzungsbeschlüssen gelten.

1. Während A 131 die Feststellung der Kostenpflicht zum Gegenstande hat, befaßt sich A 133 mit der Festsetzung der Kosten.

2. Über Familienrat vgl. §§ 1858—1881 BGB. Vorsitzender des Familienrats ist der Vormundschaftsrichter (§ 1860 BGB.).

3. Über sofortige Beschwerde vgl. A 129 § 22 FGG.

4. Für die Zwangsvollstreckung sind einschlägig: § 801 ZPO. Vorbehalt für landesgesetzliche Vollstreckungstitel, § 794^I 5a ZPO. Kostenfestsetzungsbeschlüsse als Vollstreckungstitel, § 795 ZPO. Anwendung der §§ 724—793 ZPO., soweit sich nicht aus §§ 795a—800 ZPO. Abänderungen ergeben, § 797 ZPO. Erteilung vollstreckbarer Ausfertigungen, § 798 ZPO. Zustellung des Kostenfestsetzungsbeschlusses.

Einsicht des Grundsteuerkatasters, des Bergwerksverleihungsbuchs und der Fideikommißmatrikel.

Art. 134.

Die Einsicht des Grundsteuerkatasters und des Verleihungsbuchs der Bergbehörde ist jedem gestattet. Von den Eintragungen kann eine Abschrift gefordert werden; die Abschrift ist auf Verlangen zu beglaubigen. Von den zu dem Kataster oder den Büchern gehörigen Plänen und Messungsverzeichnissen können Auszüge gefordert werden; die Auszüge sind auf Verlangen zu beglaubigen.

Auf das Recht, von der Fideikommißmatrikel, den Urkunden, auf die in der Fideikommißmatrikel zur Ergänzung einer Eintragung Bezug genommen ist, und den noch nicht erledigten Eintragungsanträgen Einsicht zu nehmen und von den Eintragungen, den Urkunden und den Anträgen Abschrift zu fordern, finden die für das Grundbuch, die Urkunden, auf die im Grundbuche zur Ergänzung einer Eintragung Bezug genommen ist, und die noch nicht erledigten Anträge auf Eintragung in das Grundbuch geltenden Vorschriften entsprechende Anwendung.

1. Über Grundsteuerkataster vgl. §§ 61 ff. des Grundsteuerges. i. d. Fassung vom 4. XI. 1910 (GVBl. S. 1042).

2. Fideikommißrecht s. Ges. vom 28. III. 1919 über die Aufhebung der Fideikommisse, GVBl. S. 114, Ausführungsverordnung zu diesem Gesetze vom 26. IX. 1919, GVBl. S. 647.

Entsprechend anwendbar sind § 11 GBO., § 536 GBDA. für die Fideikommißmatrikel, welche auf Grund der früheren Gesetze geführt wurden, nebst Eintragungen, Urkunden und Anträgen.

Änderungen der seit 1818 erlassenen Gesetze. Verfassungsurkunde.

Art. 135.

Die Verfassungsurkunde vom 26. Mai 1818 wird dahin geändert:

I. Titel V § 4 Abs. 2 Nr. 4 und § 5 werden aufgehoben.

II. In der VII. Beilage erhält

1. der § 14 Abs. 3 folgende Fassung:

Die Anfechtung der Entscheidungen richtet sich nach den für die Beschwerde in Angelegenheiten der freiwilligen Gerichtsbarkeit geltenden Vorschriften.

2. Der § 28 Satz 2 und der § 109 werden aufgehoben.

III. Die VIII. Beilage wird aufgehoben.

In der Pfalz können Familienfideikommisse auch in Zukunft nicht errichtet werden.

1. Die Verfassungsurkunde vom 26. Mai 1818 ist aufgehoben durch § 94 VU.

2. Abs. 2 ist gegenstandslos im Hinblick auf A 155 II RV., Ges. vom 28. III. 1919 betr. die Aufhebung der Fideikommisse (GVBl. S. 114) vgl. A 1 A. II 3.

Grundsteuergesetz.

Art. 136.

Das Gesetz vom 15. August 1828, die allgemeine Grundsteuer betreffend, in der Fassung der Bekanntmachung vom 10. Juni 1881 wird dahin geändert:

I. Als § 71a werden folgende Vorschriften eingestellt:

Die Umschreibung eines Grundstücks auf einen neuen Besitzer setzt den Nachweis voraus, daß der neue Besitzer Eigentümer des Grundstücks ist.

Die Umschreibung auf den neuen Besitzer erfolgt, wenn zu dem Erwerbe des Eigentums die Eintragung in das Grundbuch erforderlich ist, auf Grund der Eintragung im Grundbuche, In den übrigen Fällen muß das Eigentum des neuen Besitzers in der für die Eintragung in das Grundbuch vorgeschriebenen Weise nachgewiesen werden.

Zur Eintragung einer Änderung in dem Bestand eines Grundstücks, abgesehen von der Vereinigung ganzer Grundstücke, insbesondere zur Eintragung einer Teilung, ist die Vorlage eines von der Messungsbehörde angefertigten Planes, in welchem die Änderung ersichtlich gemacht ist, und eines Auszugs aus dem Messungsverzeichnis erforderlich.

II. Der § 72 erhält folgende Fassung:

Jede Änderung, durch die nach § 71 eine Umschreibung veranlaßt wird, ist bei der Umschreibbehörde anzumelden.

Die Anmeldepflicht obliegt bei Änderungen, zu denen die Eintragung in das Grundbuch erforderlich ist, den Grundbuchämtern, bei anderen Änderungen den Behörden oder Notaren, von welchen eine die Änderung betreffende Urkunde aufgenommen oder eine die Änderung betreffende Entscheidung erlassen wird, im Falle einer neuen Messung der Messungsbehörde, in den übrigen Fällen den Parteien.

Die Art der Anmeldung wird durch Ministerialvorschrift bestimmt.

III. Der § 73 Abs. 1 erhält folgende Fassung:

Unterlassen die Parteien die ihnen nach § 72 Abs. 2 obliegende Anmeldung, so hat die Umschreibbehörde sie unter Festsetzung einer Frist von mindestens zwei Wochen und Androhung der im § 74 bestimmten Ordnungsstrafe zu der Anmeldung aufzufordern.

IV. Der § 81 erhält folgenden Absatz 3:

Überläßt der Eigentümer das Grundstück einem anderen ohne Übertragung des Eigentums zum Eigenbesitze, so bleibt er neben dem Besitzer für die Grundsteuer haftbar.

V. Der § 116 Abs. 2, 3 wird aufgehoben.

Neufassung nach Gesetz vom 4. XI. 1910 (GVBl. S. 1029) nebst Änderungen nach Ges. vom 27. XI. 1921 (GVBl. S. 411) und Ges. vom 18. VII. 1923 (GVBl. S. 237).

Haussteuergesetz.

Art. 137.

In dem Gesetze vom 15. August 1828, die allgemeine Haussteuer betreffend, in der Fassung der Bekanntmachung vom 10. Juni 1881 wird der § 37 II, III aufgehoben.

Für die aufgehobenen Vorschriften vgl. A 122, 124, 125.

Nunmehr Haussteuergesetz vom 17. VIII. 1918 (GVBl. S. 858) mit Änderungen nach Ges. vom 16. VIII. 1919 (GVBl. S. 564), Ges. vom 27. VII. 1921 (GVBl. S. 421), Ges. vom 18. VII. 1923 (GVBl. S. 237), Ges. vom 9. VII. 1926 (GVBl. S. 383).

Forststrafgesetz für die Pfalz. **Art. 138.**

Das Forststrafgesetz für die Pfalz vom 28. Dezember 1831 in der Fassung der Bekanntmachung vom 2. Oktober 1879 und des Gesetzes vom 17. Juni 1896 wird dahin abgeändert:

I. Im Artikel 8 wird der Satz 2 durch folgenden Abs. 2 ersetzt:

Diese Verfügung ist jedoch in Betreff der Strafe auf Personen einer und derselben Familie (Artikel 13 Abs. 1 Ziff. 1 bis 5) nicht anwendbar, welche gemeinschaftlich einen Forstfrevel nach Art. 19, 22 oder 23 begehen; diese werden solidarisch in die Strafe verurteilt. In dem Urteil oder den Strafbefehlen ist auszusprechen, gegen welchen oder welche Frevler die Umwandlung der Geldstrafe in Haftstrafe einzutreten hat, wenn erstere nicht beigetrieben werden kann. Geschieht die Umwandlung gleichzeitig gegen mehrere dieser Frevler, so darf dennoch die von den einzelnen zu erstehende Haft zusammengerechnet die nach Art. 5 der Geldstrafe entsprechende Dauer nicht überschreiten.

II. Der Artikel 13 Abs. 1 erhält folgende Fassung:

Als zivilverantwortlich sind außer dem Forstfrevler vorzuladen und als haftbar für Geldstrafe, Wert- und Schadensersatz, dann für die Kosten — vorbehaltlich des Rückgriffs, wo ein solcher statthat — mitzuverurteilen:

1. die Ehemänner wegen der Frevel ihrer bei ihnen wohnenden Ehefrauen;
2. die Väter und nach ihrem Tode die Mütter wegen der Frevel ihrer bei ihnen wohnenden und noch unverheirateten Kinder (leibliche Kinder, Stief-, Adoptiv- und Pflegekinder);
3. die Vormünder und Pfleger sowie überhaupt diejenigen, welchen Minderjährige in Pflege gegeben sind, wegen der Frevel der bei ihnen wohnenden Pflegebefohlenen;
4. die Dienstherrschaften wegen der Frevel ihrer bei ihnen wohnenden Dienstboten;
5. die Lehrmeister und Gewerbsleute wegen der Frevel ihrer Zöglinge, Gesellen und Gehilfen, solange diese Personen unter ihrer Aufsicht stehen;

6. die Geschäftsgeber wegen der Frevel ihrer Arbeiter und Geschäftsträger, wenn der Frevel in oder bei der Ausführung der aufgetragenen oder anvertrauten Verrichtungen geschah.

III. Im Artikel 16 wird
1. der Eingang des Abs. 1 dahin geändert:
Die öffentliche Klage wegen Forstfrevels verjährt:
2. der Abs. 3 aufgehoben.

IV. Im Artikel 26 erhält der Abs. 4 folgenden Zusatz:
Hiebei finden die Bestimmungen des Art. 8 Abs. 2 Satz 2 und 3 gleichmäßige Anwendung.

V. Der Artikel 66 erhält folgende Fassung:
Die Vorladung des Angeklagten sowie der zivilverantwortlichen Personen muß enthalten:
1. Namen, Stand, Wohn- oder Aufenthaltsort des Vorzuladenden;
2. eine kurze Bezeichnung der Forstrügesache;
3. die beantragte Strafe und Entschädigung;
4. Tag und Stunde der Verhandlung;
5. den Hinweis darauf, daß gegen den Angeklagten und gegen die zivilverantwortliche Person auch dann, wenn weder sie noch Bevollmächtigte erscheinen, zur Hauptverhandlung geschritten würde.

VI. Der Artikel 67 erhält folgende Fassung:
Die Zustellung der Vorladung hat wenigstens drei Tage vor der Sitzung zu geschehen.
In Fällen, in denen Gefahr auf Verzug ist, kann der Richter die Abkürzung der im Abs. 1 bestimmten Frist verfügen; von der Verfügung ist in der Vorladung Mitteilung zu machen.

VII. Der Artikel 91 erhält folgende Abs. 2, 3:
Für die durch den Gerichtsdiener erfolgenden Zustellungen in dem Verfahren vor den Amtsgerichten kann das Staatsministerium der Justiz anordnen, daß das Schriftstück offen übergeben wird, und eine abgekürzte Beurkundung in tabellarischer Form vorschreiben.
Das offen zu übergebende Schriftstück wird mit der Geschäftsnummer bezeichnet, unter der es in dem zur Beurkundung der Zustellung bestimmten Verzeichnis eingetragen ist. Der Tag der Zustellung ist auf dem Schriftstücke zu vermerken.

VIII. Der Artikel 68 wird aufgehoben.

Änderungen nach Ges. vom 5. XI. 1920 (GVBl. S. 465), Ges. vom 10. VIII. 1923 (GVBl. S. 253), Ges. vom 9. II. 1924 (GVBl. S. 27).

Zwangsabtretungsgesetz. **Art. 139.**

Das Gesetz vom 17. November 1837, die Zwangsabtretung von Grund-Eigentum für öffentliche Zwecke betreffend, wird dahin geändert:

I. Im Artikel XV werden

1. im Satz 2 die Worte: „durch Anschlagung an dem Gerichtssitze und in sämtlichen beteiligten Gemeinden" ersetzt durch die Worte:

„durch Veröffentlichung in dem ihr zu amtlichen Kundmachungen dienenden Blatte und durch Anheftung in den beteiligten Gemeinden",

2. in der Ziff. 2 des Satz 3 die Worte: „für die Angerufenen" ersetzt durch die Worte:

„für die Abtretungspflichtigen",

3. als Ziff. 3 folgende Vorschrift beigefügt:

3. für die übrigen Beteiligten, in der Voraussetzung des Erschienenseins der Anrufenden, Ausschließung mit den etwaigen Einwendungen gegen die angesprochene Abtretung.

4. folgende Vorschriften als Abs. 2, 3 eingestellt:

Die schriftliche Mitteilung an die Beteiltigten und die Antragsteller oder deren Vertreter ist durch die Gemeindebehörde oder durch die Post gegen Nachweis zuzustellen. Die Zustellung unterbleibt, wenn der Wohnort der zu ladenden Person nicht bekannt ist.

Soweit die im Artikel XI bezeichneten Beteiligten nicht im Grundbuch eingetragen sind, werden sie nur berücksichtigt, wenn sie Erben eines eingetragenen Berechtigten sind oder wenn ihre Rechte angemeldet und auf Verlangen der Distriktspolizeibehörde glaubhaft gemacht sind. Die Rechtswirksamkeit der Ladung ist bei den im Artikel XI bezeichneten Beteiligten von der Zustellung der schriftlichen Mitteilung nur abhängig, wenn der Beteiligte sich zur Teilnahme an dem Verfahren gemeldet und erforderlichen Falles sein Recht glaubhaft gemacht hat.

II. Der Eingang des Artikel XVI hat zu lauten:

Die Distriktspolizeibehörde hat, sobald die Ladung erfolgt ist, bezüglich der in Anspruch genommenen Gegenstände . . .

III. Der Artikel XXII Ziff. 1 bis 4 wird aufgehoben.

Nach A 7 Ziff. 12 RV. ist dem Reich die Gesetzgebung über das Enteignungsrecht vorbehalten.

In Ermangelung eines besonderen Reichsgesetzes über den Rechtsstoff bleibt der Vorbehalt des A 109 EGBGB. unberührt.

Im näheren stellt A 153 II RV. folgenden Programmsatz auf:

Die Enteignung kann nur zum Wohle der Allgemeinheit und auf gesetzlicher Grundlage vorgenommen werden. Sie erfolgt gegen angemessene Entschädigung, soweit nicht ein Reichsgesetz etwas anderes bestimmt. Wegen der Höhe der Entschädigung ist im Streitfall der Rechtsweg bei den ordentlichen Gerichten offenzuhalten, soweit Reichsgesetze nicht anderes bestimmen.

Das Gesetz über die Zwangsabtretung von Grundeigentum für öffentliche Zwecke vom 17. XI 1837 (GVBl. S. 109) nebst den späteren Abänderungen, insbesondere durch Ges. vom 13. VIII. 1910 (GVBl. S. 621) und vom 9. V. 1918 (GVBl. S. 289) hält sich im Rahmen der verfassungsmäßigen Programmvorschrift.

Landtagswahlgesetz.

Art. 140.

Der Artikel 5 Abs. 2 Ziff. 1 des Gesetzes vom 4. Juni 1848, die Wahl der Landtags-Abgeordneten betreffend, in der Fassung der Bekanntmachung vom 22. März 1881 erhält folgende Fassung:

1. Personen, welche entmündigt oder nach § 1906 des Bürgerlichen Gesetzbuchs unter vorläufige Vormundschaft gestellt sind.

Das Landtagswahlgesetz ist nunmehr aufgehoben durch § 94 VU.

Ablösungsgesetz.

Art. 141.

Das Gesetz vom 4. Juni 1848 über die Aufhebung der standes- und gutsherrlichen Gerichtsbarkeit, dann die Aufhebung, Fixierung und Ablösung von Grundlasten wird dahin geändert:

I. Der Artikel 29 Abs. 2 Satz 1 erhält folgende Fassung:

Solche Bodenzinskapitalien haben denselben Rang wie die Grundrenten, an deren Stelle sie treten.

II. Der Artikel 30 Abs. 2 Satz 1 erhält folgende Fassung:

Solche Annuitäten haben den Rang der Gefälle, an deren Stelle sie getreten sind.

Vgl. A 113 EGBGB.

Aufruhrschadensgesetz.

Art. 142.

Die noch geltenden Vorschriften des Gesetzes vom 12. März 1850, die Verpflichtung zum Ersatze des bei Aufläufen diesseits des Rheins verursachten Schadens betreffend, werden auf die Pfalz erstreckt.

Die Schließung einer gütlichen Übereinkunft mit dem Beschädigten nach Artikel 4 Abs. 1 und die Verteilung der Umlage auf die Pflichtigen nach Artikel 10 Abs. 1 des Gesetzes vom 12. März 1850 erfolgt in der Pfalz durch den Gemeinderat.

Nunmehr Tumultschädengesetz vom 12. V. 1920 (RGBl. S. 941), ferner Personenschadensgesetz vom 12. VII. 1922 (RGBl. I S. 620).

Jagdgesetz.

Art. 143.

Das Gesetz vom 30. März 1850, die Ausübung der Jagd betreffend, wird dahin geändert:

I. Als Artikel 1a werden folgende Vorschriften eingestellt:

Dem Jagdrecht unterliegen die wilden Säugetiere und Vögel, deren Fleisch, Pelzwerk oder Gefieder verwertet zu werden pflegt oder die als Raubtiere diesem Wilde nachstellen. Die Tiergattungen, welche zu dem jagdbaren Wilde gehören, können durch Königliche Verordnung bestimmt werden.

Das ausschließliche Recht des Jagdberechtigten erstreckt sich auf die verendeten Tiere sowie auf die Eier des Federwildes.

II. Im Artikel 18 erhält die Ziff. 1 folgende Fassung:

1. den wegen Geisteskrankheit oder Geistesschwäche Entmündigten und den notorisch Geisteskranken.

III. Im Artikel 19 erhält die Ziff. 1 folgende Fassung:

1. den Minderjährigen, den wegen Verschwendung oder wegen Trunksucht Entmündigten und den nach § 1906 des Bürgerlichen Gesetzbuchs unter vorläufige Vormundschaft gestellten Personen.

Die in der Ziff. I enthaltenen Vorschriften gelten auch für die Pfalz.

Schrifttum: Behr, Bayer. Jagdgesetz 2. Aufl.; Pollwein, Bayerisches Jagdgesetz 11. Aufl.

Weitere Änderung nach Ges. vom 22. I. 1924.

Einführung in den coburgischen Landesteilen GVBl. 1921 S. 258.

Ein neues Jagdgesetz, welches auch auf die Pfalz ausgedehnt werden soll, wird vorbereitet.

Wildschadensgesetz.

Art. 144.

Das Gesetz vom 15. Juni 1850, den Ersatz des Wildschadens betreffend, wird dahin geändert:

I. Der Artikel 1 erhält folgende Fassung:

Die Vorschriften des Bürgerlichen Gesetzbuchs über die Verpflichtung zum Ersatze des Wildschadens werden durch die folgenden Bestimmungen ergänzt.

II. Der Artikel 2 erhält folgende Fassung:

Die Ersatzpflicht erstreckt sich auf den Schaden, welcher durch jagdbare Säugetiere anderer als der im Bürgerlichen Gesetzbuche bezeichneten Gattungen angerichtet wird.

III. Der Artikel 3 Abs. 1, 2 erhält folgende Fassung:

Ist das Jagdrecht auf den zu einem Jagdbezirke vereinigten Grundstücken nach den gesetzlichen Vorschriften über die Ausübung der Jagd von der Gemeinde verpachtet oder wird es von der Gemeinde in Selbstverwaltung ausgeübt, so haftet dem Beschädigten an Stelle der Grundeigentümer die Gemeinde.

Sind mehrere Gemeindebezirke zu einem Jagdbezirke vereinigt, so haften die Gemeinden als Gesamtschuldner.

IV. Der Artikel 5 erhält folgende Fassung:

Der vom Wilde in Baumschulen, in Obstgärten oder an einzeln stehenden jungen Bäumen verursachte Schaden wird nicht vergütet, wenn die Herstellung von Schutzvorrichtungen unterblieben ist, die unter gewöhnlichen Umständen zur Abwendung des Schadens ausreichen.

V. Als Artikel 8a wird folgende Vorschrift eingestellt:

Der Beschädigte hat den Anspruch auf Ersatz des Wildschadens bei Verlust des Anspruchs binnen sechs Tagen, nachdem er von der Beschädigung Kenntnis erlangt hat, bei der Ortspolizeibehörde anzumelden, in deren Bezirke der Schaden entstanden ist. Zur Wahrung der Frist genügt die Absendung der Anmeldung. Die Ortspolizeibehörde soll die Anmeldung sofort dem Ersatzpflichtigen mitteilen.

VI. Die Artikel 4, 6 werden aufgehoben.

Die Artikel 1, 2, 5, 7 bis 8a des Gesetzes vom 15. Juni 1850 werden auf die Pfalz erstreckt.

Einführung in den coburgischen Landesteilen GVBl. 1921 S. 258.

Gesetz über Einschreiten der bewaffneten Macht.

Art. 145.

Im Artikel 14 des Gesetzes vom 4. Mai 1851, das Einschreiten der bewaffneten Macht zur Erhaltung der gesetzlichen Ordnung betreffend, werden die Worte: „in dem Pfalzkreise die Bestimmungen des einschlägigen Gesetzes vom 10. Vend. IV" gestrichen.

Nunmehr Wehrgesetz vom 23. III. 1921 (RGBl. 1921 S. 329) nebst Änderungen nach Ges. vom 18. VI. 1921 (RGBl. S. 787).

Forstgesetz.

Art. 146.

Das Forstgesetz vom 28. März 1852 in der Fassung der Bekanntmachung vom 4. Juli 1896 wird dahin geändert:

I. Der Artikel 154 erhält folgende Fassung:

Die Vorladung des Angeklagten sowie der zivilverantwortlichen Person muß enthalten:

1. Namen, Stand, Wohn- oder Aufenthaltsort des Vorzuladenden;
2. eine kurze Bezeichnung der Forstrügesache;
3. die beantragte Strafe und Entschädigung;
4. Tag und Stunde der Verhandlung;
5. den Hinweis darauf, daß gegen den Angeklagten und gegen die zivilverantwortliche Person auch dann, wenn weder sie noch Bevollmächtigte erscheinen, zur Hauptverhandlung geschritten werden würde.

II. Der Artikel 155 erhält folgende Fassung:

Die Zustellung der Vorladung hat wenigstens drei Tage vor der Sitzung zu geschehen.

In Fällen, in denen Gefahr auf Verzug ist, kann der Richter die Abkürzung der im Abs. 1 bestimmten Frist verfügen; von der Verfügung ist in der Vorladung Mitteilung zu machen.

III. Der Artikel 188 erhält folgende Abs. 2, 3:

Für die durch den Gerichtsdiener erfolgenden Zustellungen in dem Verfahren vor den Amtsgerichten kann das Staatsministerium der Justiz anordnen, daß das Schriftstück offen übergeben wird, und eine abgekürzte Beurkundung in tabellarischer Form vorschreiben.

Das offen zu übergebende Schriftstück wird mit der Geschäftsnummer bezeichnet, unter der es in dem zur Beurkundung der Zustellung bestimmten Verzeichnis eingetragen ist. Der Tag der Zustellung ist auf dem Schriftstücke zu vermerken.

IV. Der Artikel 156 wird aufgehoben.

Weitere Änderungen nach Ges. vom 26. II. 1908 (GVBl. S. 87), Ges. vom 5. XI. 1920 (GVBl. S. 465), Ges. vom 10. VIII. 1923 (GVBl. S. 253), Ges. vom 9. II. 1924 (GVBl. S. 27).

Einführung in den coburgischen Landesteilen GVBl. 1922 S. 206.

Wassergesetze. **Art. 147.**

Das Gesetz vom 28. Mai 1852 über die Benützung des Wassers wird dahin geändert:

I. Der Artikel 21 erhält folgende Fassung:

Für Beschädigungen, die nicht eine notwendige Folge der Benützung des Leinpfads sind, sondern durch Mißbrauch oder Nachlässigkeit der bei der Schiff- oder Floßfahrt beschäftigten Personen verursacht werden, sind die Urheber und ihre Dienstherrn nach den bestehenden Vorschriften verantwortlich.

II. Der Artikel 37 erhält folgende Fassung:

Durch Begründung einer Dienstbarkeit können von den Bestimmungen der Artikel 34 und 35 abweichende Verhältnisse festgesetzt werden.

III. Im Artikel 39 Abs. 1 werden die Worte: „als Zubehör der Grundstücke" ersetzt durch die Worte:

„als zu den Grundstücken gehörig".

IV. Der Artikel 47 Abs. 1 erhält folgende Fassung:

Wo nicht durch Lokalverordnungen, Herkommen oder besondere Rechtsverhältnisse etwas anderes festgesetzt ist, liegt jedem Ufereigentümer die Pflicht ob, sein Ufer von allen Hindernissen des Wasserablaufs frei zu erhalten.

V. Der Eingang des Artikel 54 hat zu lauten:

Sofern nicht Lokalverordnungen, Herkommen oder besondere Rechtsverhältnisse eine Ausnahme begründen, ...

VI. Der Eingang des Artikel 59 Abs. 1 hat zu lauten:

Die durch Lokalverordnungen, Herkommen oder besondere Rechtsverhältnisse festgesetzte Verteilung des Wassers . . . .

VII. Im Artikel 60 Abs. 1 und im Artikel 68 Abs. 1 werden die Worte: „Herkommen, besondere Rechtstitel oder Verjährung" ersetzt durch die Worte:

„Herkommen oder besondere Rechtsverhältnisse".

VIII. Der Artikel 103 wird aufgehoben.

Art. 148.

In dem Gesetze vom 28. Mai 1852 über die Bewässerungs- und Entwässerungs-Unternehmungen zum Zwecke der Bodenkultur erhält der Artikel 14 folgende Fassung:

Die Beitragsverbindlichkeit zu den Unterhaltungskosten ist öffentliche Last der beteiligten Grundstücke und erlischt nur mit dem vorschriftsmäßigen Ausscheiden des Grundstücks oder mit der Auflösung der Genossenschaft.

Art. 149.

Der Artikel 29 des Gesetzes vom 28. Mai 1852 über den Uferschutz und den Schutz gegen Überschwemmungen wird aufgehoben.

Vorbehalt für die Landesgesetzgebung A 65 EGBGB.

A 147—149 wurden mit den obengenannten Gesetzen aufgehoben durch A 211 Wassergeſ. vom 23. III. 1907 (GVBl. S. 157), welches nunmehr maßgebend ist.

Einführung in den coburgischen Landesteilen GVBl. 1921 S. 257.

Weiderechtsgesetz.

Art. 150.

Das Gesetz vom 28. Mai 1852 über die Ausübung und Ablösung des Weiderechtes auf fremdem Grund und Boden wird dahin geändert:

I. Im Artikel 17 werden die Worte: „mit den in § 12 Ziffer 3 und 4 des Hypothekengesetzes und § 12 Ziffer 7 der Prioritätsordnung vom 1. Juni 1822 festgesetzten Vorzügen“ ersetzt durch die Worte:
„mit dem Range des Weiderechts“.

II. Im Artikel 18 werden die Worte: „welches gleichfalls die im Artikel 17 erwähnten Vorrechte des Hypothekengesetzes und der Prioritätsordnung genießt“ ersetzt durch die Worte:
„welches gleichfalls den im Artikel 17 bestimmten Rang hat“.

III. Im Artikel 42 werden die Worte: „mit den im Artikel 17 bestimmten Vorrechten“ ersetzt durch die Worte:
„mit dem im Artikel 17 bestimmten Range“.

Vorbehalt für die Landesgesetzgebung A 113 EGBGB.
Einführung in den coburgischen Landesteilen GBBl. 1921 S. 289.

Zehentbaupflichtgesetz.

Art. 151.

Der Artikel 8 Abs. 2 und der Artikel 9 Abs. 3 des Gesetzes vom 28. Mai 1852, die Sicherung, Fixierung und Ablösung der auf dem Zehentrechte lastenden kirchlichen Baupflicht betreffend, werden aufgehoben.

Gesetz über landwirtschaftliche Erbgüter.

Art. 152.

Das Gesetz vom 22. Februar 1855, die landwirtschaftlichen Erbgüter betreffend, wird dahin geändert:

I. Der Schluß des Artikel 4 Abs. 2 erhält folgende Fassung:
. . . . daß ihre Forderungen dergestalt, wie sie angezeigt sind, und für Forderungen, für die eine dingliche Haftung nicht besteht, Sicherungshypotheken auf das Erbgut eingetragen werden sollen.

II. Im Artikel 6 erhält

1. der Abs. 4 Satz 3 folgende Fassung:
Zur Gültigkeit solcher Rechtsgeschäfte ist die Bestätigung des zuständigen Gerichts (Art. 3) erforderlich.

2. An die Stelle der Abs. 6, 7 treten folgende Vorschriften:
Zu einer Belastung des Erbguts, zu der der Eigentümer nach den Vorschriften dieses Gesetzes verpflichtet ist, ist die Zustimmung des Anerben nicht erforderlich.
Wegen anderer als derjenigen Verbindlichkeiten, die auf dem Erbgute haften oder den Eigentümer nach den Vorschriften dieses Gesetzes treffen, findet die Zwangsvollstreckung in das Erbgut nur mittels Zwangsverwaltung statt.

III. Im Artikel 8 werden die Worte: „vorbehaltlich der Bestimmungen des Hypothekengesetzes §§ 24—26“ ersetzt durch die Worte:
„vorbehaltlich der Vorschriften zugunsten derjenigen, welche Rechte von einem Nichtberechtigten herleiten“.

IV. Der Artikel 10 Abs. 5 erhält folgende Fassung:
Zur Gutsübergabe unter Lebenden ist die Bestätigung durch das nach Art. 3 zuständige Gericht erforderlich.

V. Im Artikel 27 erhält

1. der Eingang folgende Fassung:
Die Bestellung einer Sicherungshypothek an dem Erbgute können verlangen:

2. Die Ziff. 3 wird durch folgenden Abs. 2 ersetzt:
Die Personen, welche nach den Art. 20, 24 Alimente anzusprechen haben, können, falls ihnen ein zu dem Erbgute gehörendes Gebäude oder ein Teil eines solchen Gebäudes als Wohnung zum ausschließlichen Gebrauche zu gewähren ist, die Bestellung eines Wohnungsrechts, falls ihnen ein Teil des Erbguts zu sonstiger Benützung zu gewähren ist, die Bestellung einer entsprechenden persönlichen Dienstbarkeit und, soweit andere wiederkehrende Leistungen zu entrichten sind, die Bestellung einer entsprechenden Reallast an dem Erbgute verlangen.

VI. Die Artikel 2, 30, 33 werden aufgehoben.

Durch § 2 Ges. vom 28. III. 1919 betr. die Familienfideikommisse (GVBl. S. 114) wurden die bestehenden landwirtschaftlichen Erbgüter aufgehoben; landwirtschaftliche Erbgüter dürfen nach dem Ges. vom 22. II. 1855 nicht mehr errichtet werden.

Ehehaftenablösungsgesetz.

Art. 153.

Das Gesetz vom 23. Februar 1868, die Ablösbarkeit der auf Grund und Boden haftenden oder mit einer Gewerbsrealität verbundenen Ehehafts-Verhältnisse betreffend, wird dahin geändert:

I. Im Artikel 11 Abs. 1 Satz 1 werden die Worte: „mit fünf vom Hundert" ersetzt durch die Worte:
„mit vier vom Hundert".

II. Der Artikel 12 Abs. 1 erhält folgende Fassung:
Für die Ablösungssumme haftet das Grundstück in gleicher Weise wie für ein Bodenzinskapital; die Ablösungssumme hat den Rang der Reichnisse, an deren Stelle sie tritt. Für die im Falle des Verzugs zu entrichtenden Zinsen gelten die Vorschriften über die aus einer Reallast zu entrichtenden wiederkehrenden Leistungen.

III. An die Stelle der Artikel 13, 14 tritt folgende Vorschrift:
Ist die Ehehaftsgerechtigkeit mit Rechten Dritter belastet, so ist die Beiziehung und die Zustimmung der Berechtigten zu der Ablösung nicht erforderlich.
An dem Anspruch auf die Ablösungssumme haben die Dritten, soweit ihre Rechte beeinträchtigt werden, dieselben Rechte, die ihnen im Falle des Erlöschens ihrer Rechte durch Zwangsver-

steigerung an dem Erlöse zustehen. Die Vorschriften des § 1128 des Bürgerlichen Gesetzbuchs finden entsprechende Anwendung; die im § 1128 vorgeschriebene Benachrichtigung der Berechtigten erfolgt nach dem Vollzuge der im Artikel 2 vorgeschriebenen Protokollierung oder nach dem Abschlusse der in Gemäßheit der Artikel 3 bis 8 gepflogenen Ablösungsverhandlungen durch die Distriktsverwaltungsbehörde.

Erhebt ein Berechtigter innerhalb der im § 1128 bestimmten Frist Widerspruch gegen die Zahlung der Ablösungssumme an den Bezugsberechtigten, so kann dieser und jeder der Berechtigten die Eröffnung eines Verteilungsverfahrens nach den für die Verteilung des Erlöses im Falle der Zwangsversteigerung geltenden Vorschriften beantragen. Die Zahlung hat in diesem Falle an das für das Verteilungsverfahren zuständige Gericht zu erfolgen.

Vgl. A 113 EGBGB.

Gesetz über Heimat, Verehelichung und Aufenthalt.

Art. 154.

Das Gesetz vom 16. April 1868 über Heimat, Verehelichung und Aufenthalt wird dahin geändert:

I. Der Artikel 1 Abs. 3 erhält folgende Fassung:

Den ehelichen Kindern werden die Kinder gleichgeachtet, welche nach dem bürgerlichen Rechte die rechtliche Stellung von ehelichen Kindern haben.

II. Im Artikel 4 erhält

1. der Abs. 2 folgende Fassung:

Einer geschiedenen Frau bleibt die Heimat, welche der Mann zur Zeit der Scheidung hatte. Die Aufhebung der ehelichen Gemeinschaft nach § 1575 des Bürgerlichen Gesetzbuchs wird der Scheidung gleichgeachtet.

2. der Abs. 3 folgende Fassung:

Ist die Ehe nichtig, so behält die Frau die Heimat, die der Mann zur Zeit der Nichtigkeitserklärung oder der Auflösung der Ehe hat, wenn ihr die Nichtigkeit der Ehe bei der Eheschließung nicht bekannt war; die Vorschriften des § 1345 Abs. 2 und des § 1704 des Bürgerlichen Gesetzbuchs finden entsprechende Anwendung.

III. Im Artikel 6 in der Fassung des Gesetzes vom 17. Juni 1896 wird

1. dem Abs. 3 folgender Satz beigefügt:

Die Vorschriften des Art. 1 Abs. 3 und des Art. 4 Abs. 2 Satz 2 finden Anwendung.

2. Die Abs. 5, 6 erhalten folgende Fassung:

Als selbständig sind nicht zu erachten:

1. entmündigte Personen;

2. Dienstboten und Gewerbsgehilfen, die in die häusliche Gemeinschaft des Dienstherrn aufgenommen sind, sowie Kinder, die dem elterlichen Hausstand angehören und von dem Familienhaupt unterhalten werden.

Steuern der Ehefrau, sofern nicht die eheliche Gemeinschaft nach § 1575 des Bürgerlichen Gesetzbuchs aufgehoben ist, und der minderjährigen im elterlichen Unterhalte stehenden Kinder sind dem Familienhaupte zuzurechnen.

IV. Der Artikel 12 erhält folgende Fassung:

Für Verhandlungen über den Vollzug der Art. 6 bis 7a wird eine andere als die Gebühr, welche für die Urkunde über die Verleihung des Heimatrechts zu entrichten ist, nicht erhoben.

V. Im Artikel 13 Abs. 3, 5 treten an die Stelle der Worte: „die aus dieser Ehe hervorgegangenen Kinder" die Worte:

„die Kinder dieser Ehe sowie die durch die Ehe legitimierten Kinder".

VI. Der Artikel 17 Abs. 1 erhält folgende Fassung:

Der auf Grund der Art. 15, 16 einem Manne angewiesenen vorläufigen Heimat folgt auch seine Ehefrau, es sei denn, daß die eheliche Gemeinschaft nach § 1575 des Bürgerlichen Gesetzbuchs aufgehoben ist.

VII. Im Artikel 18 Abs. 2 werden die Worte: „der angewiesenen Heimatgemeinde" ersetzt durch die Worte:

„der vorläufigen Heimatgemeinde".

VIII. Im Artikel 24 Ziff. 2 werden die Worte: „angewiesene Heimat" ersetzt durch die Worte:

„vorläufige Heimat".

IX. Im Artikel 25 werden die Worte: „vorbehaltlich dessen, was das Gesetz über den obersten Verwaltungsgerichtshof bestimmen wird" ersetzt durch die Worte:

„unbeschadet dessen, was das Gesetz vom 8. August 1878, betreffend die Errichtung eines Verwaltungsgerichtshofes und das Verfahren in Verwaltungsrechtssachen, bestimmt".

X. Im Artikel 31 werden die Worte: „und nach dem örtlichen Herkommen" gestrichen.

XI. Im Artikel 33 in der Fassung des Gesetzes vom 17. März 1892 erhält

1. der Abs. 1 folgende Fassung:

Ein in den Landesteilen rechts des Rheins heimatberechtigter Mann darf eine Ehe erst eingehen, wenn durch ein von der zuständigen Behörde ausgestelltes Zeugnis festgestellt ist, daß der Eheschließung das im Artikel 36 bestimmte Einspruchsrecht nicht entgegensteht.

2. Im Abs. 2 werden ersetzt im Satz 1 die Worte: „die aus der Ehe entsprossenen oder durch dieselbe legitimierten Kinder" durch die Worte:

„die Kinder dieser Ehe sowie die durch die Ehe legitimierten Kinder"

und im Satz 3 die Worte: „mit ihren aus dieser Ehe entsprossenen oder durch dieselbe legitimierten Kindern" durch die Worte:

„mit den Kindern dieser Ehe sowie den durch die Ehe legitimierten Kindern".

3. Als Abs. 5 wird folgende Vorschrift beigefügt:

Das Zeugnis verliert seine Kraft, wenn die Ehe nicht binnen sechs Monaten nach der Ausstellung des Zeugnisses geschlossen wird.

XII. Im Artikel 36 erhalten

1. im Abs. 1 in der Fassung der Königlichen Deklaration vom 21. April 1884 die Ziff. 3, 7 folgende Fassung:

3. wenn der Mann oder die Braut zu einer Zuchthausstrafe oder wegen Verbrechens oder Vergehens gegen die Sittlichkeit oder wegen Raubes, Diebstahls, Unterschlagung, Betrugs, Hehlerei, Fälschung, Gaukelei zu einer Freiheitsstrafe von wenigstens vier Wochen verurteilt worden ist und seit Abbüßung oder Nachlaß der Strafe drei Jahre noch nicht verflossen sind, sowie wenn der Mann oder die Braut innerhalb der unmittelbar vorhergehenden drei Jahre mindestens dreimal wegen Arbeitsscheue, Landstreicherei oder Bettels verurteilt worden ist;

7. wenn und solange der Mann unter Vormundschaft steht oder das Entmündigungsverfahren gegen ihn eingeleitet oder über sein Vermögen das Konkursverfahren eröffnet ist.

2. Im Abs. 3 werden ersetzt die Worte: „eine angewiesene Heimat" durch die Worte:

„eine vorläufige Heimat"

und die Worte: „die angewiesene Heimatgemeinde" durch die Worte:

„die vorläufige Heimatgemeinde".

XIII. Im Artikel 37 Abs. 3 werden die Worte: „eine angewiesene Heimat" ersetzt durch die Worte:

„eine vorläufige Heimat".

XIV. Im Artikel 40 erhält

1. der Abs. 1 folgende Fassung:

Hinsichtlich der Beschwerden gegen Beschlüsse der Distriktsverwaltungsbehörde, durch welche das nach Art. 33 auszustellende Verehelichungszeugnis verweigert oder gegen einen auf Grund des Art. 36 erhobenen Einspruch erteilt wird, bestimmt sich die Zuständigkeit und das Verfahren nach dem Gesetze vom 8. August 1878, betreffend die Errichtung eines Verwaltungsgerichtshofes und das Verfahren in Verwaltungsrechtssachen. Im übrigen können die Beteiligten gegen die Beschlüsse der Distriktsverwaltungsbehörde innerhalb einer Notfrist von 14 Tagen Beschwerde an die vorgesetzte Kreisregierung, Kammer des Innern, ergreifen, welche nach kollegialer Beratung in zweiter und letzter Instanz zu entscheiden hat.

2. Der Abs. 2 Ziff. 3 wird aufgehoben.

XV. Im Artikel 41 in der Fassung des Gesetzes vom 23. Februar 1872 werden ersetzt

1. im Abs. 1 die Worte: „bis zu fünfzig Talern" durch die Worte:

„bis zu einhundertfünfzig Mark",

2. im Abs. 3 die Worte: „wieder aufgelöst worden ist" durch die Worte:
„für nichtig erklärt oder aufgelöst worden ist".

XVI. Im Artikel 43 Abs. 1 in der Fassung des Gesetzes vom 23. Februar 1872 treten an die Stelle der Worte: „nach Maßgabe des Artikels 45 Ziff. 5, 6 und 9" die Worte:
„nach Maßgabe des Artikel 45 Ziff. 5, 6".

XVII. Im Artikel 44 treten
1. im Abs. 2 an die Stelle der Worte: „bis zu 10 fl." die Worte:
„bis zu achtzehn Mark".
2. Im Abs. 3 wird das Wort „taxfreie" ersetzt durch das Wort:
„gebührenfreie".

XVIII. Im Artikel 45 in der Fassung des Gesetzes vom 23. Februar 1872 werden ersetzt
1. in der Ziff. 5 die Worte „wegen Diebstahls" durch die Worte:
„wegen Raubes, Diebstahls",
2. in der Ziff. 6 die Worte: „nach Artikel 149 Abs. 1 des Polizeistrafgesetzbuches" durch die Worte:
„nach § 148 Abs. 1 Nr. 5 oder 7 oder § 149 Abs. 1 Nr. 1, 3 oder 5 der Gewerbeordnung"
und die Worte: „oder Artikel 10 des Gesetzes, den Vollzug der Einführung des Strafgesetzbuches für das Deutsche Reich in Bayern betreffend," durch die Worte:
„oder § 153 der Gewerbeordnung".

XIX. Im Artikel 51 ist statt „Art. 50 Abs. III" zu setzen:
„Art. 50 Abs. 1".

XX. Im Artikel 52 werden ersetzt
1. im Abs. 1 die Worte: „vorbehaltlich dessen, was das Gesetz über die Errichtung eines obersten Verwaltungsgerichtshofes bestimmen wird" durch die Worte:
„unbeschadet dessen, was das Gesetz vom 8. August 1878, betreffend die Errichtung eines Verwaltungsgerichtshofs und das Verfahren in Verwaltungsrechtssachen, bestimmt",
2. im Abs. 5 die Worte: „von der Tax- und Stempelpflicht befreit" durch das Wort:
„gebührenfrei".

XXI. Die noch bestehenden Überschriften vor einzelnen Artikeln werden gestrichen.

XXII. Die Artikel 20, 26, 32, 34, 35, 38 werden aufgehoben.

Die vor dem Inkrafttreten des Bürgerlichen Gesetzbuchs vereinkindschafteten Kinder stehen in Ansehung der Heimat den ehelichen Kindern gleich.

Für das der Eheschließung vorangehende Aufgebot verbleibt es bei den bisherigen Vorschriften, wenn die Bekanntmachung vor dem Inkrafttreten des Bürgerlichen Gesetzbuchs angeheftet worden ist.

Ein auf Grund zivilrechtlicher Bestimmungen nach den bisherigen Vorschriften bei der Gemeindeverwaltung oder der Distriktsverwaltungsbehörde erhobener Einspruch gegen die Eheschließung ist dem Standesbeamten mitzuteilen.

Neufassung nach Bek. vom 20. VII. 1899.

Nunmehr gelten das Aufenthaltsgesetz vom 21. VIII. 1914 (GVBl. 1915 S. 590), eingeführt in den coburgischen Landesteilen GVBl. 1921 S. 253, ferner §§ 37, 58 des Gesetzes über den Unterstützungswohnsitz vom 30. III. 1908 (RGBl. S. 381).

Malzaufschlaggesetz. **Art. 155.**

Das Gesetz vom 16. Mai 1868 über den Malzaufschlag in der Fassung der Bekanntmachung vom 10. Dezember 1889 wird dahin geändert:

I. Der Artikel 52 Abs. 2 erhält folgende Fassung:

Ist eine solche Mühle im Besitz einer politischen Gemeinde, so haftet die Gemeindekasse; ist sie im Besitz einer Genossenschaft, so haften die Genossenschaft und die Genossen für Strafe und Kosten nach den für Genossenschaftsverbindlichkeiten geltenden Vorschriften; in beiden Fällen bleibt der Rückgriff gegen denjenigen, welcher die Übertragung veranlaßt hat, vorbehalten.

II. Der Artikel 60 Abs. 2 Satz 2 und der Artikel 61 Abs. 2 Satz 2 werden aufgehoben.

Aufgehoben durch das Biersteuergesetz vom 9. VII. 1923 (RGBl. S. 557).

Abmarkungsgesetz. **Art. 156.**

Das Gesetz vom 16. Mai 1868, die Vermarkung der Grundstücke betreffend, wird dahin geändert:

I. Der Eingang des Artikel 2 Abs. 1 hat zu lauten:

Zur Abmarkung zwischen Nachbargrundstücken kann von jedem beteiligten Grundeigentümer . . . .

II. Der Artikel 5 erhält folgende Fassung:

Verständigen sich die beteiligten Grundeigentümer, die bestehende Grenzlinie mittels Austausches von Grund und Boden zu verändern, oder nehmen die Feldgeschworenen wahr, daß eine Verrückung der bisherigen Grenze beabsichtigt wird, so darf die Vermarkung erst erfolgen, wenn die Änderungen im Bestande der Grundstücke und in den Eigentumsverhältnissen in das Grundbuch eingetragen sind.

III. Der Eingang des Artikel 7 hat zu lauten:

Streitigkeiten über den Anspruch auf Errichtung oder Wiederherstellung fester Grenzzeichen und über die Art der Vermarkung, insbesondere . . . .

IV. Im Artikel 8 werden die Worte: „unter Darlegung des Bedürfnisses" ersetzt durch die Worte:

„unter Darlegung der Beschaffenheit der Grenze".

V. Die Artikel 1, 3, 4 werden aufgehoben.

Nunmehr Abmarkungsgesetz vom 30. VI. 1900 (GVBl. S. 553), Einführung in den coburgischen Landesteilen GVBl. 1921 S. 289.

Berggesetz. **Art. 157.**

Das Berggesetz vom 20. März 1869 wird dahin geändert:

I. Der Artikel 6 erhält folgenden Abs. 3:

Auf die jährlich zu leistende Entschädigung finden die Vorschriften des Art. 129a, auf den Ersatz des Minderwerts finden die Vorschriften des Art. 134 entsprechende Anwendung.

II. Als Artikel 36a werden folgende Vorschriften eingestellt:

Die Bergbehörde hat dem Grundbuchamt eine beglaubigte Abschrift der Verleihungsurkunde und eine beglaubigte Zeichnung des Planes (Art. 33) zur Eintragung des verliehenen Bergwerkseigentums in das Grundbuch mitzuteilen.

In den Fällen des Art. 35 Abs. 2 hat die Bergbehörde das Grundbuchamt um die erforderlichen Eintragungen zu ersuchen. Soweit Hypotheken, Grundschulden oder Rentenschulden von der Änderung oder Aufhebung der Verleihung betroffen werden, finden auf die Eintragung die Vorschriften der §§ 42 bis 44 der Grundbuchordnung keine Anwendung. Das Grundbuchamt hat den Besitzer des Hypotheken-, Grundschuld- oder Rentenschuldbriefs zur Vorlegung anzuhalten, um nach den Vorschriften des § 62 Abs. 1, des § 69 und des § 70 Abs. 1 der Grundbuchordnung zu verfahren.

III. Der Artikel 40 erhält folgende Fassung:

Auf das Bergwerkseigentum finden die sich auf Grundstücke beziehenden Vorschriften entsprechende Anwendung.

IV. Der Artikel 41 erhält folgende Fassung:

Für den Erwerb eines bestehenden Bergwerkseigentums gelten dieselben Vorschriften wie für den Erwerb des Eigentums an einem Grundstücke.

Auf die Ansprüche aus dem Bergwerkseigentume finden die für die Ansprüche aus dem Eigentume geltenden Vorschriften entsprechende Anwendung.

V. Der Artikel 50 erhält folgenden Abs. 2:

Auf die Entschädigungsforderung finden die Vorschriften des Art. 134 Abs. 1 entsprechende Anwendung.

VI. Der Artikel 55 erhält folgenden Zusatz:

Die Vereinbarung muß öffentlich beurkundet oder öffentlich beglaubigt sein.

VII. Als Artikel 62a wird folgende Vorschrift eingestellt:

Ist die Bestätigung der Vereinigung mehrerer Bergwerke, der Teilung des Feldes eines Bergwerkes in selbständige Felder oder des Austausches von Feldesteilen erfolgt, so hat die Bergbehörde das Grundbuchamt unter Mitteilung einer beglaubigten Abschrift der Bestätigungsurkunde und beglaubigter Planzeichnungen um die Eintragungen zu ersuchen, welche durch die eingetretenen Rechtsänderungen veranlaßt werden.

Soweit Hypotheken, Grundschulden oder Rentenschulden von der Rechtsänderung betroffen werden, finden die Vorschriften des Art. 36a Abs. 2 Satz 2, 3 entsprechende Anwendung.

VIII. An die Stelle des Artikel 93 Abs. 5 treten folgende Vorschriften:

Ein abhanden gekommener oder vernichteter Kuxschein kann, wenn nicht das Gegenteil bestimmt ist, im Wege des Aufgebotsverfahrens für kraftlos erklärt werden.

Die Vorschriften der §§ 798, 800 des Bürgerlichen Gesetzbuchs finden auf Kuxscheine entsprechende Anwendung.

IX. Der Artikel 101 Abs. 3 hat zu lauten:

Gewerken, die nicht im Deutschen Reiche wohnen, haben zur Empfangnahme der Einladungen einen im Deutschen Reiche wohnenden Bevollmächtigten zu bestellen.

X. An die Stelle des Artikel 112 Satz 2, 3 tritt folgende Vorschrift:

Bestellt die Gewerkschaft einen Grubenvorstand, so kann die Zustellung an jedes Mitglied des Grubenvorstandes erfolgen.

XI. Im Artikel 117 wird das Wort: „Vollmachtsvertrag" ersetzt durch das Wort:

„Auftrag".

XII. Als Artikel 129a wird folgende Vorschrift eingestellt:

Die im Art. 126 und im Art. 129 Abs. 1 bezeichneten Entschädigungsforderungen haften, wenn das benützte Grundstück oder das Grundstück, dessen jeweiligem Eigentümer die Dienstbarkeit an dem benützten Grundstücke zusteht, mit Reallasten, Hypotheken, Grundschulden oder Rentenschulden belastet ist, für diese Rechte. Die Vorschriften des § 1123 Abs. 2 Satz 1 und der §§ 1124, 1125 des Bürgerlichen Gesetzbuchs finden mit der Maßgabe entsprechende Anwendung, daß Verfügungen über die Entschädigungsforderungen den Berechtigten gegenüber unwirksam sind, soweit die Fälligkeit erst später als drei Monate nach der Beschlagnahme eintritt.

XIII. Der Artikel 134 erhält folgende Fassung:

Die von dem Grundeigentümer nach der Vorschrift des Art. 127 Abs. 1 erworbenen Ansprüche auf Ersatz des Minderwerts haften, wenn das beschädigte Grundstück oder das Grundstück, dessen jeweiligem Eigentümer die Dienstbarkeit an dem beschädigten Grundstücke zusteht, mit Reallasten, Hypotheken, Grundschulden oder Rentenschulden belastet ist, für diese Rechte nach Maßgabe der Vorschriften des § 1127 Abs. 2 und des § 1128 des Bürgerlichen Gesetzbuchs. Erhebt ein Berechtigter innerhalb der im § 1128 bestimmten Frist Widerspruch gegen die Zahlung der Entschädigung an den Eigentümer, so kann der Eigentümer und jeder Berechtigte die Eröffnung eines Verteilungsverfahrens nach den für die Verteilung des Erlöses im Falle der Zwangsversteigerung geltenden Vorschriften beantragen. Die Zahlung hat in diesem Falle an das für das Verteilungsverfahren zuständige Gericht zu erfolgen.

Das Recht, die im Art. 127 Abs. 2 bezeichnete Sicherheitsleistung zu verlangen, steht auch den im Abs. 1 bezeichneten Berechtigten zu. Macht einer der Berechtigten von dieser Befugnis Gebrauch, so ist die Sicherheit in der Weise zu leisten, daß sie auch dem Berechtigten haftet.

XIV. Im Artikel 135 wird der Satz 2 durch folgenden Abs. 2 ersetzt:

Auf die in den Fällen des Art. 127 Abs. 3, des Art. 128, des Art. 129 Abs. 2 und des Art. 132 zu leistenden Entschädigungen finden, wenn das betroffene Grundstück oder das Grundstück, dessen jeweiligem Eigentümer das betroffene Recht zusteht, mit Hypotheken, Grundschulden oder Rentenschulden oder mit anderen Rechten belastet ist, für welche eine besondere Entschädigung nicht gewährt wird, die für die Entschädigung im Falle der Zwangsenteignung geltenden Vorschriften Anwendung.

XV. Der Artikel 151 erhält folgenden Abs. 2:

Auf die Entschädigungsforderung finden im Falle der Beschädigung eines Grundstücks die Vorschriften des Art. 134 Abs. 1 entsprechende Anwendung; im Falle der Beschädigung von Zubehörstücken haftet die Entschädigungsforderung den im Art. 134

Abs. 1 bezeichneten Berechtigten nach Maßgabe der Vorschriften des § 1123 Abs. 2 Satz 1, des § 1124 Abs. 1, 3 und des § 1127 Abs. 2 des Bürgerlichen Gesetzbuches.

XVI. Der Artikel 154 erhält folgende Fassung:

Ansprüche auf Ersatz eines durch den Bergbau verursachten Schadens (Art. 151, 152) welche sie nicht auf Vertrag gründen, verjähren nach den für Ersatzansprüche aus unerlaubten Handlungen geltenden Vorschriften.

XVII. Der Artikel 162 erhält folgenden Abs. 3:

Die Vorschriften des Art. 36a Abs. 2 finden entsprechende Anwendung.

XVIII. Der Eingang des Artikel 227 erhält folgende Fassung:

Die Art. 85 bis 88, 91, 93, 95, 96, 98 und 99 finden . . . .

XIX. Der Artikel 228 Abs. 2 erhält folgende Fassung:

Die Kuxe behalten die Eigenschaft von Rechten, die den Grundstücken gleichstehen. Die Vorschrift des Art. 41 Abs. 1 findet entsprechende Anwendung.

XX. Im Artikel 229 Satz 2 werden die Worte: „Veräußerung von Kuxen und" gestrichen.

XXI. Der Artikel 232 erhält folgende Fassung:

In den Fällen der Art. 119, 121 müssen die Erklärungen des Gewerken und der Gläubiger öffentlich beurkundet oder öffentlich beglaubigt sein.

In dem Falle der Art. 119, 120 erfolgt der Verkauf des Anteils im Wege der Zwangsversteigerung unbeweglicher Sachen.

Ein unverkäuflicher Anteil wird in den Fällen der Art. 120, 121 der Gewerkschaft im Grundbuche zugeschrieben.

XXII. Der Artikel 48 Abs. 3, der Artikel 94 Abs. 2 und der Artikel 115 Abs. 2 werden aufgehoben.

Neufassung nach Ges. vom 13. VIII. 1910 mit Änderungen (GVBl. 1910 S. 815; 1912 S. 1146; 1914 S. 413; 1918 S. 577 u. 551; 1919 S. 616; 1924 S. 25), Einführung in den coburgischen Landesteilen GVBl. 1921 S. 67, 855.

Gemeindeordnung für die Landesteile rechts des Rheins.

Art. 158.

Das Gesetz vom 29. April 1869, die Gemeindeordnung für die Landesteile diesseits des Rheins betreffend, wird dahin geändert:

I. Im Artikel 11 erhalten die Abs. 2, 3 folgende Fassung:

Als selbständig sind nicht zu erachten:

1. Personen, welche entmündigt sind;
2. Dienstboten und Gewerbsgehilfen, die in die häusliche Gemeinschaft des Dienstherrn aufgenommen sind, sowie Kinder, die dem elterlichen Hausstand angehören und von dem Familienhaupt unterhalten werden.

Steuern der Ehefrau, sofern nicht die eheliche Gemeinschaft nach § 1575 des Bürgerlichen Gesetzbuchs aufgehoben ist, und der minderjährigen im elterlichen Unterhalte stehenden Kinder sind dem Familienhaupte zuzurechnen.

II. Der Artikel 13 Abs. 2 lit. f erhält folgende Fassung:

f) wenn das Entmündigungsverfahren gegen ihn eingeleitet ist;

III. Im Artikel 15 Abs. 5 werden die Worte: „minderjährige und andere unselbständige Personen" und im Artikel 47 Abs. 4 Satz 3 werden die Worte: „minderjährige und unter Kuratel stehende Personen" ersetzt durch die Worte:

„Minderjährige und Personen, die entmündigt oder nach § 1906 des Bürgerlichen Gesetzbuchs unter vorläufige Vormundschaft gestellt" sind.

IV. Der Artikel 67 erhält folgende Fassung:

Ist die Erfüllung des Stiftungszwecks unmöglich geworden oder gefährdet sie das Gemeinwohl, so finden auch bei Stiftungen des öffentlichen Rechtes die Vorschriften des § 87 des Bürgerlichen Gesetzbuchs Anwendung.

Zu der zu treffenden Verfügung ist in Gemeinden mit städtischer Verfassung die Zustimmung der Gemeindebevollmächtigten, in den übrigen Gemeinden die Zustimmung der Gemeinde- beziehungsweise Ortsversammlung erforderlich. Der Beschluß bedarf der Genehmigung der vorgesetzten Verwaltungsbehörde.

V. Der Artikel 156 Abs. 6 wird aufgehoben.

Nunmehr Gemeindeordnung vom 17. X. 1927 (GVBl. S. 293).

Gemeindeordnung für die Pfalz.

Art. 159.

Das Gesetz vom 29. April 1869, die Gemeindeordnung für die Pfalz betreffend, wird dahin geändert:

I. Im Artikel 10 erhalten die Abs. 2, 3 folgende Fassung:

Als selbständig sind nicht zu erachten:

1. Personen, welche entmündigt sind;
2. Dienstboten und Gewerbsgehilfen, die in die häusliche Gemeinschaft des Dienstherrn aufgenommen sind, sowie Kinder, die dem elterlichen Hausstand angehören und von dem Familienhaupt unterhalten werden.

Steuern der Ehefrau, sofern nicht die eheliche Gemeinschaft nach § 1575 des Bürgerlichen Gesetzbuchs aufgehoben ist, und der minderjährigen im elterlichen Unterhalte stehenden Kinder sind dem Familienhaupte zuzurechnen.

II. Der Artikel 11 Abs. 2 lit. f erhält folgende Fassung:

f) wenn das Entmündigungsverfahren gegen ihn eingeleitet ist;

III. Im Artikel 37 Abs. 3 Satz 3 werden die Worte: „minderjährige und unter Kuratel stehende Personen" ersetzt durch die Worte:

„Minderjährige und Personen, die entmündigt oder nach § 1906 des Bürgerlichen Gesetzbuchs unter vorläufige Vormundschaft gestellt sind".

IV. Der Artikel 51 erhält folgende Fassung:

Ist die Erfüllung des Stiftungszwecks unmöglich geworden oder gefährdet sie das Gemeinwohl, so finden auch bei Stiftungen des öffentlichen Rechtes die Vorschriften des § 87 des Bürgerlichen Gesetzbuchs Anwendung.

Zu der zu treffenden Verfügung bedarf der Gemeinderat der Genehmigung der vorgesetzten Verwaltungsbehörde.

Nunmehr Gemeindeordnung vom 17. X. 1927 (GVBl. S. 293).

Armengesetz.

Art. 160.

Das Gesetz vom 29. April 1869, die öffentliche Armen- und Krankenpflege betreffend, wird dahin geändert:

I. Der Artikel 5 Abs. 2 erhält folgende Fassung:

Desgleichen haben diejenigen, welche einem Hilfsbedürftigen gegenüber nach den Vorschriften des Bürgerlichen Gesetzbuchs unterhaltspflichtig waren, Ersatz der infolge der Nichterfüllung ihrer Verpflichtung für dessen Unterhalt gemachten Aufwendungen zu leisten.

II. Der Artikel 5a Abs. 1 in der Fassung des Gesetzes vom 3. Februar 1888 hat zu lauten:

Auf Antrag der Armenpflege können der Ehegatte und der frühere Ehegatte, die Eltern und die Großeltern, die Kinder und Enkel eines Hilfsbedürftigen durch Beschluß der Distriktsverwaltungsbehörde angehalten werden, dem Hilfsbedürftigen nach Maßgabe ihrer gesetzlichen Unterhaltspflicht die erforderliche Unterstützung zu gewähren und Ersatz der infolge der Nichterfüllung ihrer Verpflichtung für den Unterhalt gemachten Aufwendungen zu leisten. Das gleiche gilt in Ansehung eines unehelichen Kindes von dem Vater, sofern er seine Vaterschaft nach § 1718 des Bürgerlichen Gesetzbuchs anerkannt hat oder seine Unterhaltspflicht in einem vollstreckbaren Titel festgestellt ist.

III. Im Artikel 7 in der Fassung des Gesetzes vom 3. Februar 1888 werden

1. die Worte: „wenn nicht arme Noterben vorhanden sind oder der Unterstützte von einer Wohltätigkeitsanstalt beerbt wird" ersetzt durch die Worte:

„wenn nicht arme Pflichtteilsberechtigte vorhanden sind".

2. Als Abs. 2 werden folgende Vorschriften beigefügt:

Der Ersatzanspruch kann nicht zum Nachteile der Nachlaßgläubiger geltend gemacht werden; Verbindlichkeiten aus Pflichtteilsrechten, Vermächtnissen und Auflagen bleiben außer Betracht. Trifft er mit dem Ersatzanspruch einer öffentlichen Wohltätigkeitsanstalt zusammen, von der der Verstorbene innerhalb der letzten zehn Jahre vor dem Tode unterstützt oder unentgeltlich verpflegt worden ist, so kann er auch nicht zum Nachteile dieses Anspruchs geltend gemacht werden.

IV. Im Artikel 8 werden

1. im Abs. 1 die Worte: „tax- und stempelfrei zu behandeln" ersetzt durch das Wort:

„gebührenfrei".

2. Der Abs. 2 erhält folgende Fassung:

In bürgerlichen Rechtsstreitigkeiten steht den Armenpflegern in dem Verfahren vor den bayerischen Gerichten Gebührenfreiheit zu.

V. Im Artikel 11 Abs. 1 werden hinter den Worten: „im Dienste oder in einer ständigen Arbeit stehen" die Worte eingeschaltet:

„und nicht kraft Gesetzes oder statutarischer Bestimmung der Krankenversicherungspflicht unterliegen".

VI. Im Artikel 20 Abs. 1 in der Fassung des § 41 des Landtagsabschieds vom 15. April 1875 wird das Wort „Reichswährung" gestrichen.

VII. Im Artikel 23 Abs. 3 erhalten die Ziff. 1, 3 folgende Fassung:
1. Personen, die entmündigt oder nach § 1906 des Bürgerlichen Gesetzbuchs unter vorläufige Vormundschaft gestellt sind;
3. Personen, über deren Vermögen der Konkurs eröffnet ist.

VIII. Der Artikel 36 Abs. 4 erhält folgende Fassung:
Der Armenpflegschaftsrat ist berechtigt, die Entmündigung wegen Verschwendung oder wegen Trunksucht zu beantragen, wenn Grund zu der Besorgnis besteht, daß der zu Entmündigende der Armenkasse zur Last fallen werde.

IX. Im Artikel 43 Abs. 1 werden die Worte: „vorbehaltlich dessen, was das Gesetz über den obersten Verwaltungsgerichtshof bestimmen wird" ersetzt durch die Worte:
„unbeschadet dessen, was das Gesetz vom 8. August 1878, betreffend die Errichtung eines Verwaltungsgerichtshofes und das Verfahren in Verwaltungsrechtssachen, bestimmt".

X. Im Eingange des Artikel 44 tritt an die Stelle des Wortes: „Arrest" das Wort „Haft".

Nunmehr Bayerisches Ausführungsgesetz zur Reichsverordnung über die Fürsorgepflicht vom 14. III. 1930 (FürsG.) (GVBl. S. 30). Das Armengesetz vom 21. VIII. 1914 (GVBl. S. 551), die vorläufige Ausführungsverordnung vom 27. III. 1924 (GVBl. S. 124) zur Reichsverordnung über die Fürsorgepflicht und die Verordnung vom 12. I. 1925 (GVBl. S. 29) über die Verwaltung der Fürsorgeverbände sind aufgehoben (A 53^{II} FürsG.).

Gesetz über die privatrechtliche Stellung der Erwerbs- und Wirtschaftsgenossenschaften.

Art. 161.

Das Gesetz vom 29. April 1869, die privatrechtliche Stellung der Erwerbs- und Wirtschaftsgesellschaften betreffend, wird für die noch bestehenden registrierten Gesellschaften dahin geändert:

I. An die Stelle des Artikel 38 Abs. 3 tritt folgende Vorschrift:
In jedem Falle kann die Gesellschaft einen Gesellschafter aus den im Gesellschaftsvertrage festgesetzten Gründen sowie wegen Verlustes der bürgerlichen Ehrenrechte ausschließen.

II. An die Stelle des Artikel 74 Abs. 1 tritt folgende Vorschrift:
Das Register für die registrierten Gesellschaften wird von den Gerichten geführt, denen die Führung des Handelsregisters obliegt.

III. Der Artikel 43 Abs. 2 wird aufgehoben.

Vorbehalt für die Landesgesetzgebung A 165 EGBGB.

A 161 bezieht sich auf die auf Grund des Gesetzes vom 29. IV. 1869 betr. die privatrechtliche Stellung der Erwerbs- und Wirtschaftsgesellschaften bereits vor dem 1. VIII. 1873 eingetragenen registrierten Gesellschaften. Die Führung des Registers obliegt den Amtsgerichten, welche auch die Handelsregister zu führen haben (JMBl. 1899 S. 815).

Das Anwendungsgebiet des Gesetzes ist nur mehr gering.

Polizeistrafgesetzbuch. **Art. 162.**

Das Polizeistrafgesetzbuch vom 26. Dezember 1871 wird dahin geändert:

I. Der Artikel 81 Abs. 2 erhält folgenden Zusatz:

Die Ermächtigung ist, wenn es sich um eine Maßregel handelt, zu der eine Anordnung des Vormundschaftsgerichts erforderlich ist, von der Erlassung dieser Anordnung abhängig zu machen.

II. Im Artikel 122 Abs. 2 wird statt „113" gesetzt „113 Ziff. 2, 3".

Eingeführt in den coburgischen Landesteilen s. GVBl. 1922 S. 256.

Grundentlastungsgesetz. **Art. 163.**

In dem Gesetze vom 28. April 1872, die Grundentlastung betreffend, erhält der Satz 2 des Artikel 17 Abs. 1 folgende Fassung:

Sie haben den gleichen Rang wie die Grundabgabe und die belasteten Grundstücke haften für sie in gleicher Weise wie für diese.

Brandversicherungsgesetz. **Art. 164.**

Das Gesetz vom 3. April 1875, die Brandversicherungsanstalt für Gebäude in den Landesteilen rechts des Rheins betreffend, wird dahin geändert:

I. Der Artikel 3 Abs. 1 erhält folgende Fassung:

Ausnahmsweise müssen der Anstalt einverleibt werden:

1. die sämtlichen Gebäude des Staates;
2. die Gebäude der Gemeinden, der Kirchen, der Schul- und sonstigen Stiftungen;
3. die Gebäude der Pfarreien, Benefizien, ständigen Kuratien, Pfarrvikariate und Exposituren.

II. Im Artikel 8 wird die Verweisung „(Art. 3 Ziff. 5)" gestrichen.

III. In den Artikel 10 wird zwischen Abs. 1 und Abs. 2 folgender neue Absatz eingefügt:

Die Versicherung kann auch von dem Nießbraucher zugunsten des Eigentümers und für ein Gebäude, das im Eigentume mehrerer steht, von einem der Miteigentümer zugunsten der sämtlichen Eigentümer genommen werden.

IV. Der Artikel 14 erhält folgende Fassung:

Bei den im Art. 3 Abs. 1 bezeichneten Gebäuden richtet sich der Mindestbetrag der Versicherung nach den jeweiligen besonderen Ministerialvorschriften, er darf jedoch nicht auf weniger als den halben Wert der verbrennbaren Teile bestimmt werden.

V. Der Artikel 15 Abs. 3 erhält folgende Fassung:

Die Minderung tritt mit dem nächstfolgenden Jahre in Wirksamkeit. Ist das Grundstück mit Hypotheken, Grundschulden oder Rentenschulden belastet, so ist der Nachweis erforderlich, daß die Gläubiger ihre Zustimmung in rechtsverbindlicher Weise erklärt haben.

VI. Der Artikel 39 Abs. 3 erhält folgende Fassung:

Die Bewilligung zum Wiederaufbau des abgebrannten Gebäudes auf einem Grundstücke mit anderer Plannummer sowie die Bewilligung zu einer anderen Verwendung der Entschädigungsgelder setzt, wenn das Grundstück mit Reallasten, Hypotheken, Grundschulden, Rentenschulden oder mit einem Nießbrauche belastet ist, den Nachweis voraus, daß die Berechtigten ihre Zustimmung in rechtsverbindlicher Weise erklärt haben. Der Nachweis ist zu den Akten zu bringen. Bei Reallasten, Hypotheken, Grundschulden und Rentenschulden genügt der Nachweis, daß die Berechtigten innerhalb der im § 1128 Abs. 1 des Bürgerlichen Gesetzbuchs bestimmten Frist einen Widerspruch nicht erhoben haben; die Anzeige von dem Eintritte des Schadens kann durch die nach Abs. 2 zuständige Behörde erfolgen. Der Nachweis ist nicht erforderlich, wenn das zuständige Gericht festgestellt hat, daß die Bewilligung für die Berechtigten unschädlich ist.

VII. Der Artikel 43 Satz 1, 2 erhält folgende Fassung:

Der Anspruch auf Entschädigungsgelder kann, soweit diese zu einem bestimmten Zwecke, insbesondere nach Art. 38, 39 zum Wiederaufbau des Gebäudes, zu verwenden sind, vorbehaltlich der Bestimmung des Art. 41 Abs. 2, nicht abgetreten werden. Der Anspruch auf die zum Wiederaufbau zu verwendenden Entschädigungsgelder kann jedoch mit der Baustelle unter der Bedingung des Wiederaufbaus veräußert werden.

VIII. Der Artikel 46 erhält folgende Fassung:

Ist das beschädigte Gebäude eines der vorsätzlichen oder fahrlässigen Brandstiftung beschuldigten Versicherten mit Hypotheken, Grundschulden, Rentenschulden oder mit einem Nießbrauche belastet oder ist von den Miteigentümern des Gebäudes einer beschuldigt, so wird zwar zum Besten der Berechtigten oder der anderen Miteigentümer die Entschädigungssumme gegen dereinstigen Ersatz aus dem Vermögen des Schuldigen von der Anstalt vorgeschossen, jedoch zu keinem anderen Zwecke als zu dem der Wiederherstellung der beschädigten Gegenstände.

Die Versicherungskammer ist berechtigt, für die festgesetzte Entschädigungssumme eine Sicherungshypothek an den Grundstücken des Beschuldigten eintragen zu lassen.

Die Eintragung der Hypothek an mehreren Grundstücken des Beschuldigten darf nur soweit verlangt werden, daß der Wert der Grundstücke das Doppelte des zu sichernden Betrags erreicht; der Wert wird unter Abzug der Belastungen berechnet, welche der Hypothek im Range vorgehen.

IX. Der Artikel 71 erhält folgende Fassung:

Steht das versicherte Gebäude im Miteigentume mehrerer, so haften die Miteigentümer, welche die Versicherung genommen haben, für die Beiträge als Gesamtschuldner.

Das Grundstück haftet im ganzen, auch wenn nur einer der Miteigentümer die Versicherung genommen hat. Das gleiche gilt, wenn der Nießbraucher die Versicherung zugunsten des Eigentümers genommen hat.

X. Der Artikel 75 erhält folgende Fassung:

Werden Brandversicherungsbeiträge von einem Stellvertreter (Art. 70, 73, 74) vorgeschossen, so geht der Anspruch der Anstalt auf diesen über.

XI. Im Artikel 77 Abs. 1 werden die Worte: „insbesondere auch die Einwilligung der sämtlichen Hypothekgläubiger oder amtliche Bescheinigung der Hypothekfreiheit" gestrichen.

XII. Der Artikel 9 Abs. 2, der Artikel 32 Abs. 4 Satz 2, der Artikel 47 Abs. 2, der Artikel 72, der Artikel 78 Abs. 1 Ziff. 3 und der Artikel 88 Satz 2 werden aufgehoben.

Die Aufhebung des Artikel 3 Abs. 1 Ziff. 6 und des Artikel 32 Abs. 4 Satz 2 sowie die Änderungen der Artikel 10, 15, 71 treten schon vor der Zeit, zu welcher das Grundbuch als angelegt anzusehen ist, in Kraft.

Vorbehalt für die Landesgesetzgebung A 75 EGBGB., vgl. noch A 2 EG.-VVG. vom 30. V. 1908 (RGBl. S. 305).

Einführung in den coburgischen Landesteilen s. GVBl. 1921 S. 259.

Änderungen vgl. Ges. vom 8. IV. 1920 (GVBl. S. 99), Ges. vom 18. VIII. 1922 (GVBl. S. 421), Ges. vom 14. VIII. 1923 (GVBl. S. 265), VO. vom 22. I. 1924 (GVBl. S. 10), Ges. vom 16. X. 1925 (GVBl. S. 259).

Verwaltungsgerichtshofgesetz. **Art. 165.**

Das Gesetz vom 8. August 1878, betreffend die Errichtung eines Verwaltungsgerichtshofes und das Verfahren in Verwaltungsrechtssachen, wird dahin geändert:

I. An die Stelle des Artikel 7 Abs. 2 treten folgende Vorschriften:

Der Verwaltungsgerichtshof ist berufen, in den Fällen, in welchen der Staat, eine Gemeinde oder ein anderer Kommunalverband wegen des Schadens in Anspruch genommen werden soll, den ein Beamter in Ausübung der ihm anvertrauten öffentlichen Gewalt vorsätzlich oder fahrlässig einem Dritten zugefügt hat, die Vorentscheidung darüber zu treffen, ob der Beamte sich einer Überschreitung seiner Amtsbefugnisse oder der Unterlassung einer ihm obliegenden Amtshandlung schuldig gemacht hat. Das Gleiche gilt, wenn ein Beamter wegen des Schadens in Anspruch genommen werden soll, den er durch eine in Ausübung oder in Veranlassung der Ausübung der ihm anvertrauten öffentlichen Gewalt vorgenommene Handlung einem Dritten zugefügt hat. Soweit der Staat oder der Verband, in dessen Diensten der Beamte steht, einen Schaden zu ersetzen hat, für den der Beamte selbst nicht verantwortlich ist, hat der Verwaltungsgerichtshof die Vorentscheidung darüber zu treffen, ob der Beamte seine Amtsbefugnisse überschritten oder eine ihm obliegende Amtshandlung unterlassen hat. Bei Handlungen eines Beamten der streitigen oder der freiwilligen Gerichtsbarkeit ist die Vorentscheidung nicht erforderlich.

Die Vorentscheidung ist für das Gericht bindend.

Soll der Anspruch gegen den Staat oder den Verband wegen schuldhafter Verletzung der Amtspflicht erhoben werden, so wirkt die Vorentscheidung auch für das Verhältnis zwischen dem Staate oder dem Verband und dem Beamten.

Auf das Verfahren finden die für Verwaltungsrechtssachen geltenden Vorschriften Anwendung. Vor Erlassung der Vorentscheidung ist auch im Falle des Abs. 2 Satz 1 der Beamte zu hören.

II. In dem Artikel 10 wird folgende Vorschrift als Ziff. 3[a] eingestellt:

3[a]) Umwandlung des Zweckes oder Aufhebung einer Stiftung nach den Vorschriften des § 87 des Bürgerlichen Gesetzbuchs, wenn von dem Vorstande der Stiftung oder von einem zum Genuß oder zum Mitgenusse der Stiftung Berechtigten bestritten wird, daß die Erfüllung des Stiftungszwecks unmöglich geworden sei oder das Gemeinwohl gefährde.

Einführung in den coburgischen Landesteilen s. GVBl. 1922 S. 255. Neufassung des A 7[II] VGG. nach Ges. vom 7. III. 1924 (GVBl. S. 65, s. A 60 A. IV). Zu A 10[3a] VGG. s. A 5 A. 3[a].

Ausführungsgesetz zur Zivilprozeßordnung und Konkursordnung. **Art. 166.**

Das Gesetz vom 23. Februar 1879 zur Ausführung der Reichs-Zivilprozeßordnung und Konkursordnung wird dahin geändert:

I. Im Artikel 3 werden die Worte: „unbeschadet der Vorschriften in den §§ 394 und 397 der Zivilprozeßordnung" ersetzt durch die Worte:

„unbeschadet der Vorschriften der §§ 810, 811 des Bürgerlichen Gesetzbuchs".

II. Als Artikel 9a wird folgende Vorschrift eingestellt:

Über das Vermögen einer der im Art. 9 Abs. 2 bezeichneten juristischen Personen des öffentlichen Rechtes findet ein Konkurs nicht statt.

III. Im Artikel 10 erhält

1. der Abs. 1 folgende Fassung:

Die Ansprüche aus der Haftung des Staates oder der Gemeinden für den bei Zusammenrottungen verursachten Schaden sowie die Ansprüche des Fiskus gegen die beteiligten Gemeinden auf Ersatz der Kosten, die aus dem Einschreiten der bewaffneten Macht zur Erhaltung der inneren Sicherheit oder der gesetzlichen Ordnung entstehen, erlöschen mit dem Ablauf eines Jahres, wenn nicht vorher die Klage erhoben wird. Die einjährige Frist beginnt für die Ansprüche der ersteren Art mit der Beschädigung, für die Ansprüche der letzteren Art mit dem Zeitpunkt, in welchem die Verwendung der bewaffneten Macht ihr Ende erreicht.

2. der Abs. 3 Satz 1 folgende Fassung:

Hinsichtlich des Vollzugs der gegen die Beklagten ergehenden Urteile verbleibt es bei den Bestimmungen der Gesetze vom 12. März 1850 und vom 4. Mai 1851.

IV. Im Artikel 20 Abs. 1 werden die Worte: „in den nicht zur ordentlichen streitigen Gerichtsbarkeit gehörenden Sachen" ersetzt durch die Worte:

„in den Angelegenheiten, für welche die Landesgesetze maßgebend sind".

Die Überschrift vor dem Artikel 45 hat zu lauten:

„Zwangsenteignung".

Im Artikel 46 Abs. 1 werden

1. im Satz 1 die Worte: „und unter den Beteiligten nur noch die Frage über die Art oder den Betrag der zu leistenden Entschädigung streitig" gestrichen.

2. An die Stelle des Satz 2 treten folgende Vorschriften:

Der Antrag hat die genaue Bezeichnung des abzutretenden Grundstücks sowie die Angabe des Abtretungspflichtigen uud der sonstigen Beteiligten zu enthalten. Der Antrag soll soweit tunlich für die in demselben Verwaltungsbezirke belegenen Grundstücke gleichzeitig gestellt werden.

VII. In den Artikel 47 Abs. 2 wird zwischen Satz 1 und Satz 2 folgende Vorschrift eingestellt:

Auf die Ladung finden die Vorschriften des Art. XV Abs. 1 Satz 2, Abs. 2, 3 des Gesetzes vom 17. November 1837 entsprechende Anwendung; schriftliche Mitteilung erfolgt nur an den Abtretungsberechtigten, die Abtretungspflichtigen und die sonstigen Beteiligten, die sich zur Teilnahme an dem Schätzungsverfahren bei der Distriktsverwaltungsbehörde gemeldet haben.

VIII. Der Abs. 2 des Artikel 50 erhält folgende Fassung:

Für die Klage ist das Gericht ausschließlich zuständig, in dessen Bezirke das abzutretende Grundstück liegt.

IX. Der Artikel 51 Satz 2 erhält folgende Fassung:

Ist der Abtretungsberechtigte der Staat, so kann an Stelle der Einweisung in den Besitz die sofortige Zwangsabtretung erwirkt werden; zu einer Sicherheitsleistung ist der Staat nicht verpflichtet.

X. Der Artikel 53 erhält folgende Fassung:

An der Entschädigungssumme stehen den Beteiligten, deren Rechte nach Art. XI des Gesetzes vom 17. November 1837 auf die Entschädigungssumme übergegangen sind, dieselben Rechte zu, die sie im Falle des Erlöschens ihrer Rechte durch Zwangsversteigerung an dem Erlöse haben würden. Der bisherige Eigentümer und jeder Berechtigte kann die Eröffnung eines Verteilungsverfahrens nach den für die Verteilung des Erlöses im Falle der Zwangsversteigerung geltenden Vorschriften beantragen.

Das Gericht hat bei der Eröffnung des Verfahrens von Amts wegen das Grundbuchamt um die im § 19 Abs. 2 des Gesetzes über die Zwangsversteigerung und die Zwangsverwaltung bezeichneten Mitteilungen zu ersuchen.

Als Beteiligte im Sinne des § 9 Nr. 1 des Gesetzes über die Zwangsversteigerung und die Zwangsverwaltung gelten diejenigen, für welche zur Zeit der Erteilung der beglaubigten Abschrift des Grundbuchblatts ein Recht im Grundbuch eingetragen oder durch Eintragung gesichert ist; die infolge der Zwangsabtretung erfolgten Rechtsänderungen bleiben außer Betracht. Als Beschlagnahme im Sinne des § 13 des angeführten Gesetzes ist die Zwangsabtretung, im Falle der

Einweisung des Abtretungsberechtigten in den Besitz die Einweisung anzusehen.

XI. Der Artikel 55 erhält folgenden Zusatz:

Vor dieser kann auch die Auflassung erklärt werden.

XII. Als Artikel 55a wird unter der Überschrift: „Ablösung" folgende Vorschrift eingestellt:

Bei der Ablösung eines Rechtes, das dem jeweiligen Eigentümer eines Grundstücks zusteht, finden, wenn das Grundstück des Berechtigten mit Rechten Dritter belastet ist, auf die Ablösungssumme, soweit nicht besondere Vorschriften bestehen, die im Falle der Zwangsenteignung für die Entschädigung geltenden Vorschriften entsprechende Anwendung.

XIII. Als Artikel 68a wird unter der Überschrift: „Zwangsvollstreckung bei Fideikommissen, Lehen und landwirtschaftlichen Erbgütern gegen den Nachfolger" folgende Vorschrift eingestellt:

Bei Familienfideikommissen, Lehen mit Einschluß der allodifizierten Lehen, Stammgütern und landwirtschaftlichen Erbgütern finden auf die Zwangsvollstreckung gegen den Rechtsnachfolger des Schuldners die für die Zwangsvollstreckung gegen den Erben des Schuldners geltenden Vorschriften entsprechende Anwendung.

XIV. An die Stelle des Artikel 69 treten unter der Überschrift: „Aufgebotsverfahren" folgende Vorschriften:

Art. 69. Für das Aufgebotsverfahren zum Zwecke der Kraftloserklärung ist bei Schuldverschreibungen des bayerischen Staates das Amtsgericht, bei welchem die Staatsschuldentilgungsanstalt ihren allgemeinen Gerichtsstand hat, bei Schuldverschreibungen, die von einer dem bayerischen Staate angehörenden Körperschaft, Stiftung oder Anstalt des öffentlichen Rechtes ausgestellt sind, das Amtsgericht, bei welchem die Körperschaft, Stiftung oder Anstalt ihren allgemeinen Gerichtsstand hat, ausschließlich zuständig.

Art. 69a. Für das Aufgebotsverfahren zum Zwecke der Kraftloserklärung einer Urkunde der im § 808 des Bürgerlichen Gesetzbuchs bezeichneten Art, für welche Zins- oder Rentenscheine nicht ausgegeben sind, sowie eines Hypotheken-, Grundschuld- oder Rentenschuldbriefs gelten die nachfolgenden besonderen Bestimmungen.

Die öffentliche Bekanntmachung des Aufgebots und der Zahlungssperre erfolgt durch Anheftung an die Gerichtstafel und durch zweimalige Einrückung in das für die Bekanntmachungen des Gerichts bestimmte Blatt. Das Gericht kann anordnen, daß die Bekanntmachung noch in anderen Blättern erfolgen soll. Die Aufgebotsfrist muß mindestens drei Monate betragen. Sie beginnt mit der ersten Einrückung in das für die Bekanntmachungen des Gerichts bestimmte Blatt.

Die im § 1017 Abs. 2, 3 und im § 1022 Abs. 1 der Zivilprozeßordnung vorgeschriebenen Bekanntmachungen erfolgen in dem für die Bekanntmachungen des Gerichts bestimmten Blatte.

Auf Versicherungspolizen sowie auf Grundschuld- und Rentenschuldbriefe, die auf den Inhaber ausgestellt sind, finden diese Vorschriften keine Anwendung.

Art. 69b. Die öffentliche Bekanntmachung der in den §§ 977, 982, 988, 1002 der Zivilprozeßordnung bezeichneten Aufgebote erfolgt durch Anheftung an die Gerichtstafel und einmalige Einrückung in das für die Bekanntmachung des Gerichts bestimmte Blatt. Die Aufgebotsfrist beginnt mit der Einrückung in dieses Blatt.

Wird die öffentliche Bekanntmachung des wesentlichen Inhalts des Ausschlußurteils angeordnet, so erfolgt sie durch das im Abs. 1 bezeichnete Blatt.

XV. Der Artikel 88 wird unter der Überschrift: „Feststellung des Datums einer Privaturkunde" als Artikel 70a eingestellt.

XVI. Die Artikel 12 bis 19, 23 bis 33, 56 bis 67, 71 bis 77, 79 bis 87, 89 bis 121, 123 bis 126, 135, 140 bis 168, 171 bis 174, 176 bis 219, 222 bis 224 werden aufgehoben.

Die Vorschriften der Artikel 25 bis 33, 125, 171 bleiben jedoch in Kraft, bis das Grundbuch als angelegt anzusehen ist. Für das im § 82 des Hypothekengesetzes bestimmte Aufgebot verbleibt es in Ansehung des Verfahrens bei den bisherigen Vorschriften mit der Maßgabe, daß die Vorschriften des Artikel 69b entsprechende Anwendung finden und die Aufgebotsfrist mindestens sechs Wochen betragen muß. Bei einer vertragsmäßigen Versteigerung von Grundstücken nach Artikel 202 bleiben für das Verfahren die Vorschriften des Artikel 202 Abs. 1, 4 bis 7 maßgebend.

Die Artikel 127 bis 134, 136 bleiben in Ansehung der Hypotheken in Kraft, welche zu der Zeit bestehen, zu der das Grundbuch als angelegt anzusehen ist.

Der Artikel 169 bleibt für Rechtsverhältnisse, die sich nach den bisherigen Vorschriften bestimmen, in Kraft, sofern der Wohnsitz vor dem Inkrafttreten des Bürgerlichen Gesetzbuchs erwählt worden ist.

Die Artikel 220, 221 bleiben für die nach den bisherigen Vorschriften errichteten Urkunden der in ihnen bezeichneten Art in Kraft.

Die noch geltenden Vorschriften der Preußischen Allgemeinen Gerichtsordnung und der Pfälzischen Zivilprozeßordnung werden aufgehoben. Die Vorschrift des § 128 Teil I Titel 10 der Preußischen Allgemeinen Gerichtsordnung bleibt jedoch für die vor dem 1. Januar 1876 erfolgten Eintragungen in die Kirchenbücher in Kraft.

Soweit nach dem Inkrafttreten des Bürgerlichen Gesetzbuchs das in Teil I Titel 51 §§ 100 bis 109 der Preußischen Allgemeinen Gerichtsordnung bestimmte Aufgebot stattfindet, verbleibt es in Ansehung des Verfahrens bei den bisherigen Vorschriften. Das gleiche gilt für das Hypothekenreinigungsverfahren nach pfälzischem Rechte.

Einführung in den **coburgischen** Landesteilen s. GVBl. 1921 S. 537; GVBl. 1922 S. 153, 154.

Zu Ziff. XVI^{II}: Hypothekurkunden, welche vor der Anlegung des Grundbuches errichtet wurden (altrechtliche Hypothekurkunden), sind vollstreckbar, auch wenn der Schuldner sich der sofortigen Zwangsvollstreckung nicht unterworfen hat (§ 801 ZPO., A 127ff. AGZPO., ZfR. 1909^{141}, ^{157}).

Ausführungsgesetz zum Gerichtsverfassungsgesetz.

Art. 167.

Das Ausführungsgesetz vom 23. Februar 1879 zum Reichsgerichtsverfassungsgesetze wird dahin geändert:

I. Der Artikel 15 erhält folgende Fassung:

Die Amtsgerichte sind, soweit nicht andere Bestimmungen getroffen sind, für die Angelegenheiten zuständig, welche zur Zuständigkeit der Stadt- und Landgerichte gehört haben.

Die Amtsgerichte sind neben den Notaren zuständig für die Beurkundung von Vereinbarungen zwischen dem Vater eines unehelichen Kindes und diesem über den Unterhalt für die Zukunft oder über eine an Stelle des Unterhalts zu gewährende Abfindung sowie für die Beurkundung einer Vereinbarung zwischen dem Vater eines unehelichen Kindes und der Mutter über die der Mutter aus der Beiwohnung und der Entbindung entstandenen Ansprüche, sofern diese Vereinbarung mit der Vereinbarung über den Unterhalt des Kindes in derselben Urkunde verbunden wird. Die Amtsgerichte sind nicht zuständig für die Beurkundungen, die nach den Vorschriften der Reichsgesetze durch ein Gericht oder einen Notar zu bewirken sind, sowie für die öffentliche Beglaubigung einer Unterschrift oder eines Handzeichens.

Die Amtsgerichte sind als Nachlaßgericht nicht zuständig zur Aufnahme des Inventars.

II. Als Artikel 15 a wird folgende Vorschrift eingestellt:

Die Amtsgerichte können für bestimmte Arten von Gutachten, soweit nicht besondere Vorschriften maßgebend sind, Sachverständige öffentlich bestellen und im allgemeinen beeidigen.

III. Dem Artikel 17 Abs. 2 wird folgende Vorschrift beigefügt:

Ist die Dienstaufsicht zwischen mehreren Amtsrichtern geteilt, so bestimmt das Staatsministerium der Justiz denjenigen, welchem die Verteilung der Geschäfte zusteht.

IV. Der Art. 21 erhält folgende Fassung:

Die im Art. 20 Abs. 1 angeordnete Stellvertretung erstreckt sich nicht auf den Fall rechtlicher Verhinderung des Gerichts.

V. Der Artikel 12 erhält folgende Fassung:

Die Ausfertigungen in den nicht zur ordentlichen streitigen Gerichtsbarkeit gehörenden Angelegenheiten werden, soweit nicht besondere Vorschriften bestehen, von dem Amtsrichter unterschrieben.

VI. Der Artikel 29 erhält folgende Fassung:

Die in dem gegenwärtigen Gesetze den Landgerichten zugewiesenen, nicht zur ordentlichen streitigen Gerichtsbarkeit gehörenden Angelegenheiten werden von den Zivilkammern erledigt.

VII. Im Artikel 30 erhält

1. der Abs. 1 folgende Fassung:

Die Vorschriften der §§ 61 bis 68, 77 des Reichsgerichtsverfassungsgesetzes gelten auch für die zur Zuständigkeit der Landgerichte gehörenden Angelegenheiten, für welche die Vorschriften der Landesgesetze maßgebend sind.

2. im Abs. 3 werden die Worte: „in den Fällen des § 100 des Reichsgerichtsverfassungsgesetzes der Vorsitzende der Kammer für Handelssachen" gestrichen.

3. Der Abs. 4 erhält folgende Fassung:

Ausfertigungen in den Angelegenheiten der freiwilligen Gerichtsbarkeit werden von dem Urkundsbeamten der Geschäftsstelle unterschrieben.

VIII. Im Artikel 36 Ziff. 2 werden die Worte: „nach den Vorschriften des gegenwärtigen Gesetzes" ersetzt durch die Worte:

„nach Art. 28".

IX. Im Artikel 37 werden die Worte: „mit Ausnahme der Behandlung der im Art. 41 bezeichneten Strafsachen" gestrichen.

X. Der Artikel 38 erhält folgende Fassung:

Die Vorschriften der §§ 121, 124 des Reichsgerichtsverfassungsgesetzes gelten auch für die zur Zuständigkeit der Oberlandesgerichte gehörenden Angelegenheiten, für welche die Vorschriften der Landesgesetze maßgebend sind.

Auf die Vertretung des Präsidenten finden die Vorschriften des Art. 32 entsprechende Anwendung.

XI. Der Artikel 39 erhält folgende Fassung:

Die Vorschriften des Art. 30 Abs. 3, 5 finden bei den Oberlandesgerichten entsprechende Anwendung.

Ausfertigungen in Angelegenheiten der freiwilligen Gerichtsbarkeit, für die das Oberlandesgericht als oberes Gericht zuständig ist, werden von dem Urkundsbeamten der Geschäftsstelle unterschrieben.

XII. An die Stelle des Artikel 42 Abs. 3 treten folgende Vorschriften:

Dem Obersten Landesgerichte wird ferner die Verhandlung und Entscheidung der zur Zuständigkeit der Oberlandesgerichte gehörenden Revisionen und Beschwerden in Strafsachen sowie, unbeschadet der Zuständigkeit des Reichsgerichts, die Entscheidung über das Rechtsmittel der weiteren Beschwerde in Grundbuchsachen und anderen Angelegenheiten der freiwilligen Gerichtsbarkeit zugewiesen.

Das Oberste Landesgericht ist, soweit nicht andere Bestimmungen getroffen sind, für die Angelegenheiten zuständig, welche zur Zuständigkeit des Obersten Gerichtshofs gehört haben.

XIII. Der Artikel 48 erhält folgende Fassung:

Die Zivilsenate des Obersten Landesgerichts entscheiden in den Angelegenheiten, für welche die Vorschriften der Landesgesetze maßgebend sind, in der Besetzung von sieben Mitgliedern mit Einschluß des Vorsitzenden, über das Rechtsmittel der weiteren Beschwerde gegen Entscheidungen der Landgerichte als Beschwerdegerichte und über die Bestimmung des zuständigen Gerichts jedoch in der Besetzung von fünf Mitgliedern mit Einschluß des Vorsitzenden.

XIV. Der Artikel 51 Abs. 1 erhält folgende Fassung:

Bei dem Obersten Landesgerichte wird ein Generalstaatsanwalt, bei jedem Oberlandesgerichte wird ein Generalstaatsanwalt, bei jedem Landgerichte wird ein Oberstaatsanwalt aufgestellt.

XV. Der Art. 52 Abs. 1 erhält folgende Fassung:

Der Generalstaatsanwalt, die Oberstaatsanwälte und die Staatsanwälte werden vom König ernannt.

XVI. Der Artikel 63 erhält folgende Fassung:

Die Urkundsbeamten der Geschäftsstelle bei den Amtsgerichten sind zuständig, Siegelungen und Entsiegelungen sowie die Verrichtungen einer Urkundsperson gemäß § 123 der Konkursordnung vorzunehmen und Vermögensverzeichnisse aufzunehmen, die nach gesetzlicher Vorschrift dem Vormundschaftsgericht einzureichen sind. Sie sollen sich diesen Geschäften nur auf Anordnung des Richters unterziehen.

Den Urkundsbeamten der Geschäftsstelle bei den Amtsgerichten kann von dem Nachlaßgerichte die Aufnahme des Inventars übertragen werden.

Die Aufnahme eines Vermögensverzeichnisses nach Abs. 1 oder eines Inventars nach Abs. 2 soll nur angeordnet werden, wenn anzunehmen ist, daß der Wert des Vermögens oder des Nachlasses ohne Abzug der Schulden den Betrag von zweitausend Mark nicht oder nicht erheblich übersteigt.

XVII. Im Artikel 64 werden die Worte: „verpflichteten Schreiber“ ersetzt durch das Wort: „Urkundsbeamten der Geschäftsstelle“.

XVIII. Im Artikel 65 werden die Worte: „sowie des Zustellungswesens in Sachen der nichtstreitigen Rechtspflege“ gestrichen.

XIX. Im Artikel 69 erhält

1. die Ziff. 6 folgende Fassung:

   6. dem Generalstaatsanwalt am Obersten Landesgerichte hinsichtlich der Staatsanwaltschaft beim Obersten Landesgerichte, dem Generalstaatsanwalt und dem Oberstaatsanwalt hinsichtlich der Staatsanwaltschaften ihres Bezirks.

2. Zwischen Abs. 1 und Abs. 2 wird folgender neue Absatz eingefügt:

   Der Präsident des Oberlandesgerichts und des Landgerichts kann sich mit Genehmigung des Staatsministeriums der Justiz bei der Erledigung einzelner Aufsichtsgeschäfte, die sich auf ein untergebenes Gericht beziehen, durch einen richterlichen Beamten des Gerichts, dessen Vorstand er ist, vertreten lassen.

3. Der bisherige Abs. 2 erhält folgenden Zusatz:

   Wird der Präsident nach Abs. 2 durch einen richterlichen Beamten vertreten, der nicht Mitglied des Präsidiums ist so nimmt dieser an der Beschlußfassung des Präsidiums mit beratender Stimme teil.

XX. Als Artikel 74a wird folgende Vorschrift eingestellt:

Die Aufsicht über die Amtsführung der Standesbeamten in der Pfalz gehört zu den Gegenständen der Justizverwaltung. Die erforderlichen Ausführungsbestimmungen erläßt das Staatsministerium der Justiz.

XXI. Der dreizehnte Titel erhält die Überschrift:

„Hinterlegungswesen".

XXII. Der Artikel 76 erhält folgende Fassung:

Für die in Angelegenheiten des bürgerlichen Rechts oder nach den Vorschriften über das gerichtliche Verfahren erfolgenden Hinterlegungen werden bei den Amtsgerichten Hinterlegungsstellen errichtet. Für mehrere Amtsgerichtsbezirke kann eine Hinterlegungsstelle errichtet werden.

Die näheren Bestimmungen über die Hinterlegung werden durch Königliche Verordnung getroffen.

Die Staatsregierung kann die Besorgung des Hinterlegungswesens der Königlichen Bank übertragen und die hiefür erforderlichen Ausführungsvorschriften erlassen.

Bei den amtsgerichtlichen Hinterlegungsstellen findet die Anlegung von Mündelgeld nach § 1808 des Bürgerlichen Gesetzbuchs nicht statt.

XXIII. Der Artikel 77 Abs. 1 erhält folgende Fassung:

Die Gerichte haben sich in den Angelegenheiten, für welche die Vorschriften der Landesgesetze maßgebend sind, Rechtshilfe zu leisten.

XXIV. Im Artikel 78 Abs. 1 und im Artikel 79 werden die Worte: „in den nicht zur ordentlichen streitigen Gerichtsbarkeit gehörenden Angelegenheiten" ersetzt durch die Worte:

„in den Angelegenheiten, für welche die Vorschriften der Landesgesetze maßgebend sind".

XXV. Der Artikel 28 Abs. 2, 3 und die Artikel 41, 46, 47 werden aufgehoben.

Einführung in den coburgischen Landesteilen s. GVBl. 1921 S. 235, 308; 1922 S. 153, 154, 191.

Änderung durch A 222 des Beamtenges. vom 16. VIII. 1908 (GVBl. S. 581), Ges. vom 2. II. 1921 (GVBl. S. 29), Ges. vom 5. V. 1923 (GVBl. S. 169), Ges. vom 29. III. 1924 (GVBl. S. 125), Ges. vom 17. X. 1927 (GVBl. S. 293).

Wegen Änderungen der Amtsbezeichnungen der bisherigen Gerichtsschreiber vgl. Ges. vom 19. XII. 1927 (zu Ziff. VII Art. 30, XI Art. 39, XVI Art. 63, XVII Art. 64), wegen der Titelbezeichnungen des Generalstaatsanwalts am

Obersten Landesgerichte, der Generalstaatsanwälte und der Oberstaatsanwälte vgl. Bek. vom 20. II. 1930 über die Amtsbezeichnungen der Staatsbeamten (GVBl. S. 27, zu Ziff. XIV Art. 51, XIX Art. 69).

Ausführungsgesetz zur Strafprozeßordnung.

Art. 168.

Das Gesetz vom 18. August 1879 zur Ausführung der Reichsstrafprozeßordnung wird dahin geändert:

I. Im Artikel 107 werden die Worte: „Notare oder" gestrichen.

II. Die Artikel 14, 30, 31, 117 bis 121 werden aufgehoben.

Einführung in den coburgischen Landesteilen s. GVBl. 1921 S. 257, 523 und 524.

Änderungen durch A 2 AG. vom 11. VII. 1900 zu den Reichsmilitärgesetzen (GVBl. S. 705) und durch A 223 des Beamtenges. vom 16. VIII. 1908.

Zu A 14, 30, 31 AGStPO. vgl. §§ 830, 840, 852, 853 BGB., zu A 117 bis 121 AGStPO. vgl. A 67, 69, 70, 80ff. NotG.

Erbschaftssteuergesetz.

Art. 169.

Das Gesetz vom 18. August 1879 über die Erbschaftssteuer wird dahin geändert:

I. Im Artikel 1 Abs. 1 erhält

1. die lit. a folgende Fassung:

a) von Erbschaften, Vermächtnissen und Schenkungen auf den Todesfall, aus Auflagen auf Zuwendungen dieser Art, die dem Empfänger der Leistung einen Vermögensvorteil zu verschaffen bezwecken, sowie aus Pflichtteilsrechten;

2. die lit. b fällt weg.

II. Im Artikel 4 erhält

1. die Ziff. 1 folgende Fassung:

1. Als Verwandschaft gilt auch die durch Annahme an Kindesstatt begründete Verwandtschaft sowie das Verhältnis zwischen einem unehelichen Kinde und dessen Abkömmlingen einerseits und dem Vater und dessen Verwandten andererseits, sofern die Vaterschaft erweislich anerkannt ist.

2. die Ziff. 2 folgenden Zusatz:

Die Aufhebung der ehelichen Gemeinschaft nach § 1575 des Bürgerlichen Gesetzbuchs steht der Scheidung gleich.

III. An die Stelle der Artikel 7, 8 treten folgende Vorschriften:

Artikel 7. Auf Grundstücke und denselben gleichstehende Rechte, welche sich außerhalb Bayerns befinden, erstreckt sich die Steuerpflicht nicht.

Innerhalb Bayerns befindliche Grundstücke und denselben gleichstehende Rechte unterliegen der Erbschaftssteuer ohne Unterschied, ob der Erblasser Bayer oder Nichtbayer war und ob er seinen Wohnsitz in Bayern hatte oder nicht.

Artikel 8. Anderes als das im Art. 7 bezeichnete Vermögen unterliegt der Erbschaftssteuer, wenn der Erblasser zur Zeit seines Todes, im Falle der Todeserklärung bei dem Beginne der Verschollenheit, seinen Wohnsitz in Bayern hatte.

Soweit hienach außerhalb Bayerns befindliches Vermögen der Besteuerung unterliegt, wird auf die Erbschaftssteuer die in dem Staate, in welchem sich das Vermögen befindet, von diesem Vermögen zu entrichtende Erbschaftsabgabe angerechnet.

Hatte der Erblasser zur Zeit seines Todes, im Falle der Todeserklärung bei dem Beginne der Verschollenheit, keinen Wohnsitz, so unterliegt das bewegliche Vermögen der Erbschaftssteuer, soweit es zur Zeit des Todes des Erblassers, im Falle der Todeserklärung zur Zeit der Erlassung des die Todeserklärung aussprechenden Urteils, sich in Bayern befindet.

Artikel 8a. Für den Fall, daß der Erblasser seinen Wohnsitz in einem Staate gehabt hat, in dem die Erbschaftssteuer nach anderen als den im Art. 8 bestimmten Grundsätzen erhoben wird, oder Angehöriger eines solchen Staates gewesen ist, kann das Staatsministerium der Finanzen zum Zwecke der Ausgleichung und tunlichster Vermeidung einer Doppelbesteuerung anordnen, daß das bewegliche Vermögen

1. ohne Rücksicht auf den Wohnsitz des Erblassers der Erbschaftssteuer unterliegt, wenn der Erblasser bayerischer Staatsangehöriger gewesen ist;
2. ohne Rücksicht auf den Wohnsitz und die Staatsangehörigkeit des Erblassers der Erbschaftssteuer unterliegt, wenn das Vermögen sich in Bayern befindet.

IV. Im Artikel 11 werden die Worte: „oder die Einweisung in den Besitz des Vermögens eines Abwesenden (Art. 1b)" gestrichen.

V. Der Artikel 22 erhält folgende Fassung:

Bei einer Nacherbfolge oder einem Nachvermächtnisse wird der Vorerbe oder der erste Vermächtnisnehmer als Nießbraucher und der Nacherbe oder der Nachvermächtnisnehmer als Erwerber der Substanz des an ihn herauszugebenden Vermögens behandelt.

Ist jedoch die Einsetzung des Nacherben oder das Nachvermächtnis auf dasjenige beschränkt, was bei dem Eintritte des Falles der Nacherbfolge oder des Nachvermächtnisses übrig sein wird, so haben sowohl der Vorerbe oder der erste Vermächtnisnehmer von dem vollen Betrage des ihm angefallenen als der Nacherbe oder der Nachvermächtnisnehmer von dem vollen Betrage des an ihn herausgegebenen Vermögens nach ihrem Verhältnisse zum Erblasser die Erbschaftssteuer zu entrichten. Die von dem Vorerben oder dem Vorvermächtnisnehmer entrichtete Steuer wird für den Betrag, für welchen der Nacherbe oder der Nachvermächtnisnehmer steuerpflichtig ist, insoweit zurückvergütet, als sie den Betrag übersteigt, den der Vorerbe oder der Vorvermächtnisnehmer als Nießbraucher schulden würde.

VI. Im Artikel 23 erhält der Satz 1 folgende Fassung:

Haben Ehegatten gemeinschaftlich Verwandte des einen oder beider Ehegatten als Erben eingesetzt oder mit anderen Zuwendungen von Todeswegen bedacht, so wird angenommen, daß der Anfall von dem dem Bedachten am nächsten verwandten Ehegatten herrühre, soweit dessen Nachlaß reicht, sofern sich nicht aus den Umständen ergibt, daß die Zuwendung von dem anderen Ehegatten ausgegangen ist.

VII. Der Artikel 26 erhält folgende Fassung:

Testamentsvollstrecker, gesetzliche Vertreter und Bevollmächtigte der Erbinteressenten, Nachlaßpfleger sowie die Verwalter von Familienstiftungen haften persönlich für die Steuer, wenn sie vor deren Entrichtung oder Sicherstellung die Erbschaft, einzelne Erbteile, Vermächtnisse, Schenkungen auf den Todesfall, Pflichtteile oder Bezüge aus Familienstiftungen ausantworten oder steuerpflichtige Auflagen erfüllen.

VIII. Im Artikel 28 Abs. 2 werden die Worte: „oder auf Einweisung in den Besitz des Vermögens eines Abwesenden" gestrichen.

IX. Im Artikel 30 werden ersetzt im Satz 1 die Worte: „letztwilliger Verfügungen" durch die Worte:

„einer Verfügung von Todeswegen"

und im Satz 2 die Worte: „letztwillige Verfügungen" durch die Worte: „die Verfügungen von Todeswegen".

X. Im Artikel 31 Abs. 1 wird statt „notarielles Inventar" gesetzt „vorschriftsmäßig errichtetes Inventar".

XI. Der Artikel 34 erhält folgende Fassung:

Für Personen, die unter elterlicher Gewalt, unter Vormundschaft oder unter Pflegschaft stehen, sowie für juristische Personen sind die in den Art. 29, 31 bis 33 aufgestellten Verpflichtungen von den gesetzlichen Vertretern zu erfüllen.

XII. Im Artikel 35 Abs. 1 wird das Wort „notariellen" gestrichen.

XIII. Als Artikel 44a wird der Abs. 4 des Artikel 46 eingestellt.

XIV. Der Artikel 25 Abs. 3 Satz 2 und der Artikel 46 Abs. 1 bis 3 werden aufgehoben.

Soweit für einen nach dem Inkrafttreten des Bürgerlichen Gesetzbuchs eintretenden Anfall die Vorschriften des bisherigen bürgerlichen Rechtes maßgebend bleiben, gilt das gleiche von den bisherigen Vorschriften des Gesetzes über die Erbschaftssteuer; die Vorschriften der Artikel 7 bis 8a der neuen Fassung gelten jedoch auch für solche Anfälle.

Außer Kraft gesetzt; nunmehr Reichserbschaftssteuergesetz in der Fassung des Ges. vom 22. VIII. 1925 (RGBl. S. 320).

Landeskulturrentengesetz. **Art. 170.**

Das Gesetz vom 21. April 1884, die Landeskultur-Rentenanstalt betreffend, wird dahin geändert:

I. Im Artikel 7 erhält der Satz 2 folgende Fassung:

Grundbesitz, welcher schon mit Hypotheken, Grundschulden oder Rentenschulden belastet ist, kann überdies nur dann als Sicherheit angenommen werden, wenn die Gläubiger der für das Darlehen und die Kulturrente zu bestellenden Hypothek im Range ausweichen.

II. Der Artikel 8 erhält folgende Fassung:

Die Sicherheit kann auch in der Weise geleistet werden, daß land- und forstwirtschaftlich benützbarer Grundbesitz mit der Kulturrente als ablösbarer Reallast belastet wird. Die Ablösungssumme muß innerhalb der ersten Wertshälfte zu stehen kommen. Ist der Grundbesitz schon mit Hypotheken, Grundschulden oder Rentenschulden belastet, so muß der Reallast der Vorrang eingeräumt werden.

Die Ablösung der Reallast kann binnen sechs Monaten von der Kommission gefordert werden.

1. in den Fällen des Artikel 5 Abs. II Ziff. 1 und 2,
2. wenn der Erwerber des belasteten Grundbesitzes die persönliche Haftung für rückständige Renten nicht übernimmt,
3. wenn ohne Einwilligung der Anstaltsverwaltung und ohne gerichtliche Feststellung der Unschädlichkeit von dem belasteten Grundbesitz ein Grundstück oder eine Teilfläche oder ein Realrecht abgetrennt worden ist.

III. Der Artikel 9 Abs. 2 Ziff. 3 erhält folgende Fassung:

3. Die ermittelten Teilrenten sind öffentliche Lasten der Grundstücke, auf die sie nach Ziff. 2 verteilt worden sind.

IV. Der Artikel 10 Abs. 2 Satz 3 erhält folgende Fassung:

Das Gesuch hat die Erklärung zu enthalten, ob die Sicherheit nach Artikel 7 oder nach Artikel 8 bestellt werden soll.

V. Im Artikel 12 werden

1. die Eingangsworte durch folgende Vorschriften ersetzt:

Soll als Sicherheit für das Darlehen und die Kulturrente eine Hypothek oder eine Reallast an dem Grundstücke bestellt werden, zu dessen Verbesserung das Darlehen gewährt wird, so findet auf Antrag des Gesuchstellers eine gerichtliche Aufforderung der Hypotheken-, Grundschuld- und Rentenschuldgläubiger zur Erklärung darüber statt, ob sie dem Vorrange der zu bestellenden Hypothek oder Reallast widersprechen. Ist das Recht eines der Gläubiger mit dem Rechte eines Dritten belastet, so ist die gerichtliche Aufforderung auch an den Dritten zu richten.

Für die gerichtliche Aufforderung gelten die nachfolgenden Bestimmungen:

2. Die Ziff. 2 erhält folgende Fassung:

Nach Zusicherung des Darlehens läßt die Kommission ihren Bescheid und das Darlehensgesuch mit den Beilagen durch die Distriktsverwaltungsbehörde dem Amtsgerichte, bei welchem das Grundbuch für das Grundstück geführt wird, mitteilen und das Amtsgericht um Erlassung der Aufforderung an die Hypotheken-, Grundschuld- und Rentenschuldgläubiger und, sofern ein Recht, das zurücktreten soll, mit dem Rechte eines Dritten belastet ist, an den Dritten ersuchen.

3. Die Ziff. 3 lit. b, c, d erhält folgende Fassung:

b) die Bezeichnung der Hypotheken, Grundschulden und Rentenschulden, welche der als Sicherheit für das Darlehen und die Kulturrente zu bestellenden Hypothek oder Reallast im Range ausweichen sollen;

c) die Mitteilung, daß die Beschreibung des Unternehmers mit den Plänen und Kostenvoranschlägen und der Bescheid der Kommission auf der Geschäftsstelle eingesehen werden können;

d) die Eröffnung, daß die Zustimmung des Hypotheken-, Grundschuld- oder Rentenschuldgläubigers und, sofern dessen Recht mit dem Rechte eines Dritten belastet ist, auch die Zustimmung des Dritten zu der Rangausweichung angenommen werde, wenn nicht innerhalb eines Monats bei dem Amtsgerichte schriftlich oder zum Protokolle des Urkundsbeamten der Geschäftsstelle Widerspruch erhoben wird.

4. An die Stelle der Ziff. 3 Abs. 2 Satz 2 treten folgende Vorschriften:
Die öffentliche Zustellung erfolgt durch Anheftung an die Gerichtstafel und einmalige Einrückung in das für die Bekanntmachungen des Amtsgerichts bestimmte Blatt. Das Amtsgericht kann anordnen, daß die Veröffentlichung noch in einem anderen Blatte erfolgen soll. Die Erklärungsfrist beginnt mit dem Ablaufe von zwei Wochen seit der Einrückung, im Falle mehrfacher Einrückung seit der letzten Einrückung.
5. Die Ziff. 3 erhält folgenden Abs. 3:
Berechtigte, die nicht im Grundbuch eingetragen sind, werden nur berücksichtigt, wenn sie Erben eines eingetragenen Berechtigten sind oder wenn ihre Rechte angemeldet und auf Verlangen des Amtsgerichts glaubhaft gemacht sind.
6. Die Ziff. 4 erhält folgende Fassung:
Soweit innerhalb der Frist Widerspruch nicht erhoben ist, hat das Amtsgericht auszusprechen, daß die Rangausweichung als von den aufgeforderten Berechtigten bewilligt zu erachten ist. Die Berechtigten sind in dem Beschlusse zu bezeichnen.
7. Als Ziff. 6 wird folgende Vorschrift hinzugefügt:
In dem Falle der Ziff. 4 finden auf die Eintragungen des Vorranges der als Sicherheit für das Darlehen und die Kulturrente bestellten Hypothek oder Reallast, soweit durch die Eintragung eine Hypothek, Grundschuld oder Rentenschuld betroffen wird, die Vorschriften der §§ 42 bis 44 der Grundbuchordnung keine Anwendung. Das Grundbuchamt hat den Besitzer des Hypotheken-, Grundschuld- oder Rentenschuldbriefs zur Vorlegung anzuhalten, um nach den Vorschriften des § 62 Abs. 1 und des § 70 Abs. 1 der Grundbuchordnung zu verfahren.

VI. Im Artikel 13 Abs. 4 werden
1. die Worte: „und unterliegt nur der in dieses Grundstück stattfindenden Zwangsvollstreckung" gestrichen,
2. folgende Vorschrift beigefügt:
Ist das Grundstück zum Zwecke der Zwangsvollstreckung in Beschlag genommen, so ist die Anstalt zu der Auszahlung nicht verpflichtet.

VII. Der Artikel 18 erhält folgende Fassung:
Die Bewilligung zur Löschung der für die Landeskultur-Rentenanstalt eingetragenen Hypothek oder Reallast oder zur Umschreibung der Hypothek wird von der Anstaltsverwaltung durch schriftliche Erklärung erteilt.
Hat die Hypothek den Vorrang vor den zur Zeit der Eintragung bestehenden Hypotheken, Grundschulden und Rentenschulden nach Artikel 12 Ziff. 4 erlangt, so kann diesen Rechten gegenüber der Vorrang, soweit sich die Hypothek mit dem Eigentum an dem belasteten Grundstück in einer Person vereinigt, geltend gemacht werden.

VIII. An die Stelle des Artikel 23 Abs. 1 Satz 2 treten folgende Vorschriften:
Für Schuldbekenntnisse und Bestellungen von Hypotheken und Reallasten, für Rangänderungen zugunsten der zu bestellenden Hypotheken oder Reallasten, mit Einschluß der Berichtigung der Hypotheken-, Grundschuld- und Rentenschuldbriefe, sowie für Eintragung und Löschung der Hypotheken und Reallasten und für die

Umschreibung der Hypotheken auf den Eigentümer des belasteten Grundstücks werden Gebühren zur Staatskasse nicht erhoben. Das Gleiche gilt für Erklärungen, welche die Aufhebung einer Hypothek, Grundschuld oder Rentenschuld zugunsten der zu bestellenden Hypothek oder Reallast betreffen.

IX. Der Artikel 22 wird aufgehoben.

Bis zu der Zeit, zu welcher das Grundbuch als angelegt anzusehen ist, bleibt die Geltung des Artikel 12 des Gesetzes vom 21. April 1884 auf die Landesteile rechts des Rheins beschränkt. Für die im Artikel 12 bestimmte gerichtliche Aufforderung tritt an die Stelle des Amtsgerichts, bei welchem das Grundbuch für das Grundstück geführt wird, das Amtsgericht, bei welchem das Hypothekenbuch für das Grundstück geführt wird; soweit es nach Artikel 12 Ziff. 3 Abs. 3 auf Eintragungen im Grundbuch ankommt, treten an deren Stelle die entsprechenden Eintragungen im Hypothekenbuche. Die Vorschrift des Artikel 18 Abs. 2 findet auf das nach § 84 des Hypothekengesetzes dem Schuldner zustehende Recht entsprechende Anwendung.

Nunmehr Neufassung nach Bekanntmachung vom 31. III. 1908 (GVBl. S. 235).

Einführung in den coburgischen Landesteilen s. GVBl. 1921 S. 292.

Flurbereinigungsgesetz.

Art. 171.

Das Gesetz vom 29. Mai 1886, die Flurbereinigung betreffend, wird dahin geändert:

I. Als Artikel 9a wird folgende Vorschrift eingestellt:

Zu den im Flurbereinigungsverfahren abzugebenden Erklärungen bedarf der Vater oder die Mutter als Inhaber der elterlichen Gewalt sowie ein Vormund oder Pfleger nicht der Genehmigung des Vormundschaftsgerichts oder des Familienrats, ein Nachlaßpfleger nicht der Genehmigung des Nachlaßgerichts, der gesetzliche Vertreter einer Körperschaft, Stiftung oder Anstalt des öffentlichen Rechtes oder einer unter der Verwaltung einer öffentlichen Behörde stehenden Stiftung nicht der Genehmigung der vorgesetzten Behörde.

II. Der Artikel 10 Abs. 1 erhält folgende Fassung:

Sind die in die Unternehmung einbezogenen Grundstücke desselben Eigentümers verschieden belastet, so sind die an ihre Stelle tretenden Grundstücke in Ermangelung einer anderweitigen Übereinkunft, soweit es zur Wahrung der auf sie übergehenden Rechte erforderlich ist, nach den verschiedenen Belastungen auszuscheiden und im Steuerkatasterplane mit besonderen Nummern zu bezeichnen. Verfügungsbeschränkungen stehen den Belastungen gleich.

III. Der Artikel 13 erhält folgende Fassung:

Wird bei einer Flurbereinigung zum Zwecke der Ausgleichung eine Geldentschädigung nach Art. 6 Abs. 5 geleistet, so ist sie zunächst zur Ablösung der Grundlasten zu verwenden, soweit diese wegen des Minderwerts der eingetauschten Grundstücke nicht auf diese übertragbar sind; auf den Rest finden, wenn die ausgetauschten Grundstücke mit Rechten Dritter belastet sind, die für die Haftung des Entschädigungsanspruchs und das Verteilungsverfahren im Falle der Zwangsenteignung geltenden Vorschriften Anwendung.

Eine nach Art. 6 Abs. 6 zu leistende Geldentschädigung haftet für Reallasten, Hypotheken, Grundschulden und Rentenschulden, mit denen die ausgetauschten Grundstücke belastet sind, nach Maßgabe der Vorschriften des § 1123 Abs. 2 Satz 1 und des § 1124 Abs. 1, 3 des Bürgerlichen Gesetzbuchs.

IV. Der Artikel 16 Abs. 1 erhält folgende Fassung:

Die nach den Art. 20, 25, 32 ergehenden Ladungen und Mitteilungen sind, wenn Personen beteiligt sind, die unter Vormundschaft stehen oder für welche die Bestellung eines Pflegers oder Beistandes angeordnet ist, auch an das Vormundschaftsgericht, falls eine Nachlaßpflegschaft angeordnet ist, auch an das Nachlaßgericht, für Stiftungen auch an die Aufsichtsbehörde zu richten.

V. Der Artikel 18 Abs. 4 erhält folgenden Zusatz:

Bei Familienfideikommissen finden auch in solchen Fällen die Vorschriften des Art. 9 Anwendung.

VI. Der Artikel 20 Abs. 1 erhält folgende Fassung:

Ist eine Unternehmung als zur weiteren Instruierung geeignet erklärt, so sind die nach Maßgabe des hiebei festgesetzten Umfanges der Unternehmung beteiligten Grundeigentümer beziehungsweise deren gesetzliche Vertreter durch die Distriktsverwaltungsbehörde zu einer Tagsfahrt mit der Eröffnung zu laden, daß

1. Einwendungen bezüglich der Voraussetzungen der Flurbereinigung (Art. 1 und 5) bei Vermeidung des Ausschlusses entweder in der Tagsfahrt oder binnen vierzehn Tagen nach derselben bei der Distriktsverwaltungsbehörde vorgebracht werden müssen,
2. diejenigen beteiligten Grundeigentümer, welche weder in Person erscheinen noch durch einen Bevollmächtigten vertreten sind, unbeschadet der in Ziff. 1 zu erhebenden Einwendungen, als der Inangriffnahme der Flurbereinigung zustimmend erachtet werden und auch aller Einwendungen gegen die sonstigen Beschlüsse der Tagsfahrt verlustig gehen,
3. zur Stellvertretung eine von der Gemeindebehörde des Wohnorts beglaubigte Vollmacht genügt.

VII. Im Art. 21 erhält

1. der Eingang folgende Fassung:

   Bei der von der Distriktsverwaltungsbehörde abzuhaltenden Tagsfahrt ist zunächst die beabsichtigte Unternehmung unter Bekanntgabe des zu erwartenden Betrages der Kosten darzulegen sowie auf den im Art. 20 Abs. 1 Ziff. 1 erwähnten Rechtsnachteil hinzuweisen und sodann Beschluß zu fassen.
2. Der Abs. 5 wird aufgehoben.

VIII. Als Artikel 21a wird folgende Vorschrift eingestellt:

Werden in der Tagsfahrt nach Art. 21 oder während der im Art. 20 Abs. 1 Ziff. 1 festgesetzten Frist von den Beteiligten Einwendungen bezüglich der Voraussetzungen der Flurbereinigung erhoben, so hat die Flurbereinigungs-Kommission zunächst darüber zu entscheiden.

Der Bescheid ist den beteiligten Grundeigentümern in Ausfertigung zuzustellen.

Gegen den Bescheid ist die Beschwerde an den Verwaltungsgerichtshof zulässig. Die Vorschriften des Art. 35 Abs. 3 finden Anwendung.

IX. Als Artikel 23a wird folgende Vorschrift eingestellt:

Der Ausschuß oder der beauftragte Geometer hat als Geschäftsführer des Unternehmens die auf dieses bezüglichen gemeinschaftlichen Angelegenheiten der beteiligten Grundeigentümer gerichtlich und außergerichtlich wahrzunehmen.

X. Im Artikel 25 erhält

1. der Abs. 1 folgende Fassung:

Dem Ausschusse beziehungsweise dem beauftragten Geometer kommt der Betrieb aller auf die Ausarbeitung des Projektes bezüglichen Angelegenheiten zu. Hierunter fällt insbesondere die Herstellung des Übersichtsplans, aus welchem das neu anzulegende Wegenetz und die weiter nötigen gemeinsamen Anlagen ersichtlich sind, die Aufstellung des Forderungsregisters, die Entgegennahme von Erinnerungen der drittberechtigten Personen, die Vornahme der Wertsermittlungen, der Betrieb der Vermessungen, die Entwerfung des Verteilungsplans mit Anfertigung der Vorschläge über die Verteilung der Grundsteuern und Grundlasten sowie der verschiedenen Belastungen im Falle des Art. 10 Abs. 1 und die Ausscheidung der Kosten.

2. der Abs. 4 folgenden Zusatz:

Die vierzehntägige Frist beginnt mit dem Eröffnungstermine, wenn der Beteiligte ungeachtet ordnungsmäßiger Ladung in dem Termine nicht erschienen ist. Die Ladung erfolgt nach Art. 20 Abs. 3 und, wenn der Wohnort des Beteiligten nicht bekannt ist, nach Art. 20 Abs. 2, 4.

3. der Eingang des Abs. 5 folgende Fassung:

Nach Beschluß der Flurbereinigungs-Kommission kann die Anerkennung . . . .

XI. Als Artikel 26a werden folgende Vorschriften eingestellt:

Nach der Absteckung der neuen Flureinteilung kann die Flurbereinigungs-Kommission die beteiligten Grundeigentümer auf Antrag von mindestens drei Vierteilen derselben vorläufig in den Besitz der Neuzuteilungen durch den Flurbereinigungs-Ausschuß beziehungsweise den beauftragten Geometer setzen, wenn aus einem längeren Aufschube der Überweisung den Antragstellern ein erheblicher Nachteil erwachsen würde.

Soweit die Flureinteilung bei der endgültigen Feststellung geändert wird, ist den widersprechenden Beteiligten der Schaden zu ersetzen, den sie dadurch erlitten haben, daß die Überweisung vor der endgültigen Feststellung der Flureinteilung erfolgt ist. Der Schadenersatz gehört zu den Kosten des Unternehmers.

XII. Der Artikel 26 erhält folgende Fassung:

Die Hypotheken-, Grundschuld- und Rentenschuldgläubiger sowie die sonstigen nach Art. 8 Abs. 2 widerspruchsfähigen Personen sind auf Antrag des Ausschusses oder des beauftragten Geometers durch das Amtsgericht, bei welchem das Grundbuch für die auszutauschenden Grundstücke geführt wird, öffentlich aufzufordern, ihre Erinnerungen gegen die sich aus der bevorstehenden Flurbereinigung ergebenden Änderungen des Gegenstandes ihrer Rechte innerhalb einer Frist von einem Monat entweder bei dem Flurbereinigungs-Ausschusse beziehungsweise dem beauftragten Geometer oder schriftlich oder zum Protokolle des Gerichtsschreibers bei dem Amtsgerichte geltend zu machen. Die Aufforderung hat die Mitteilung zu enthalten, daß der genaue Ausweis des gegenwärtig den Gegenstand ihrer Rechte bildenden und des bei Durchführung der Unternehmung an dessen Stelle tretenden Grundbesitzes, der Schätzung beider und der etwaigen Geldentschädigungen auf der Gerichtsschreiberei eingesehen werden kann. In der Aufforderung ist darauf hinzuweisen, daß ein Widerspruchsrecht nur insoweit besteht, als der Grundbesitz, auf welchen die Rechte übergehen sollen, nicht mindestens den gleichen Wert hat wie der gegenwärtig den Gegenstand der Rechte bildende Grundbesitz. Als Rechtsnachteil ist anzudrohen, daß das Widerspruchsrecht verloren geht, wenn es nicht vor dem Ablaufe der Frist geltend gemacht wird.

Die Aufforderung geschieht durch Anheftung an die Gerichtstafel und durch einmalige Einrückung in das für die Bekanntmachungen des Amtsgerichts bestimmte Blatt. Das Amtsgericht kann anordnen, daß die Veröffentlichung noch in einem anderen Blatte erfolgen soll. Die Erinnerungsfrist beginnt mit dem Ablaufe von zwei Wochen seit der Einrückung, im Falle der Einrückung in ein zweites Blatt seit der letzten Einrückung.

Der im Abs. 1 erwähnte Ausweis ist von dem Flurbereinigungs-Ausschusse beziehungsweise von dem beauftragten Geometer zu liefern.

XIII. Der Artikel 27 erhält folgende Fassung:

Nach dem Ablaufe der im Art. 26 bestimmten Frist hat das Amtsgericht das Ergebnis der Aufforderung dem Flurbereinigungs-Ausschusse beziehungsweise dem beauftragten Geometer mitzuteilen.

XIV. Im Artikel 28 Abs. 1 Satz 1 werden nach den Worten: „die Wertsermittlung" eingeschaltet die Worte:

„und auf die Höhe der nach Art. 25a zu leistenden Entschädigung".

XV. Im Artikel 34 Abs. 2 werden die Worte: „dann die Hypothekverhältnisse, Geldentschädigungen und Geldleistungen" ersetzt durch die Worte:

„die Ordnung der sich aus den Vorschriften der Art. 10, 12 ergebenden Belastungsverhältnisse, die Angabe der Geldentschädigungen und Geldleistungen".

XVI. In den Artikel 36 wird als Abs. 4 folgende Vorschrift aufgenommen:

Sind Geldentschädigungen festgesetzt, so erfolgt für den Grundbesitz, dessen Zuweisung mit den Entschädigungen zusammenhängt, die Erteilung der vollziehbaren Auszüge und die Bezeichnung des Tages des Eigentumsüberganges erst, wenn die von den Beteiligten zu leistenden Geldbeträge eingezahlt oder die Empfangsberechtigten befriedigt sind.

XVII. Der Artikel 37 erhält folgende Fassung:

Die Flurbereinigungs-Kommission hat das Grundbuchamt unter Mitteilung des Operats oder eines beglaubigten Auszugs aus diesem um die erforderlichen Eintragungen in das Grundbuch zu ersuchen. In dem Ersuchen ist der Tag des Eigentumsüberganges anzugeben.

Bei Eintragungen, von denen Hypotheken, Grundschulden oder Rentenschulden betroffen werden, finden die Vorschriften der §§ 42 bis 44 der Grundbuchordnung keine Anwendung. Das Grundbuchamt hat den Besitzer des Hypotheken-, Grundschuld- oder Rentenschuldbriefs zur Vorlegung anzuhalten, um nach den Vorschriften des § 62 Abs. 1 und des § 70 Abs. 1 der Grundbuchordnung zu verfahren.

Von den nach Art. 6 Abs. 5 festgesetzten Geldentschädigungen hat die Flurbereinigungs-Kommission dem Amtsgerichte, welches für das im Art. 13 bezeichnete Verteilungsverfahren zuständig ist, Mitteilung zu machen.

XVIII. Im Artikel 39 Abs. 1 werden die Worte: „Operatsauszügen und Hypothekenbriefen" ersetzt durch die Worte:

„Operatsauszügen, Hypotheken-, Grundschuld- und Rentenschuldbriefen".

XIX. Im Artikel 42 werden nach dem Worte: „Aussteckungspfähle" eingeschaltet die Worte:

„oder Sicherungssteine".

XX. Die Artikel 44 bis 50 werden aufgehoben.

Bis zu der Zeit, zu welcher das Grundbuch als angelegt anzusehen ist, tritt für die im Artikel 26 des Gesetzes vom 29. Mai 1886 bestimmte gerichtliche Aufforderung an die Stelle des Amtsgerichts, bei welchem das Grundbuch für die auszutauschenden Grundstücke geführt wird, in den Landesteilen rechts des Rheins das Amtsgericht, bei welchem das Hypothekenbuch für die Grundstücke geführt wird, in der Pfalz das Amtsgericht, in dessen Bezirke die Grundstücke belegen sind. Die Vorschriften des Artikel 37 Abs. 1 Satz 1 finden in den Landesteilen rechts des Rheins auf die Eintragungen in das Hypothekenbuch entsprechende Anwendung. In der Pfalz bleiben bis dahin an Stelle des Artikel 10 Abs. 1, 2 der Artikel 46 und an Stelle des Artikel 37 Abs. 1 der Artikel 49 in Geltung.

Nunmehr Flurbereinigungsgesetz vom 5. VIII. 1922 (GVBl. S. 433), Änderung nach Ges. vom 27. XI. 1924 (GVBl. S. 235).

Gesetz über die Vereinigung der Brandversicherungsanstalten. **Art. 172.**

Der Artikel 4 des Gesetzes vom 5. Mai 1890, die Vereinigung der Brandversicherungsanstalt der Pfalz mit jener in den Landesteilen rechts des Rheins sowie die Abänderung einiger Bestimmungen des Brandversicherungsgesetzes vom 3. April 1875 und des Polizeistrafgesetzbuchs vom 26. Dezember 1871 betreffend, wird aufgehoben.

Gegenstandslos.

Gesetz über die Fortsetzung der Grundentlastung. **Art. 173.**

In dem Gesetze vom 2. Februar 1898, die Fortsetzung der Grundentlastung betreffend, wird der Artikel 22 Abs. 1 Satz 2 aufgehoben.

Gestrichen im Hinblick auf § 1119I BGB.

Angleichung älterer hypothekenrechtlicher Vorschriften an das Grundbuchrecht.

Art. 174.

Was in den in Kraft bleibenden landesgesetzlichen Vorschriften von dem Hypothekenbuch und dem Hypothekenamte bestimmt ist, findet auf das Grundbuch und das Grundbuchamt entsprechende Anwendung.

Die Vorschriften über Hypotheken finden entsprechende Anwendung auf Grundschulden und Rentenschulden.

A 174 findet in zweiter Linie Anwendung auf die Fälle, in welchem die aus dem neuen Liegenschaftsrecht sich ergebende Änderung nicht ausdrücklich ausgesprochen wurde.

Schlußbestimmungen.

Art. 175.

Aufgehoben sind:

1. das Hypothekengesetz vom 1. Juni 1822;
2. das Gesetz vom 1. Juni 1822, die Einführung des Hypothekengesetzes und der Prioritätsordnung betreffend;
3. das Gesetz vom 11. September 1825, die Förmlichkeiten bei Anlegung und Abnahme der gerichtlichen Siegel, dann bei denjenigen Vermögensabteilungen und Veräußerungen, welche unter Mitwirkung des Richteramts geschehen müssen, betreffend;
4. das Gesetz vom 11. September 1825, die Aufhebung einiger Bestimmungen des Reglements für den Geschäftsgang der Justizämter im Fürstentume Leiningen vom 31. August 1805 betreffend;
5. der § 30 Abs. 6 und die §§ 31 bis 34 des Finanzgesetzes vom 28. Dezember 1831;
6. das Gesetz vom 28. Dezember 1831, die Privatvereine zur Versicherung der Feldfrüchte gegen Wetter- und insbesondere Hagelschäden betreffend;
7. das Gesetz vom 28. Dezember 1831, einige zivilrechtliche Gegenstände auf den Fall des Eindringens der asiatischen Cholera in Bayern betreffend;
8. die Ziff. 73 lit. a der Nummer III des Landtagsabschieds vom 29. Dezember 1831;
9. das Gesetz vom 23. Mai 1846, die Regulierung des Biersatzes und die Verhältnisse der Bräuer zu den Wirten und dem Publikum betreffend;
10. das Gesetz vom 29. Juni 1851, die kaufmännischen Anweisungen betreffend;

11. das Gesetz vom 29. Juni 1851, die bürgerlichen Rechte der israelitischen Glaubensgenossen betreffend;
12. das Gesetz vom 22. Februar 1855, die Statutar- und Gewohnheitsrechte der K. Haupt- und Residenzstadt München betreffend;
13. das Gesetz vom 22. Februar 1855, die Aufhebung der lex Anastasiana und anderer bezüglich der Abtretung von Rechten vorgeschriebenen Beschränkungen betreffend;
14. das Gesetz vom 26. März 1859, die Verjährungsfristen betreffend;
15. das Gesetz vom 26. März 1859, die Gewährleistung bei Viehveräußerungen betreffend;
16. das Gesetz vom 29. September 1861, die Verjährung der Forderungen aus Staatsschuldurkunden der Staatsschuldentilgungsanstalt betreffend;
17. der § 26 Ziff. 2 und der § 28 Ziff. 2 Abs. 2 des III. Abschnitts des Landtagsabschieds vom 10. November 1861;
18. das Gesetz vom 10. November 1861, die Einführung des allgemeinen deutschen Handelsgesetzbuchs betreffend;
19. das Gesetz vom 5. Dezember 1867, die Abänderung der gesetzlichen Bestimmungen über die Zinsen betreffend;
20. das Gesetz vom 2. Mai 1868 über die Schließung und Trennung der Ehen der keiner anerkannten Religionsgesellschaft angehörenden Personen;
21. das Gesetz vom 16. Mai 1868, Abänderung einiger Bestimmungen des in der Pfalz geltenden Zivilgesetzbuchs über Privilegien und Hypotheken betreffend;
22. der § 60 des Landtagsabschieds vom 29. April 1869;
23. das Gesetz vom 29. April 1869, die privatrechtliche Stellung von Vereinen betreffend;
24. das Gesetz vom 14. Januar 1871, die Interzessionen betreffend;
25. der § 21 des Landtagsabschieds vom 18. Februar 1871;
26. das Gesetz vom 29. Dezember 1873, die Todeserklärung der infolge des Krieges von 1870/71 vermißten Personen betreffend;
27. das Gesetz vom 27. Juli 1874, die Todeserklärung der infolge des Krieges von 1866 vermißten Personen betreffend;
28. das Gesetz vom 28. Februar 1880, die Abänderung des Art. 9 des pfälzischen Notariatsgesetzes vom 25. Ventose XI betreffend;
29. das Gesetz vom 20. März 1882, die Vollstreckungsbefehle in der Pfalz betreffend;
30. das Gesetz vom 29. Mai 1886, die Abänderung einiger Bestimmungen des Hypothekengesetzes betreffend;

31. das Gesetz vom 18. Dezember 1887, die der Pfändung nicht unterworfenen Sachen und Forderungen betreffend;
32. das Gesetz vom 26. April 1888, die Abänderung von Bestimmungen des in der Pfalz geltenden Hypotheken- und Vormundschaftsrechts betreffend;
33. das Gesetz vom 5. Mai 1890, die Form einiger Rechtsgeschäfte betreffend;
34. das Gesetz vom 18. März 1896, die Abänderung des Art. 19 des Notariatsgesetzes vom 10. November 1861 betreffend;
35. das Gesetz vom 18. März 1896, einige Bestimmungen über die Inhaberpapiere betreffend;

Das in der Pfalz geltende Zivilgesetzbuch (Code civil) tritt außer Kraft.

Die im § 7 Ziff. I lit. e der Verordnung vom 31. Juli 1817, die Organisation der Generaladministration der Posten betreffend, enthaltene Fristbestimmung für die Beschreitung des Rechtsweges fällt weg.

Durch Abs. 2 wurden über den Rahmen des A 1 hinaus (s. A 1 A. I) auch die dem öffentlichen Rechte angehörenden Bestimmungen des Code civil aufgehoben.

Inkrafttreten.

Art. 176.

Dieses Gesetz tritt gleichzeitig mit dem Bürgerlichen Gesetzbuch in Kraft.

Das Inkrafttreten des Bürgerlichen Gesetzbuches wurde durch A 1 EGBGB. auf 1. I. 1900 bestimmt.

Aufrechterhaltung der Vorschriften des früheren Liegenschaftsrechts.

Art. 177.

Die in diesem Gesetz abgeänderten oder für aufgehoben erklärten Vorschriften des Liegenschaftsrechts bleiben, unbeschadet der Vorschriften des Artikel 67, insoweit in Kraft, als ihre Geltung im Artikel 189 des Einführungsgesetzes zum Bürgerlichen Gesetzbuche vorbehalten ist.

1. A 189 EGBGB. lautet:

Der Erwerb und Verlust des Eigentums sowie die Begründung, Übertragung, Belastung und Aufhebung eines anderen Rechts an einem Grundstück oder eines Rechts an einem solchen Rechte erfolgen auch nach dem Inkrafttreten des Bürgerlichen Gesetzbuches nach den bisherigen Gesetzen, bis das Grundbuch als angelegt anzusehen ist. Das gleiche gilt von einer Änderung des Inhalts und des Ranges der Rechte. Ein nach den Vorschriften des Bürgerlichen Gesetzbuches unzulässiges Recht kann nach dem Inkrafttreten des Bürgerlichen Gesetzbuches nicht mehr begründet werden.

Ist zu der Zeit, zu welcher das Grundbuch als angelegt anzusehen ist, der Besitzer als der Berechtigte im Grundbuch eingetragen, so finden auf eine zu dieser Zeit noch nicht vollendete, nach § 900 des Bürgerlichen Gesetzbuches zulässige Ersitzung die Vorschriften des Artikel 169 entsprechende Anwendung. Die Aufhebung eines Rechts, mit dem ein Grundstück oder ein Recht an einem Grundstück zu der Zeit belastet ist, zu welcher das Grundbuch als angelegt anzusehen ist, erfolgt auch nach dieser Zeit nach den bisherigen Gesetzen, bis das Recht im Grundbuch eingetragen ist.

1. A 67 betrifft Nachbarrechte, welche nach dem früheren preußischen Landrechte und pfälzischen Rechte bis zum Inkrafttreten des BGB. zur Entstehung gelangt sind.

2. A 177 hält das frühere Liegenschaftsrecht für die Zwischenzeit zwischen dem Inkrafttreten des BGB. und der Anlegung des Grundbuches aufrecht.

Von den Vorschriften werden außer den Rechten nach A 67 nicht betroffen die Reallasten auf welche schon mit dem Inkrafttreten des Bürgerlichen Gesetzbuches A 85 Anwendung fand, wenn auch dieser Fall in A 177 nicht ausdrücklich erwähnt wird (ObLG. 2[300], Henle-Schneider A. 2a).

Im einzelnen findet das frühere Recht Anwendung auf die Begründung der Rechte aus der Pfändung und Überweisung einer Hypothekforderung (ObLG. 3[208]), auf die Übertragung von Hypothekforderungen (ObLG. 3[348]), auf den Inhalt einer Hypothek (ObLG. 6[228]), auf den Verzicht auf eine Hypothek (ObLG. 3[404]), soweit diese Rechte bereits vor dem Inkrafttreten des BGB. entstanden waren; dagegen nicht auf das zugrunde liegende schuldrechtliche Rechtsgeschäft, für welches bereits vom 1. I. 1900 an § 313 BGB. maßgebend war (ObLG. 17 A [38], [42]). Die Möglichkeit der Heilung eines Formmangels nach § 313 S. 2 BGB. für einen nach dem 1. I. 1900, aber vor Anlegung des Grundbuches geschlossenen Vertrag wird verneint (Staudinger A 189 A. 3, bestr.!).

3. Die Vorschriften über den Schutz im Besitze einer Grunddienstbarkeit oder einer beschränkten persönlichen Dienstbarkeit traten bereits am 1. I. 1900 in Kraft (A 191 EGBG., A 45 ÜG.).

Waisenräte.

Art. 178.

Die Wahl der Waisenräte findet nach den Vorschriften des Artikel 96 zum ersten Male im Jahre 1899 statt.

Gegenstandslos; s. A 93—99 A.

Art. 179.

Die Staatsregierung wird ermächtigt, die Texte:

1. des Gesetzes über Heimat, Verehelichung und Aufenthalt vom 16. April 1868,
2. des Gesetzes, die öffentliche Armen- und Krankenpflege betreffend, vom 29. April 1869,
3. des ersten Abschnitts des Gesetzes zur Ausführung der Reichs-Zivilprozeßordnung und Konkursordnung vom 23. Februar 1879,
4. des Gesetzes über die Erbschaftssteuer vom 18. August 1879,
5. des Gesetzes, die Flurbereinigung betreffend, vom 29 Mai 1886, wie sie sich aus den Änderungen ergeben, welche in

diesem Gesetze,

dem Gesetze vom 26. Dezember 1871 (G.-Bl. S. 81),
dem Gesetze vom 23. Februar 1872 (G.-Bl. S. 214),
dem Landtagsabschiede vom 15. April 1875 (G.- u. V.-Bl. S. 345),
dem Gesetze vom 28. Februar 1884 (G.- u. V.-Bl. S. 75),
dem Gesetze vom 21. April 1884 (G.- u. V.-Bl. S. 213),
dem Gesetze vom 3. Februar 1888 (G.- u. V.-Bl. S. 81),
dem Gesetze vom 17. März 1892 (G.- u. V.-Bl. S. 51),
dem Gesetze vom 26. Mai 1892 (G.- u. V.-Bl. S. 144),
dem Gesetze vom 17. Juni 1896 (G.- u. V.-Bl. S. 297)

vorgesehen sind, unter fortlaufender Nummernfolge der Artikel und bei den in einzelnen Artikeln enthaltenen Aufzählungen unter fortlaufender Reihenfolge der Ziffern oder Buchstaben sowie unter Berichtigung der Verweisungen, durch das Gesetz- und Verordnungsblatt bekannt zu machen.

Bei der Bekanntmachung des ersten Abschnitts des Gesetzes vom 23. Februar 1879 bleiben die Überschriften sowie die Vorschrift, die nur noch als Übergangsbestimmungen gelten, weg.

Gegeben zu München, den 9. Juni 1899.

Luitpold, Prinz von Bayern, des Königreichs Bayern Verweser.

Dr. **Frhr. v. Crailsheim.** Dr. **Frhr. v. Riedel.** **Frhr. v. Feilitzsch.**
Dr. **Frhr. v. Leonrod.** **Frhr. v. Asch.** Dr. **v. Landmann.**

Auf Allerhöchsten Befehl:
Der Oberregierungsrat im k. Staatsministerium des Innern: Dr. Proebst.

I.

Königlich Allerhöchste Verordnung zur Ausführung des Bürgerlichen Gesetzbuchs und seiner Nebengesetze (Zuständigkeitsverordnung)

vom 24. Dezember 1899.

(GVBl. 1899 Nr. 64 S. 1229 bis 1235.)

Änderungen nach VO. vom 8. XII. 1915 (GVBl. S. 731), VO. vom 24. XI. 1921 (GVBl. S. 547), VO. vom 24. II. 1922 (GVBl. S. 362). Einführung in den coburgischen Landesteilen nach Bek. vom 14. IV. 1921 (GVBl. S. 262) und Bek. vom 30. I. 1922 (GVBl. S. 153).

Namensänderungen.

§ 1.

Über Gesuche um die Bewilligung zur Änderung des Familiennamens hat das Staatsministerium des Innern im Benehmen mit dem Staatsministerium der Justiz und, wenn es sich um einen adeligen Namen handelt, das Staatsministerium des Königlichen Hauses und des Äußern im Benehmen mit den genannten Staatsministerien Uns zu berichten.

§ 2.

Die zu einer Änderung des Vornamens erforderliche Bewilligung wird von der Distriktspolizeibehörde erteilt, in deren Bezirke der Antragsteller seinen Wohnsitz oder in Ermangelung eines Wohnsitzes seinen Aufenthalt hat. In München ist die Polizeidirektion zuständig. Diese ist auch zuständig, wenn der Antragsteller in Bayern weder seinen Wohnsitz noch seinen Aufenthalt hat.

Die Distriktspolizeibehörde hat sich vor der Entscheidung über das Gesuch mit dem Staatsanwalte bei dem Landgerichte zu benehmen.

§ 3.

Die erforderlichen Ausführungsbestimmungen werden von den Staatsministerien der Justiz und des Innern gemeinschaftlich erlassen.

In Ansehung von adeligen Namen werden die erforderlichen Ausführungsbestimmungen vom Staatsministerium des Königlichen Hauses und des Äußern erlassen.

1. Über Namensänderungen vgl. A 3 Adelsbezeichnungen gelten nunmehr als Teil des Familiennamens (A 109^{III} S. 2 RV., § 15^{II} S. 2 VU., A 3 A I). Die Vorschriften des bürgerlichen und öffentlichen Rechts über Familiennamen finden unbeschränkt auf adelige Namen Anwendung. §§ 1 Halbs. 2, 3 Abs. 2 sind daher gegenstandslos.

2. Wegen der **Ausführungsbestimmungen** (§ 3 Abs. 1) vgl. Bek. vom 27. XII. 1899 betr. Namensänderungen nebst Abänderungen s. Anlage II.

Vereine und Stiftungen.

§ 4.

Die Verleihung der Rechtsfähigkeit an einen Verein, dessen Zweck auf einen wirtschaftlichen Geschäftsbetrieb gerichtet ist, behalten Wir Unserer Entschließung nach Vernehmung des Staatsministeriums des Innern vor.

Das gleiche gilt von der Genehmigung einer Änderung des Zweckes des Vereins. Die Genehmigung einer sonstigen Änderung der Satzung steht dem Staatsministerium des Innern zu.

Ein Verein, dessen Zweck auf einen wirtschaftlichen Geschäftsbetrieb gerichtet ist, erlangt die Rechtsfähigkeit durch staatliche Verleihung (§ 22 BGB.). Zuständig ist nunmehr das Staatsministerium des Innern (VO. vom 15. XI. 1918, GVBl. S. 1281, §§ 58^{III}, 61 Ziff. 2 VU.).

§ 5.

Die Erteilung der zur Entstehung einer rechtsfähigen Stiftung erforderlichen Genehmigung behalten Wir Unserer Entschließung vor.

Zur Entstehung einer rechtsfähigen Stiftung ist die Genehmigung des Bundesstaats (Landes) erforderlich, in dessen Gebiet die Stiftung ihren Sitz haben soll (§ 80 BGB., A 6 Vorbem. III 1). Wegen der Zuständigkeit des Staatsministeriums des Innern vgl. oben § 4 A.

Ermächtigung von Handelsmäklern zu Kaufgeschäften.

§ 6.

Die öffentliche Ermächtigung, deren Handelsmäkler zu gewissen Verkäufen oder Käufen bedürfen, wird vom Staatsministerium des Innern im Benehmen mit dem Staatsministerium der Justiz erteilt.

Die Ermächtigung wird erst wirksam, wenn der Handelsmäkler den Eid geleistet hat, daß er die ihm obliegenden Pflichten getreu erfüllen werde. Zur Abnahme des Eides ist das Amtsgericht zuständig, in dessen Bezirke der Handelsmäkler seine Geschäftsräume oder in Ermangelung solcher seine Wohnung hat.

Die Ermächtigung kann von dem Staatsministerium des Innern jederzeit zurückgenommen werden.

Nunmehr ist das Staatsministerium des Äußeren im Benehmen mit dem Staatsministerium der Justiz zur Erteilung der Genehmigung zuständig.

Gesinderecht.

§ 7.

Nach Artikel 16 des Ausführungsgesetzes zum Bürgerlichen Gesetzbuche das Halten von Dienstboten zu untersagen und die Entlassung von Dienstboten zu erzwingen, ist sowohl die Orts- als auch die Distriktspolizeibehörde zuständig. In München ist die Polizeidirektion zuständig.

In den Städten Augsburg, Hof, Nürnberg-Fürth, Regensburg, Würzburg ist gleichfalls die Polizeidirektion zuständig (vgl. A 4 A. 3).

Schuldverschreibungen auf den Inhaber.

§ 8.

Die nach dem Artikel 90 des Ausführungsgesetzes zum Bürgerlichen Gesetzbuche der Distriktspolizeibehörde obliegenden Verrichtungen hat in München die Polizeidirektion wahrzunehmen.

Wegen der Zuständigkeit der Polizeidirektion in den Städten Augsburg, Hof, Nürnberg-Fürth, Regensburg, Würzburg vgl. A 4 A. 3.

§ 9.

Die für Schuldverschreibungen auf den Inhaber nach § 795 des Bürgerlichen Gesetzbuchs erforderliche Genehmigung wird durch das Staatsministerium des Innern im Benehmen mit dem Staatsministerium der Justiz und dem Staatsministerium der Finanzen erteilt.

Für Schuldverschreibungen, die von Verkehrsunternehmungen ausgestellt werden, erfolgt die Genehmigung durch das Staatsministerium des Königlichen Hauses und des Äußern und das Staatsministerium des Innern im Benehmen mit dem Staatsministerium der Justiz und dem Staatsministerium der Finanzen. Für Schuldverschreibungen der pfälzischen Eisenbahnen wird die Genehmigung auf Grund Unserer Ermächtigung durch das Staatsministerium des Königlichen Hauses und des Äußern und das Staatsministerium der Finanzen erteilt.

§ 9 Abs. 2 S. 2 ist gegenstandslos infolge Übergangs der pfälzischen Eisenbahnen auf den bayerischen Staat (Ges. vom 7. XII. 1905, GVBl. S. 689), nunmehr auf das Reich (Staatsvertrag nach Ges. vom 30. III. 1920, GVBl. S. 173).

§ 10.

Die Gläubiger, welche nach § 4 Abs. 2 des Gesetzes, betreffend die gemeinsamen Rechte der Besitzer von Schuldverschreibungen, vom 4. Dezember 1899 (Reichs-Gesetzblatt S. 691), bei dem Amtsgerichte den Antrag stellen, sie zur Berufung einer Versammlung der Gläubiger zu ermächtigen, und die Gläubiger, welche in einer Versammlung der Gläubiger ihr Stimmrecht ausüben wollen (§ 10 Abs. 2 des bezeichneten Gesetzes), können ihre Schuldverschreibungen außer bei der Reichsbank oder bei einem Notar auch bei der K. Bank hinterlegen.

Eintragung einer Hypothek für ein Darlehen einer Kreditanstalt.

§ 11.

Für die im § 1115 Abs. 2 des Bürgerlichen Gesetzbuchs vorgesehene öffentliche Bekanntmachung der Satzung einer Kreditanstalt ist das Staatsministerium des Innern zuständig. Die Bekanntmachung soll im Gesetz- und Verordnungs-Blatte veröffentlicht werden.

Vgl. das nunmehr gegenstandslose Ges. vom 20. XII. 1903 betr. Änderungen des Hypothekenges. vom 1. VI. 1922 (GVBl. S. 703) Ziff. 13.

Befreiung von Ehehindernissen und vom Aufgebote.

§ 12.

Die Befreiung von der Vorschrift, daß eine Frau nicht vor der Vollendung des sechzehnten Lebensjahrs eine Ehe eingehen darf, sowie von dem Verbote der Eheschließung zwischen einem wegen Ehebruchs geschiedenen Ehegatten und demjenigen, mit welchem der geschiedene Ehegatte den Ehebruch begangen hat, behalten Wir Unserer Entschließung nach Vernehmung des Staatsministeriums der Justiz vor.

Zuständig für Gesuche:

a) um Befreiung von der Vorschrift, daß eine Frau vor Vollendung des 16. Lebensjahres eine Ehe nicht eingehen darf (§ 1303 BGB.), ist nunmehr das Vormundschaftsgericht,

b) um Befreiung von dem Verbote der Eheschließung auf Grund Ehebruchs nach § 1312 BGB. der Landgerichtspräsident, ferner in drei besonders bezeichneten Fällen das Staatsministerium der Justiz (§§ 1, 4 Bek. vom 14. IV. 1927, JMBl. S. 15).

§ 13.

Die Befreiung von der Vorschrift, daß eine Frau erst zehn Monate nach der Auflösung oder Nichtigkeitserklärung ihrer früheren Ehe eine neue Ehe eingehen darf, wird von dem Staatsministerium der Justiz erteilt.

Aufschiebendes Ehehindernis nach § 1313 BGB.
Nunmehr Zuständigkeit des Amtsgerichts (§ 2 Bek. vom 14. IV. 1927, JMBl. S. 15).

§ 14.

Die Befreiung von dem vor der Eheschließung zu erlassenden Aufgebote wird in den Landesteilen rechts des Rheins von der Distriktsverwaltungsbehörde, in der Pfalz von dem Staatsanwalte bei dem Landgericht erteilt, in dessen Bezirke der zur Anordnung des Aufgebots zuständige Standesbeamte seinen Amtssitz hat. In München wird die Befreiung vom Magistrat erteilt.

In Betracht kommt die nach § 1316$^{I, III}$ BGB. zulässige Befreiung vom Aufgebot.

Anstelle der Distriktsverwaltungsbehörde ist nunmehr die Bezirksverwaltungsbehörde getreten (A 54 Abs. 2 GO.).

Erklärung über den Familiennamen.

§ 15.

Nimmt eine geschiedene Frau auf Grund des § 1577 Abs. 2 des Bürgerlichen Gesetzbuchs ihren Familiennamen oder, falls sie vor der Eingehung der geschiedenen Ehe verheiratet war, den Namen, den sie zur Zeit der Eingehung dieser Ehe hatte, wieder an, so ist zur Entgegennahme der hierauf gerichteten Erklärung die Distriktspolizeibehörde zuständig, in deren Bezirke die Frau ihren Wohnsitz oder in Ermangelung eines im Deutschen Reiche gelegenen Wohnsitzes ihren Aufenthalt hat.

Nunmehr Bezirkspolizeibehörde s. A 54 Abs. 2 GO.

§ 16.

Untersagt der Mann auf Grund des § 1577 Abs. 3 des Bürgerlichen Gesetzbuchs der von ihm geschiedenen Frau die Führung seines Namens, so ist zur Entgegennahme der hierauf gerichteten Erklärung die Distriktspolizeibehörde zuständig, in deren Bezirke der Mann seinen Wohnsitz oder in Ermangelung eines im Deutschen Reiche gelegenen Wohnsitzes ihren Aufenthalt hat.

Vgl. Bek. vom 27. XII. 1899 betr. Namensänderungen (GVBl. S. 1241) § 3 Ziff. 1 (Anlage II).

Nunmehr Bezirkspolizeibehörde s. A 54 Abs. 2 GO.

§ 17.

Ist nach § 1575 des Bürgerlichen Gesetzbuchs die eheliche Gemeinschaft aufgehoben, so finden die Vorschriften der §§ 15, 16 auf die Wiederannahme des früheren Namens und die Untersagung der Fortführung des Namens entsprechende Anwendung.

Vgl. Bek. vom 27. XII. 1899 betr. Namensänderungen (GVBl. S. 1249) § 3 Ziff. 3 (Anlage II).

§ 18.

Erteilt der Ehemann der Mutter eines unehelichen Kindes dem Kinde mit Einwilligung der Mutter und des Kindes nach § 1706 Abs. II des Bürgerlichen Gesetzbuches seinen Namen, so ist zur Entgegennahme der hierauf gerichteten Erklärung die Bezirkspolizeibehörde zuständig, in deren Bezirk der Ehemann seinen Wohnsitz oder in Ermangelung eines in Deutschland gelegenen Wohnsitzes seinen Aufenthalt hat oder zuletzt hatte.

Hatte der Ehemann in Bayern niemals Wohnsitz oder Aufenthalt, besitzt jedoch das Kind die bayerische Staatsangehörigkeit, so ist die Bezirkspolizeibehörde zuständig, in deren Bezirke das Kind sich aufhält oder zuletzt aufgehalten hat; hat sich das Kind niemals in Bayern aufgehalten, so ist die Polizeidirektion München zuständig.

Die nach Abs. I oder Abs. II zuständige Bezirkspolizeibehörde kann eine Gemeindebehörde ihres Bezirks mit der Entgegennahme der Erklärung beauftragen; das gleiche gilt für jede Bezirkspolizeibehörde, die von der zuständigen Bezirkspolizeibehörde (Abs. I, II) um die Entgegennahme der Erklärung ersucht wird.

Ist nach den Vorschriften eines anderen deutschen Landes auch die Zuständigkeit einer Behörde dieses Landes gegeben, so kann der außerhalb Bayerns sich aufhaltende Ehemann an diese Behörde verwiesen werden.

Vgl. Bek. vom 27. XII. 1899 betr. Namensänderungen (GVBl. S. 1249) § 3 Ziff. 4 (s. Anlage II).

§ 19.

Zur Entgegennahme der in den §§ 15 bis 18 bezeichneten Erklärungen ist in München die Polizeidirektion zuständig.

Die Polizeidirektion ist außerdem zuständig in den Städten Augsburg, Hof, Nürnberg-Fürth, Regensburg, Würzburg vgl. A 4 A. 3.

Ehelichkeitserklärung.

§ 20.

Die Ehelichkeitserklärung behalten Wir Unserer Entschließung nach Vernehmung des Staatsministeriums der Justiz vor.

Der Antrag auf Ehelichkeitserklärung ist bei dem Amtsgericht einzureichen, in dessen Bezirke der Vater seinen Wohnsitz oder in Ermangelung eines im Deutschen Reiche gelegenen Wohnsitzes seinen Aufenthalt hat. Hat der Vater in Bayern seinen Wohnsitz oder Aufenthalt nicht, so ist der Antrag bei dem Amtsgericht München einzureichen.

Nunmehr ist der Landgerichtspräsident zuständig (§ 5 Bek. vom 14. IV. 1927, JMBl. S. 15, § 1723 BGB.).

Annahme an Kindes Statt.

§ 21.

Die Befreiung von dem für die Annahme an Kindes Statt erforderlichen Alter des Annehmenden behalten Wir Unserer Entschließung nach Vernehmung des Staatsministers der Justiz vor.

Das Gesuch um Bewilligung der Befreiung ist bei dem Amtsgericht anzubringen, das für die Bestätigung des Annahmevertrags zuständig ist. Ist hiezu ein bayerisches Gericht nicht zuständig, so ist das Gesuch bei dem Amtsgericht München anzubringen.

Vgl. §§ 1744, 1745 BGB.

Über das Gesuch entscheidet nunmehr das Amtsgericht (§ 3 Bek. vom 14. IV. 1927, JMBl. S. 15.).

Anlegung von Mündelgeld bei Sparkassen.

§ 22.

Die Erklärung, daß eine öffentliche Sparkasse zur Anlegung von Mündelgeld geeignet ist, steht dem Staatsministerium der Justiz zu.

Das Staatsministerium der Justiz kann die Zulassung zur Anlegung von Mündelgeld jederzeit widerrufen.

Vgl. A 92 A. 3.

Anstaltsvormund.

§ 23.

Die Anordnung, daß der Vorstand einer unter staatlicher Verwaltung oder Aufsicht stehenden Erziehungs- oder Verpflegungsanstalt die Rechte und Pflichten eines Vormundes für die zur Erziehung oder Verpflegung in die Anstalt aufgenommenen Minderjährigen hat, wird von dem Staatsministerium der Justiz und demjenigen Staatsministerium erlassen, unter dessen Aufsicht die Anstalt steht.

Gegenstandslos s. A 100 A.

Vollziehung einer Auflage von öffentlichem Interesse.

§ 24.

Zuständig die im öffentlichen Interesse liegende Vollziehung einer Auflage zu verlangen (§ 525 Abs. 2, § 2194 Satz 2 des Bürgerlichen Gesetzbuchs), ist die Behörde, zu deren Wirkungskreise die Wahrung des Interesses gehört, sofern nicht nach Artikel 107 des Ausführungsgesetzes zum Bürgerlichen Gesetzbuche die Behörde einer Körperschaft, Stiftung oder Anstalt des öffentlichen Rechtes hiefür zuständig ist.

Vgl. A 107 A. 2.

Ausführungsvorschriften zum Handelsgesetzbuche.

§ 25.

Für die Erlassung von Bestimmungen, durch welche die Grenze des Kleingewerbes nach Maßgabe der § 4 Abs. 3 des Handelsgesetzbuchs näher festgesetzt wird, sind die Staatsministerien der Justiz und des Innern gemeinschaftlich zuständig.

Nunmehr sind das Staatsministerium des Äußern und das Staatsministerium der Justiz gemeinschaftlich zuständig. Im übrigen vgl. §§ 37^{I}, 177^{III} Bek. vom 24. XII. 1899 betr. die Führung des Handelsregisters (JMBl. S. 815)

§ 26.

Die Vorschrift des § 25 gilt auch von der im § 30 Abs. 4 des Handelsgesetzbuchs vorgesehenen Bestimmung, daß benachbarte Orte oder Gemeinden als ein Ort oder als eine Gemeinde im Sinne der Vorschriften des § 30 des Handelsgesetzbuchs anzusehen sind.

§ 27.

Für die Erteilung der im § 363 Abs. 2 des Handelsgesetzbuchs bezeichneten Ermächtigung zur Ausstellung von Lagerscheinen ist das Staatsministerium des Innern im Benehmen mit dem Staatsministerium der Justiz zuständig.

§ 28.

Zur Erlassung der Eisenbahnverkehrsordnung (§§ 453ff. des Handelsgesetzbuchs) ist das Staatsministerium des Königlichen Hauses und des Äußern zuständig.

Gegenstandslos nach Übergang der bayerischen Staatseisenbahnen auf das Reich (Staatsvertrag vom 30. III. 1920, GVBl. S. 173). Nunmehr Zuständigkeit der Reichsbahngesellschaft (Ges. vom 30. VIII. 1924, RGBl. II S. 272).

Führung des Schiffsregisters.

§ 29.

Für die Übertragung der Führung des Schiffsregisters für die Bezirke mehrerer Gerichte an eines von diesen (§ 120 des Gesetzes vom 15. Juni 1895, betreffend die privatrechtlichen Verhältnisse der Binnenschiffahrt) ist das Staatsministerium der Justiz zuständig.

Vgl. Bek. vom 24. XII. 1899 (JMBl. S. 1009).

§ 30.

Für die Bestimmung, daß auch Schiffe von einer geringeren als der im § 119 des Gesetzes vom 15. Juni 1895, betreffend die privatrechtlichen Verhältnisse der Binnenschiffahrt, bestimmten Tragfähigkeit in das Schiffsregister eingetragen werden, ist das Staatsministerium der Justiz zuständig.

II.

Bekanntmachung vom 27. Dezember 1899, Namensänderungen betr.

(GVBl. 1899 S. 1241).

Änderungen nach Bek. vom 12. XI. 1916 (GVBl. S. 489), Bek. vom 1. VII. 1918 (JMBl. Beibl. S. 106) als Kriegsvorschrift nunmehr gegenstandslos, Bek. vom 9. XII. 1919 (GVBl. S. 820), Bek. vom 24. XI. 1921 (GVBl. S. 548). Bek. vom 18. VII. 1922 (GVBl. S. 362), Bek. vom 31. I. 1924 (GVBl. S. 60); vgl. Bek. vom 30. III. 1920 betr. Namensänderungen, hier Behandlung der Gesuche um Namensänderungen (StA. Nr. 79). — Einführung in den coburgischen Landesteilen, Bek. vom 14. IV. 1921 (GVBl. S. 270).

Zum Vollzuge des Art. 3 des Ausführungsgesetzes zum Bürgerlichen Gesetzbuche vom 9. Juni 1899 und der §§ 1—3 und 15—19 der Allerhöchsten Verordnung vom 24. Dezember 1899 zur Ausführung des Bürgerlichen Gesetzbuchs und seiner Nebengesetze (Zuständigkeitsverordnung) werden nachstehende Anordnungen getroffen:

I. Änderung des Familiennamens.

A. Fälle, in welchen zur Änderung des Familiennamens die Allerhöchste landesherrliche Genehmigung nicht erforderlich ist.

§ 1.

Nach Artikel 3 Abs. 1 des Ausführungsgesetzes zum Bürgerlichen Gesetzbuche kann der Familienname, soweit nicht ein Anderes vorgeschrieben ist, nur mit Bewilligung des Königs geändert werden.

Die anderen Vorschriften, auf welche hier Bezug genommen wird, finden sich im Bürgerlichen Gesetzbuch und beziehen sich

1. auf Fälle, in welchen die Änderung des Familiennamens kraft Gesetzes eintritt,

2. auf Fälle, in welchen der Eintritt dieser Änderung an die Abgabe einer Erklärung gegenüber der zuständigen Behörde geknüpft ist.

§ 2.

Kraft Gesetzes tritt die Änderung des Familiennamens ein:

1. durch Verehelichung (BGB. § 1355),
2. durch Legitimation (BGB. § 1719 mit § 1616),
3. durch Ehelichkeitserklärung (BGB. § 1736 mit § 1616),
4. durch Annahme an Kindesstatt (BGB. § 1758),
5. durch Aufhebung der Annahme an Kindesstatt (BGB. § 1772),

6. wenn die eheliche Gemeinschaft nach der Aufhebung (BGB. § 1575) wiederhergestellt wird und die Frau nach der Aufhebung das Recht, den Namen des Mannes zu führen, verloren hatte (BGB. §§ 1577, 1587).

§ 3.

Durch Erklärung gegenüber der zuständigen Behörde tritt eine Änderung des Familiennamens in folgenden Fällen ein:

1. Die geschiedene Frau kann ihren Familiennamen wieder annehmen. War sie vor der Eingehung der geschiedenen Ehe verheiratet, so kann sie auch den Namen wieder annehmen, den sie zur Zeit der Eingehung dieser Ehe hatte, es sei denn, daß sie allein für schuldig erklärt ist. Die Wiederannahme des Namens erfolgt durch Erklärung gegenüber der zuständigen Behörde; die Erklärung ist in öffentlich beglaubigter Form abzugeben (BGB. § 1577 Abs. 2).

Zur Entgegennahme der Erklärung ist die Distriktspolizeibehörde zuständig, in deren Bezirke die Frau ihren Wohnsitz oder in Ermangelung eines im Deutschen Reiche gelegenen Wohnsitzes ihren Aufenthalt hat (Zuständigkeitsverordnung § 15).

2. Ist die geschiedene Frau allein für schuldig erklärt, so kann der Mann ihr die Führung seines Namens untersagen. Die Untersagung erfolgt durch Erklärung gegenüber der zuständigen Behörde; die Erklärung ist in öffentlich beglaubigter Form abzugeben. Die Behörde soll der Frau die Erklärung mitteilen. Mit dem Verluste des Namens erhält die Frau ihren Familiennamen wieder (BGB. § 1577 Abs. 3).

Zur Entgegennahme der Erklärung ist die Distriktspolizeibehörde zuständig, in deren Bezirke der Mann seinen Wohnsitz oder in Ermangelung eines im Deutschen Reiche gelegenen Wohnsitzes seinen Aufenthalt hat (Zuständigkeitsverordnung § 16).

3. Die unter Ziffer 1 und 2 aufgeführten Vorschriften gelten in Ansehung des Namens der Frau, auch wenn die eheliche Gemeinschaft nach § 1575 des Bürgerlichen Gesetzbuchs aufgehoben ist (BGB. § 1586, Zuständigkeitsverordnung § 17).

4. Der Ehemann der Mutter eines unehelichen Kindes kann durch Erklärung gegenüber der zuständigen Behörde dem Kinde mit Einwilligung des Kindes und der Mutter seinen Namen erteilen; die Erklärung des Ehemanns sowie die Einwilligungserklärungen des Kindes und der Mutter sind in öffentlich beglaubigter Form abzugeben (BGB. § 1706 Abs. 2).

Zur Entgegennahme der Erklärung des Ehemanns ist die Bezirkspolizeibehörde zuständig, in deren Bezirke der Ehemann seinen Wohnsitz oder in Ermangelung eines im Deutschen Reiche gelegenen Wohnsitzes seinen Aufenthalt hat oder zuletzt hatte. Hatte der Ehemann in Bayern niemals Wohnsitz oder Aufenthalt, besitzt jedoch das Kind die bayerische Staatsangehörigkeit, so ist die Bezirkspolizeibehörde zuständig, in deren Bezirke das Kind sich aufhält oder zuletzt aufgehalten hat; hat sich das Kind niemals in Bayern aufgehalten, so ist die Polizeidirektion München zuständig. Ist nach den Vorschriften eines anderen Landes auch die Zuständigkeit einer Behörde dieses Landes gegeben, so kann der außerhalb Bayerns sich aufhaltende Ehemann an diese Behörde verwiesen werden. Die zuständige Bezirkspolizeibehörde kann eine Gemeindebehörde ihres Bezirkes mit der Entgegennahme der Erklärung beauftragen; das gleiche gilt für jede Bezirkspolizeibehörde, die von der zuständigen Bezirkspolizeibehörde (Abs. I, II) um die Entgegennahme der Erklärung ersucht wird (Zuständigkeitsverordnung § 18 in der Fassung der Verordnung vom 18. Juli 1922, GVBl. S. 362).

In München ist zur Entgegennahme der in den Ziffern 1 bis 4 bezeichneten Erklärungen die k. Polizeidirektion zuständig (Zuständigkeitsverordnung § 19).

Über die Zuständigkeit der Polizeidirektion in den Städten Augsburg, Hof, Nürnberg-Fürth, Regensburg, Würzburg vgl. A 4 A 3.

§ 4.

Die im § 3 bezeichneten Erklärungen sind zum Protokolle der Distriktspolizeibehörde abzugeben oder schriftlich bei ihr einzureichen. Im letzteren Falle muß die Unterschrift durch einen Notar beglaubigt sein. Wird die Unterschrift außerhalb Bayerns beglaubigt, so bestimmt sich die Form der Beglaubigung nach den für den Ort der Beglaubigung geltenden Vorschriften.

Ist die Person, deren Namen durch eine der vorbezeichneten Erklärungen geändert wird, minderjährig oder bevormundet, so hat die Distriktspolizeibehörde dem Vormundschaftsgerichte Mitteilung zu machen.

B. Fälle, in welchen zur Änderung des Familiennamens die Allerhöchste landesherrliche Genehmigung erforderlich ist.

§ 5.

Abgesehen von den vorstehend unter A aufgeführten Fällen ist gemäß Artikel 3 Abs. 1 des Ausführungsgesetzes zum Bürgerlichen Gesetzbuche zur Änderung des Familiennamens die Allerhöchste landesherrliche Bewilligung erforderlich.

Hinsichtlich der Namensänderungen ist Folgendes zu beachten:
Nunmehr Bewilligung durch das zuständige Staatsministerium des Innern (VO. vom 15. XI. 1918, GVBl. S. 1281, §§ 58^{III}, 61 Ziff. 2 VU.).

§ 6.

Die Bestimmung in Artikel 3 Abs. 1 des Ausführungsgesetzes zum Bürgerlichen Gesetzbuche bezieht sich nur auf solche Personen, welche die bayerische Staatsangehörigkeit besitzen.

Als Änderung des Familiennamens ist auch die Änderung der Schreibweise sowie die Beifügung eines weiteren Namens oder eines sonstigen Zusatzes anzusehen.

§ 7.

Gesuche um die Bewilligung zur Änderung des Familiennamens sind bei der Distriktspolizeibehörde, in deren Bezirke der Gesuchsteller seinen Wohnsitz oder in Ermangelung eines Wohnsitzes seinen Aufenthalt hat, schriftlich einzureichen oder zu Protokoll zu erklären. In München ist die k. Polizeidirektion zuständig. Diese ist auch zuständig, wenn der Gesuchsteller in Bayern weder seinen Wohnsitz noch seinen Aufenthalt hat.

Über die Zuständigkeit der Polizeidirektionen Augsburg, Hof, Nürnberg-Fürth, Regensburg, Würzburg vgl. A 4 A. 3.

§ 8.

Das Gesuch ist zu begründen.

Dem Gesuche sind beizulegen:

1. der Nachweis der bayerischen Staatsangehörigkeit,
2. ein beglaubigter Auszug aus dem Geburtsregister,
3. wenn um die Änderung des Familiennamens einer verheirateten Person nachgesucht wird, ein beglaubigter Auszug aus dem Heiratsregister.

§ 9.

Die Distriktspolizeibehörde hat über das Gesuch diejenigen Personen zu vernehmen, von welchen sie annimmt, daß sie an der Änderung ein Interesse haben.

Sie hat ferner behufs Würdigung der Gebührenfrage über die Vermögens-, Einkommens- und Erwerbsverhältnisse des Gesuchstellers die erforderlichen Erhebungen zu pflegen.

§ 10.

Soll der Namen eines Bevormundeten geändert werden, so hat die Distriktspolizeibehörde nach Beendigung der Vernehmungen die

Verhandlungen dem Vormundschaftsgerichte zur Äußerung zu übersenden.

§ 11.

Nach der Beendigung des Verfahrens hat die Distriktspolizeibehörde die Verhandlungen der k. Regierung, Kammer des Innern, unter gutachtlicher Äußerung über das Gesuch und über die Gebühr vorzulegen.

§ 12.

Die k. Regierung, Kammer des Innern, hat zunächst die Verhandlungen dem Oberstaatsanwalte bei dem Oberlandesgerichte zur Äußerung mitzuteilen.

Dieser hat sich nach Anhörung des Amtsgerichts und des Staatsanwalts bei dem Landgericht über das Gesuch zu äußern.

Die k. Regierung hat sodann die Verhandlungen dem k. Staatsministerium des Innern unter gutachtlicher Äußerung über das Gesuch und über die Gebühr vorzulegen.

§ 13.

Von der über das Gesuch getroffenen Entscheidung hat die Distriktspolizeibehörde den Gesuchsteller schriftlich zu verständigen.

Handelt es sich um die Änderung des Namens einer bevormundeten Person, so hat die Distriktspolizeibehörde von der getroffenen Entscheidungen dem Vormundschaftsgerichte Mitteilung zu machen.

II. Änderung des Vornamens.

§ 14.

Nach Artikel 3 Abs. 2 des Ausführungsgesetzes zum Bürgerlichen Gesetzbuch ist zu einer Änderung des Vornamens die Bewilligung der zuständigen Behörde erforderlich.

Diese Bestimmung bezieht sich nur auf solche Personen, welche die bayerische Staatsangehörigkeit besitzen.

§ 15.

Die zu einer Änderung des Vornamens erforderliche Bewilligung wird von der Distriktspolizeibehörde erteilt, in deren Bezirke der Antragsteller seinen Wohnsitz oder in Ermangelung eines Wohnsitzes seinen Aufenthalt hat. In München ist die kgl. Polizeidirektion zuständig. Diese ist auch zuständig, wenn der Antragsteller in Bayern weder seinen Wohnsitz noch seinen Aufenthalt hat. (Zuständigkeitsverordnung § 2 Abs. 1.)

Die Polizeidirektion ist ferner zuständig in Augsburg, Hof, Nürnberg-Fürth Regensburg, Würzburg vgl. A 4 A. 3.

§ 16.

Gesuche um die Bewilligung zur Änderung des Vornamens sind bei der nach § 15 zuständigen Distriktspolizeibehörde schriftlich einzureichen oder zu Protokoll zu erklären.

Das Gesuch ist zu begründen.

Dem Gesuche sind beizulegen:
1. der Nachweis der bayerischen Staatsangehörigkeit,
2. ein beglaubigter Auszug aus dem Geburtsregister.

§ 17.

Die Distriktspolizeibehörde hat über das Gesuch diejenigen Personen zu vernehmen, von welchen sie annimmt, daß sie an der Änderung ein Interesse haben.

Sie hat ferner behufs Würdigung der Gebührenfrage über die Vermögens-, Einkommens- und Erwerbsverhältnisse des Gesuchstellers die erforderlichen Erhebungen zu pflegen.

§ 18.

Soll der Vornamen eines Bevormundeten geändert werden, so hat die Distriktspolizeibehörde nach Beendigung der Vernehmungen die Verhandlungen dem Vormundschaftsgerichte zur Äußerung zu übersenden.

§ 19.

Vor der Entscheidung hat die Distriktspolizeibehörde dem Staatsanwalte bei dem Landgerichte die Verhandlungen zur Äußerung mitzuteilen. (Zuständigkeitsverordnung § 2 Abs. 2.)

Dieser hat sich nach Anhörung des Amtsgerichts über das Gesuch zu äußern.

§ 20.

Von der über das Gesuch getroffenen Entscheidung hat die Distriktspolizeibehörde den Gesuchsteller schriftlich zu verständigen.

Handelt es sich um die Änderung des Vornamens einer bevormundeten Person, so hat die Distriktspolizeibehörde von der getroffenen Entscheidung dem Vormundschaftsgerichte Mitteilung zu machen.

III. Gebühren.

§ 21.

Für die Erklärung, daß die geschiedene Frau den Familiennamen wieder annimmt oder daß der Ehemann der geschiedenen Frau die Führung des Namens untersagt (BGB. § 1577), wird gemäß Artikel 221 des Gebührengesetzes eine Gebühr von 3—50 Mark erhoben.

Das Gleiche gilt für die Erklärung des Mannes der Mutter eines unehelichen Kindes, daß er dem Kinde seinen Namen erteile. (BGB. § 1706).

§ 22.

Für die Genehmigung der Änderung eines Familiennamens, einschließlich des vorangegangenen Verfahrens, wird vorbehaltlich der Bestimmung des Artikel 242 des Gebührengesetzes (Bewilligung zur Änderung adeliger Namen) gemäß Artikel 220 Abs. 1 Ziff. 1 des Gebührengesetzes eine Gebühr von 20—200 Mk. erhoben.

Diese Gebühr wird nach Artikel 220 Abs. 2 des Gebührengesetzes im Falle der Abweisung des Gesuches nur zur Hälfte und, wenn dasselbe noch vor Erlass der Entscheidung zurückgenommen wird, zu zwei Zehnteilen erhoben.

§ 23.

Für die Gebührenbewertung der Verhandlungen über Gesuche um die Bewilligung zur Änderung des Vornamens kommen die Vorschriften der Artikel 198 und ff. und die allgemeinen Bestimmungen des Gebührengesetzes zur Anwendung.

§§ 21—23 gegenstandslos; nunmehr maßgebend A 160, 157^{II}a,^{III} des Kostengesetzes vom 16. II. 1921 (GVBl. S. 134).

IV. Vermerke in den Standesregistern.

§ 24.

Die Distriktspolizeibehörde hat über jede Namensänderung, die nicht kraft Gesetzes eintritt, dem Standesbeamten, in dessen Register die Geburt der Person, deren Namen geändert ist, und bei Verheirateten auch dem Standesbeamten, in dessen Register die Eheschließung beurkundet ist, Mitteilung zu machen.

Der Standesbeamte hat die Namensänderung am Rande der Geburtsurkunde und bei Verheirateten auch am Rande der Heiratsurkunde zu vermerken, die Mitteilung der Distriktspolizeibehörde dem Sammelakt einzuverleiben und das alphabetische Verzeichnis zu vervollständigen. Der Vermerk ist auch im Nebenregister einzutragen. Ist das Nebenregister schon an das Amtsgericht abgegeben, so hat der Standesbeamte über die Eintragung des Vermerkes dem Amtsgerichte zu berichten. In der Pfalz hat der Amtsrichter den Bericht dem Staatsanwalte bei dem Landgerichte vorzulegen.

V. Bekanntmachung der genehmigten Namensänderungen.

§ 25.

Die genehmigten Änderungen von Familiennamen werden im Amtsblatte des k. Staatsministeriums des Innern und im Kreisamtsblatte, die genehmigten Änderungen von Vornamen im Kreisamtsblatte bekannt gemacht.

VI. Übergangsbestimmung.

§ 26.

Auf die am 1. Januar 1900 anhängigen Gesuche finden die neuen Vorschriften Anwendung.

III.

1. Anordnung des Staatsministers für Demobilmachung vom 13. Dezember 1918, betr. Aufhebung des Gesinderechts.

(Bayerischer Staatsanzeiger vom 19. XII. 1918 Nr. 295.)

Über die weitere Geltung der ADK. vgl. Vorbem. I 1 zu A 15.

Um die Überleitung von Arbeitern und Arbeiterinnen aus der Rüstungsindustrie in häusliche und landwirtschaftliche Arbeit zu erleichtern, wird im Einvernehmen mit den Ministerien des Äußern, der Justiz, des Innern und für soziale Fürsorge angeordnet:

I. **Aufhebung des Gesinderechts.**

§ 1.

In Übereinstimmung mit der Außerkraftsetzung der Gesindeordnungen und der Ausnahmegesetze gegen die Landarbeiter durch Verkündung des Rates der Volksbeauftragten vom 12. November 1918 (RGBl. S. 1303) tritt die strafrechtliche Gesindeordnung des 10. Hauptstücks (Art. 106—110) des Polizeistrafgesetzbuches vom 26. Dezember 1871 außer Kraft.

§ 2.

Damit treten alle Vorschriften über die Pflicht zur Ausfertigung, Führung, Vorlage und Aufbewahrung von Dienstbüchern für Gefinde außer Wirksamkeit. Jeder Dienstbote kann die sofortige Aushändigung seines Dienstbuches von dem Verwahrer verlangen.

§ 3.

Die Neuordnung der bürgerlich-rechtlichen Vorschriften über den Gesindevertrag (Art. 15—31 des Ausführungsgesetzes zum Bürgerlichen Gesetzbuch vom 9. Juni 1899) bleibt der gesetzlichen Regelung vorbehalten.

Durch §§ 1, 3 ist das Gesinderecht nach A 15—31 AGBGB. selbständig erhalten gegenüber „der früheren Aufhebung der Gesindeordnungen“ durch den Aufruf der Volksbeauftragten vom 12. XII. 1918 (RGBl. S. 1303). (Vgl. Vorbem. I 1 zu A 15.)

II. Hausarbeiterrecht.

§ 4.

Die Vorschriften der §§ 5 bis 11 gelten für alle Arbeiter und Angestellten, die unter Aufnahme in die häusliche Gemeinschaft des Arbeitgebers mit häuslichen Diensten beschäftigt sind (Hausgehilfen) und nicht den Vorschriften des Titels VII der Gewerbeordnung unterstehen.

Sie gelten nicht für Arbeiter und Angestellte, die mit häuslichen und zugleich mit landwirtschaftlichen Diensten beschäftigt sind.

§ 4 enthält eine für die Anwendung der A 15—31 bindende Begriffsbestimmung des „Hausgehilfen“ im Gegensatz zum landwirtschaftlichen Dienstboten (Abs. 2), für den nur die VLO. maßgebend ist (s. Vorbem. III zu A 15).

§ 5.

Die Berufsvereine der Hausgehilfen und die Vereine ihrer Arbeitgeber sollen Normalarbeitsverträge vereinbaren und den örtlich zuständigen Demobilmachungskommissaren (Regierungspräsidenten) vorlegen.

Wird ein Normalvertrag genehmigt, so sind seine Bestimmungen in dem vom Demobilmachungskommissar festgesetzten Bezirke für alle Hausarbeitsverträge maßgebend, soweit nicht ausdrücklich abweichendes vereinbart wird.

Abweichungen von einem maßgebenden Normalarbeitsvertrage oder von der Ortsübung bedürfen zu ihrer Gültigkeit der schriftlichen Form.

Genehmigte Normalarbeitsverträge sind vom Demobilmachungskommissar unter Bezeichnung des Geltungsbereiches und des Zeitpunktes, an dem ihre Geltung beginnt, öffentlich bekannt zu machen.

Zwingendes Recht (§ 11). — Das Erfordernis der Schriftlichkeit bezieht sich nicht auf den ganzen Vertrag, sondern nur auf die Abweichung (Abs. 3).

§ 6.

Der Hausgehilfe hat Anspruch auf eine ununterbrochene nächtliche Ruhezeit von mindestens neun Stunden täglich.

Zwingendes Recht (§ 11). Verweigerung gegebenenfalls wichtiger Grund zur sofortigen Kündigung (A 23).

§ 7.

Der Hausgehilfe hat Anspruch auf eine ununterbrochene Ausgangszeit von mindestens vier Stunden an einem Werktage in jeder Woche, ferner von mindestens sechs Stunden an jedem zweiten Sonntage und gesetzlichen Feiertage. Es ist ihm regelmäßig Zeit zum Besuche des Gottesdienstes zu gewähren.

Vgl. § 6 A.

§ 8.

Innerhalb der täglichen Arbeitszeit ist dem Hausgehilfen neben Pausen von insgesamt anderthalb Stunden zum Einnehmen der Mahlzeiten eine weitere Ruhepause von einer Stunde zu gewähren.

Vgl. § 6 A.

§ 9.

Wird der Hausgehilfe neben der vollen regelmäßigen Arbeit zu besonderen Leistungen nach 9 Uhr abends herangezogen, so hat er Anspruch auf besondere Vergütung für die Überarbeit.

Vgl. § 6 A.

Nach der bisherigen Auslegung umfaßte der Lohn auch die Vergütung für außerordentliche Dienstleistungen (A 19 A. 1). § 9 enthält zwingendes Recht (§ 10). Die Höhe der besonderen Vergütung bestimmt sich in Ermangelung eines Normalarbeitsvertrages oder einer besonderen Vereinbarung nach dem vereinbarten Lohn und den sonst ortsüblichen Lohnsätzen.

§ 10.

Nach mindestens einjähriger Dienstzeit hat der Hausgehilfe Anspruch auf einen jährlichen Erholungsurlaub von mindestens 8 Tagen ohne Kürzung des Arbeitsentgeltes.

§ 11.

Vereinbarungen, durch die von den Bestimmungen der §§ 6 bis 10 zuungunsten des Hausgehilfen abgewichen wird, sind nichtig.

Die Nichtigkeit umfaßt an sich den ganzen Dienstvertrag (§ 139 BGB.), sofern nicht anzunehmen ist, daß der Vertrag auch ohne den nichtigen Teil abgeschlossen worden wäre.

III. Landarbeiterrecht.

§ 12.

Die Neuregelung der Rechtsverhältnisse land- und forstwirtschaftlicher Arbeiter und Angestellten bleibt vorbehalten.

§ 13.

Diese Anordnung tritt mit dem Tage der Bekanntmachung in Kraft. Sie findet auf die bestehenden Hausarbeitsverträge Anwendung mit Ausnahme des § 5.

München, den 13. Dezember 1918.

Segitz.

2. Staatsministerium für soziale Fürsorge.

Richtlinien zur Ausführung der Anordnung des Staatskommissars für Demobilmachung vom 13. Dezember 1918 betr. Aufhebung des Gesinderechts.

(Bayerischer Staatsanzeiger vom 4. I. 1919 Nr. 4.)

1. Die in Nr. 295 des „Bayer. Staatsanzeigers" vom 19. Dezember 1918 veröffentlichte Anordnung des Staatskommissars für Demobilmachung, betreffend Aufhebung des Gesinderechtes, enthält in seinem II. Abschnitte (§§ 5—11) nur die Mindestansprüche, die allen Hausgehilfen (Arbeitern und höheren Angestellten) in ganz Bayern kraft gesetzlichen Zwanges zustehen und auf keine Weise ihnen vorenthalten werden können. Sie stehen günstigeren Vereinbarungen und Ortsgebräuchen nicht im Wege. Eine Verschlechterung bestehender Verhältnisse darf nicht stattfinden.

2. Die Anordnung gilt nur für die Übergangszeit und tritt außer Kraft, sobald die geplante gesetzliche Neuregelung erfolgt. Sie ist nur ein erster Schritt zur Eingewöhnung sozialer Regelung auch des Hausarbeitsverhältnisses und nimmt Rücksicht auf die besonderen Schwierigkeiten des Haushaltes unter den Kriegswirkungen. Das bevorstehende Gesetz kann weiteren Fortschritt bringen.

3. Inzwischen sollen die empfohlenen Normalarbeitsverträge eine soziale Regelung über die gesetzlichen Vorschriften hinaus sichern. Die Normalarbeitsverträge sind nach Veröffentlichung durch den Demobilmachungskommissar (Regierungspräsidenten) für alle Hausarbeitsverträge maßgebend, soweit nicht ausdrücklich Abweichungen schriftlich vereinbart werden. In den Verträgen soll den örtlichen Verhältnissen Rechnung getragen und bei Festsetzung der Ansprüche der Gehilfen auch ihre Vorbildung und Leistung in Betracht gezogen werden.

4. Die tägliche regelmäßige Arbeitszeit soll nicht vor 6 Uhr morgens beginnen und nicht nach 8 Uhr abends enden. Die wirkliche Arbeitszeit soll regelmäßig 10 Stunden im Tage nicht überschreiten.

5. Falls durch besondere Umstände wie (Krankheit, Wochenbett, Kinderpflege) Abweichungen von der regelmäßigen Arbeits- oder Ruhezeit notwendig sind, ist ein angemessener Ausgleich zu schaffen, insbesondere verlorene Nachtruhe durch vermehrte Ruhe am Tage zu ersetzen.

6. Die Ausgangszeit von 4 Stunden an einem Werktage in jeder Woche und von 6 Stunden an jedem zweiten Sonn- und Feiertage ist die Mindestzeit, die im besonderen für jugendliche Hausgehilfen unter 18 Jahren gilt. Für erwachsene Hausgehilfen beginnt die Ausgangszeit an Werktagen um 3 Uhr nachmittags und kann bis 12 Uhr nachts ausgedehnt werden; an Sonntagen soll der Ausgang nachmittags 2 Uhr beginnen und bis 12 Uhr nachts dauern. Erwachsenen Gehilfen darf die freie Verfügung über den Abend nicht versagt werden. Insbesondere ist ihnen freie Zeit zum Besuch von Abendkursen und Schulen, Vorträgen, Versammlungen, Theatern und anderen Bildungsveranstaltungen in angemessenen Grenzen zu gewähren.

7. Der Hausgehilfe hat Anspruch auf eine dem Haushalte und den geforderten Leistungen angemessene Wohnung und Beköstigung. Die ihm zustehenden Rationen an öffentlich bewirtschafteten Nahrungsmitteln dürfen nicht vorenthalten werden.

8. Der Artikel 21 des Ausführungsgesetzes zum BGB. sollte keine Anwendung finden. Gemäß § 394 BGB. darf eine Aufrechnung oder Zurückbehaltung des Lohnes wegen Anspruches auf Schadensersatz nicht stattfinden.

9. Die wichtigen Gründe, aus denen ein Dienstverhältnis ohne Einhaltung einer Kündigungsfrist aufgelöst werden kann, bedürfen einer Auslegung, die dem sozialen Geiste und dem Bedürfnisse der neuen Zeit gerecht wird.

10. Das schriftliche Zeugnis ist schon bei der Kündigung auszustellen. Es hat gemäß § 630 BGB. Angaben über Dauer und Art des Dienstverhältnisses zu enthalten. Nur auf Verlangen des Hausgehilfen ist es auf die Leistungen und auf Führung zu erstrecken.

11. Durch Vertrag ist zu vereinbaren, daß für alle Streitigkeiten aus dem Dienstverhältnis ein Schiedsgericht zuständig ist, in dem unter dem Vorsitz eines Unparteiischen die beiden Parteien durch gewählte Vertrauensleute vertreten sind.

12. Bei der Beendigung eines Dienstverhältnisses ist dem Hausgehilfen die polizeiliche Bestätigung über die Wohnungsabmeldung zum Zwecke der Legitimierung auszuhändigen.

München, den 31. Dezember 1918.

Unterleitner.

IV.

1. Verordnung betr. eine vorläufige Landarbeitsordnung.

Vom 24. I. 1919 (RGBl. S. 111).

Als Gesetz aufrechterhalten im Übergangsgesetz vom 4. III. 1919 (RGBl. S. 285).

Die Verbände landwirtschaftlicher Arbeitgeber und Arbeitnehmer haben mittels Vereinbarung, die durch die Bekanntmachung des Staatssekretärs des Reichsernährungsamts vom 22. November 1918 (Deutscher Reichsanzeiger Nr. 278 vom 25. November 1918) in Kraft gesetzt worden ist, den Reichs-Bauern- und Landarbeiterrat in Berlin geschaffen. Die in ihm zusammengeschlossenen Verbände haben unter dem 20. Dezember 1918 und 23. Januar 1919 die nachstehende vorläufige Landarbeitsordnung vereinbart:

Vorläufige Landarbeitsordnung.

§ 1.

Für die Betriebe der Land- und Forstwirtschaft einschließlich ihrer Nebenbetriebe gelten die Vorschriften des Bürgerlichen Gesetzbuchs über den Dienstvertrag, ergänzt durch die nachfolgenden Bestimmungen.

Die VLO. gilt insbesondere für landwirtschaftliche Dienstboten, welche häusliche und zugleich landwirtschaftliche Arbeiten verrichten (A 15 Vorbem. III), jedoch ist notwendig, daß die Beschäftigung in der Landwirtschaft ausdrücklich oder stillschweigend Gegenstand des Vertrages ist. Die VLO. ist nicht anzuwenden, wenn der Dienstbote nur vorübergehend aushilfsweise zu landwirtschaftlichen Arbeiten verwendet wird.

Beim Hofgängervertrag ist der Hauptarbeiter Vertragsteil und der Hofgänger Erfüllungsgehilfe. Die Auflösung des Vertrags zwischen dem Arbeitgeber und dem Hauptarbeiter hat die Beendigung des Hofgangverhältnisses zur Folge. (Neumann, Jahrb. des Deutschen Rechts, 1929, 3. Hauptteil, § 16 Ziff. 4 S. 723).

§ 2.

In Betrieben der Land- und Forstwirtschaft einschließlich ihrer Nebenbetriebe, für welche ein Tarifvertrag nicht besteht, sind Dienstverträge mit mehr als halbjähriger Dauer schriftlich abzuschließen, sofern darin Bezüge nicht barer Art zugesichert sind. Den Dienstverpflichteten ist auf Verlangen eine Vertragsabschrift auszuhändigen.

Die Art des land- und forstwirtschaftlichen Betriebes bedingt ohne weiteres langfristige Dienstverträge. Es ist insbesondere zulässig, durch Vertrag die Dienstzeit auf 1 Jahr festzusetzen (vgl. § 9 A 22 A. 1). Schriftlich abzufassen sind nicht tarifmäßige Verträge, welche auf mehr als 6 Monate bestimmt sind und Bezüge nicht barer Art, wie Wohnung, Naturalien, betreffen. Die Schriftlichkeit hat sich auf den ganzen Vertrag zu erstrecken. Der Vertrag soll ferner die schriftliche Festsetzung des Geldwertes der Wohnung, Landnutzung und anderer Leistungen, welche keinen Marktwert haben, enthalten (§ 8). Der Mangel der Schriftform hat die Nichtigkeit des Vertrages zur Folge (§ 125 BGB.). Jeder Teil kann die Arbeit ohne Kündigung aufsagen, die geleistete Arbeit wird nach § 812 BGB. entlohnt (Kaskel, Arbeitsrecht § 27 I A S. 109 A. 1).

§ 3.

Die tägliche Höchstarbeitszeit beträgt in vier Monaten durchschnittlich acht, in vier Monaten durchschnittlich zehn und in weiteren vier Monaten elf Stunden. Darüber hinaus geleistete Überstunden sind besonders zu vergüten.

Verlängerung der Höchstarbeitszeit ist zulässig. Über die Höhe der für Überstunden zu leistenden besonderen Vergütung vgl. § 11; für Sonn- und Festtage § 12 S. 2.

§ 4.

In die Arbeitszeit sind die Wege vom Hofe zur Arbeit und von der Arbeit zum Hofe einzurechnen, nicht dagegen die Arbeitspausen sowie die Fütterungszeiten bei den Arbeitsgespannen.

§ 5.

Während des Sommerhalbjahres sind täglich mindestens zwei Stunden Ruhepause zu gewähren.

§ 6.

Der Barlohn ist in der Regel wöchentlich zu zahlen.

§ 7.

Die als Teil des Lohnes vereinbarten Naturalien sind in Waren von mittlerer Beschaffenheit der Ernte zu liefern und in der Regel nach metrischen Maßen und Gewichten zu bemessen.

Die Lieferung hat in der Regel vierteljährlich zu erfolgen, sofern Art und Gebrauch der Naturalbezüge nicht eine auf längere oder kürzere Zeit bemessene Lieferung erfordert.

Nicht lieferbare Naturalien sind in bar nach dem amtlichen Erzeugerhöchstpreis oder, wenn ein solcher nicht besteht, nach dem Marktpreis des nächsten Marktorts zu vergüten.

Handelt es sich um Erzeugnisse, welche auf dem landwirtschaftlichen Gute gewonnen werden, so ist die mittlere Beschaffenheit der letzten Ernte auf dem Gute maßgebend.

§ 8.

Wohnung, Landnutzung und andere Leistungen, die keinen Marktwert haben, sollen, wenn sie als Teil der Entlohnung vom Arbeitgeber zugesichert sind, mit ihrem Geldwert schriftlich festgesetzt werden. Ist dies unterblieben, so entscheidet in Streitfällen der Schlichtungsausschuß.

Die Zuständigkeit des Schlichtungsausschusses ist beseitigt durch § 110 Ziff. 7 des Arbeitsgerichtsges. vom 23. XII. 1926 (RGBl. I S. 507). Nunmehr ist das Arbeitsgericht zuständig (§ 2I Ziff. 2 ArbGG.).

§ 9.

In Jahresverträgen darf die Entlohnung auf die verschiedenen Jahreszeiten nicht unangemessen verteilt sein, so daß die Entlohnung in der Winterzeit in auffälligem Mißverhältnis zu der auf sie entfallenden Arbeitsleistung und zur Entlohnung für das ganze Jahr steht.

§ 10.

Lohneinbehaltungen zur Sicherung des Schadensersatzes bei widerrechtlicher Lösung des Vertrages dürfen ein Viertel des fälligen Barlohnes der einzelnen Lohnzahlung und im Gesamtbetrage die

Höhe des fünfzehnfachen Ortslohnes im Sinne der Reichsversicherungsordnung nicht übersteigen.

Die Lohneinbehaltung — Zurückbehaltung — nach § 273 BGB. gewährt das RG. nur bis zur Pfändungsgrenze, jedoch für die Einrede der Arglist unbeschränkt, wenn mit einer Forderung aus vorsätzlich begangener unerlaubter Handlung aufgerechnet werden soll (RG. 85[109], JW. RAG. 1929 S. 2177). Für Landarbeiter ist die Lohneinbehaltung hinsichtlich anderer Forderungen als zur Sicherung des Schadensersatzes bei widerrechtlicher Lösung des Vertrages nicht zulässig. Die Aufrechnung ist der Höhe nach soweit beschränkt, als der Lohn sich unter dem Betrag von 195 RM. für den Monat, 45 RM. für die Woche, 7.50 RM. für den Tag hält (§ 394 BGB., § 1 BO. über Lohnpfändung vom 25. VI. 1919, RGBl. S. 589, mit Abänderungen zuletzt nach BO. vom 27. II. 1928, RGBl. I S. 45).

§ 11.

Als Vergütung für eine Überstunde soll mindestens ein Zehntel des Ortslohnes im Sinne der Reichsversicherungsordnung mit 50 vom Hundert Aufschlag zugrunde gelegt werden.

Besondere Vergütung für Überstunden s. §§ 3, 12.
Über Ortslohn vgl. §§ 149—152 RVO.

§ 12.

Fütterung und Pflege der Tiere sowie sonstige naturnotwendige Arbeiten an Sonn- und Festtagen sind solchen Arbeitern, welche diese Arbeiten nicht allgemein vertraglich übernommen haben, als Überstunden zu vergüten. Andere dringliche Arbeiten an Sonn- und Festtagen sollen mit mindestens dem doppelten Ortslohn im Sinne der Reichsversicherungsordnung vergütet werden.

§ 13.

In Betrieben, in denen ein Arbeiterausschuß besteht, ist nach dessen Anhörung eine Arbeitsordnung zu erlassen und an sichtbarer Stelle auszuhängen. Sie muß Bestimmungen enthalten über die Arbeitszeit sowie über etwaige Strafen und über die Verwendung der Strafgelder, die nur zum Besten der Arbeiter des Betriebs zulässig sind.

§ 14.

Arbeiterinnen, die ein Hauswesen zu versorgen haben, sind so früh von der Arbeit zu entlassen, daß sie eine Stunde vor der Hauptmahlzeit in ihrer Häuslichkeit eintreffen. An den Tagen vor Weihnachten, Ostern und Pfingsten sind sie von der Arbeit entbunden.

Arbeiterinnen, die ein größeres Hauswesen zu versorgen, insbesondere auch Gehilfen, die nicht zur eigenen Familie gehören, zu beköstigen haben, sind, abgesehen von Notfällen, nur insoweit zur Arbeit zu verpflichten, als dies ohne erhebliche Beeinträchtigung ihrer häuslichen Pflichten zulässig ist.

§ 15.

Wohnungen sollen in sittlicher und gesundheitlicher Beziehung einwandfrei und für Verheiratete unter Berücksichtigung der Kinderzahl und Geschlechter ausreichend sein. Wohnungen der Ledigen sollen heizbar, verschließbar und mindestens mit Bett, Tisch, Stuhl, verschließbarem Schranke und Waschgelegenheit ausgestattet sein.

S. 2 geht über § 618^{II} BGB. hinaus (s. unten Maßgaben II). Ob die für Verheiratete bestimmten Wohnräume mit einer Einrichtung zu versehen sind, hängt von dem Vertrage, den obwaltenden Verhältnissen und der Ortsüblichkeit ab.

§ 16.

Wichtiger Grund zur sofortigen Lösung des Vertrages ist jeder Umstand, mit Rücksicht auf den die Fortsetzung des Dienstvertrages einer Vertragspartei nicht mehr zugemutet werden kann.

Solche Gründe sind insbesondere Tätlichkeiten, grobe Beleidigungen, unsittliche Zumutungen im Arbeitsverhältnisse, beharrliche Verweigerung oder grobe Vernachlässigung der Dienstleistungen, wiederholt unpünktliche Lohnzahlung, anhaltend schlechte Kost und gesundheitsschädliche Wohnung. Politische und gewerkschaftliche Betätigung ist kein Entlassungsgrund.

Unter die wichtigen Gründe nach § 626 BGB. sind auch Tatsachen zu rechnen, welche die vollständige Aufgabe oder Behinderung des landwirtschaftlichen Betriebes während der Vertragsdauer ohne Verschulden des Arbeitgebers bedingen: plötzlicher Todesfall (RGK. § 626 A. 1), Vernichtung der Ernte durch Hagelschlag, ferner Weigerung in der Erntezeit Sonntagsarbeit zu verrichten (Neumann, Jahrb. d. Deutschen Rechts, 1928, 3. Hauptt. IIIb Ziff. 4 § 16^{a} S. 653) grobe Beleidigung des Arbeitgebers (Neumann, a. a. O. 1929, S. 722). — Dagegen nicht Vertragsbruch in der früheren Stellung, soferne nicht über den Entlassungsgrund unwahre Angaben gemacht werden. (Neumann a. a. O. 1928 S. 653), einmaliger Verstoß gegen ein Rauchverbot ohne vorherige Verwarnung (Neumann a. a. O. 1929 S. 722).

Beim Hofgängervertrag (s. § 1 A.) kann die grundlose Arbeitsverweigerung eines Hofgängers einen Grund zur (§ 626 ^{III}) sofortigen Kündigung des Vertrags bilden (Neumann a. a. O. 1929 S. 723).

Eine Frist zur Geltendmachung ist nicht bestimmt. Jedoch kann ein stillschweigender Verzicht angenommen werden, wenn der Berechtigte, nachdem er von den Tatsachen Kenntnis erlangt hat, eine angemessene Zeit verstreichen läßt, ohne zu kündigen (RG. 38^{116}, RGK. § 626 A. 3, Staudinger § 626^{VIII}).

§ 17.

Dienstverpflichteten mit eigenem Hausstand steht bei vorzeitiger unverschuldeter Auflösung des Dienstvertrages für sich oder ihre Familie die Benutzung der vom Arbeitgeber gewährten Wohnung bis zu drei Wochen nach Vertragsende ohne Vergütung zu, sofern der Vertrag nicht ohnehin vorher abläuft.

Hat der Dienstverpflichtete die vorzeitige Beendigung des Vertrags verschuldet, so steht ihm die Benützung der Wohnung nur bis zu zwei Wochen gegen Vergütung zu, sofern der Vertrag nicht vorher abläuft, oder sofern ihm nicht eine andere angemessene Unterkunft zur Verfügung gestellt wird.

§ 17 gilt nicht für Arbeiter ohne eigenen Hausstand; sie haben mit der Auflösung des Dienstverhältnisses die Wohnung sofort zu verlassen.

Im übrigen sind für Werkwohnungen noch die Vorschriften des §§ 21, 22 des Gesetzes über Mieterschutz i. d. Fassung der Bek. vom 17. II. 1928 (RGBl. I S. 525) maßgebend.

§ 18.

Bei vorzeitiger Beendigung des Dienstverhältnisses sollen dem Dienstverpflichteten von dem ihm vom Arbeitgeber gewährten Lande die Früchte in einem seinen bisherigen Leistungen entsprechenden Anteil unter Zugrundelegung des Durchschnittsertrags der Fläche zustehen. Bei Streitfällen entscheidet der Schlichtungsausschuss.

An Stelle des Schlichtungsausschusses (S. 2) ist nunmehr das Arbeitsgericht zuständig (§§ 110 Ziff. 7, 2[I] Ziff. 2 ArbGG.).

§ 19.

Renten irgendwelcher Art, insbesondere Kriegsbeschädigten- und Hinterbliebenenrenten dürfen auf den Lohn nicht angerechnet werden.

Bei Streitfällen darüber, ob der den Kriegsbeschädigten oder anderen Minderleistungsfähigen gezahlte Lohn ein angemessener ist oder ob die solchen Arbeitern zugemutete Arbeit der Leistungsfähigkeit entspricht, entscheidet der Schlichtungsausschuß.

Abs. 2. Nunmehr Arbeitsgericht (s. § 18 A.).

§ 20.

Für den Dienstverpflichteten günstigere gesetzliche oder vertragliche Arbeitsbedingungen bleiben bestehen.

Die Bestimmungen der A 15—28 AGBGB. können auf landwirtschaftliche Dienstboten in folgenden Fällen erstreckt werden:

Draufgeld (A 18 A. 3), Lohnzahlung (A 20 A. 3), Dienstjahr (A 22), Kündigungsgründe (A 24, 25 A. 4), befristete Kündigung des Dienstboten (A 27 A. 4); nicht dagegen: Halten von Dienstboten (A 16 A. 3), mehrfache Verdingung (A 17 A. 3), Pflichten des Dienstboten (A 19 A. 2), Aufrechnung (A 21 A. 3), Schadensersatz (A 26 A. 3), befristete Kündigung des Arbeitgebers (A 28 A. 4).

Die vorstehende vorläufige Landarbeitsordnung erhält hierdurch bis zum Erlaß einer endgültigen Landarbeitsordnung vom Tage der Verkündung dieser Verordnung ab mit folgenden Maßgaben Gesetzeskraft:

I. Wird gemäß §§ 8, 18, 19 der vorläufigen Landarbeitsordnung der Schlichtungsausschuß angerufen, so hat er zu versuchen, eine Einigung zwischen den Parteien herbeizuführen. Kommt eine solche nicht zustande, so erfolgt die in den genannten Bestimmungen vorgesehene Entscheidung durch einen Schiedsspruch. Auf die örtliche Zuständigkeit findet § 22 Abs. 1, auf das Verfahren finden die §§ 23 bis 25, §§ 27, 28 Abs. 1 und § 30 der Verordnung über Tarifverträge, Arbeiter- und Angestelltenausschüsse und Schlichtung von Arbeitsstreitigkeiten vom 23. Dezember 1918 (RGBl. S. 1456) entsprechende Anwendung. Durch das Verfahren vor dem Schlichtungsausschusse wird der ordentliche Rechtsweg nicht ausgeschlossen. Das Gericht hat, wenn ein Verfahren vor dem Schlichtungsausschusse schwebt, auf Antrag einer Partei anzuordnen, daß die Verhandlung bis zur Erledigung des Verfahrens vor dem Schlichtungsausschuß auszusetzen ist.

An Stelle des Schlichtungsausschusses entscheidet nunmehr das Arbeitsgericht (§ 110 Ziff. 7, 2[I] Ziff. 2 ArbGG.).

II. Durch § 15 der vorläufigen Landarbeitsordnung wird die Geltung des § 618 Abs. 2 und 3 des Bürgerlichen Gesetzbuchs nicht berührt.

Berlin, den 24. Januar 1919.

Die Reichsregierung.

Ebert. Scheidemann.

Der Staatssekretär des Reichsarbeitsamts.

Bauer.

2. Ministerium für Soziale Fürsorge.

Verordnung über eine vorläufige Landarbeitsordnung.

Bayerischer Staatsanzeiger vom 19. August 1919 Nr. 202.

Die nachstehende Reichsverordnung vom 24. Januar 1919 (RGBl. S. 111) wird bekanntgegeben und zum Vollzuge für Bayern im Einvernehmen mit den Staatsministerien für Landwirtschaft und der Finanzen Folgendes bestimmt:

I. Zu § 1: Die Artikel 15 bis 31 des Ausführungsgesetzes zum Bürgerlichen Gesetzbuche vom 9. Juni 1899 bleiben in Kraft.

II. Zu § 2: Die Schriftform ist nicht Voraussetzung der Gültigkeit des Dienstvertrages. Der Abschluß von Tarifverträgen und die Einführung von Normaldienstverträgen ist von den beteiligten Körperschaften tunlichst zu fördern.

III. Zu § 3: Bei Meinungsverschiedenheiten über die Arbeitszeit und die Vergütung von Überstunden ist der zuständige Schlichtungsausschuß anzurufen, der eine Regelung nach den örtlichen Verhältnissen und Bedürfnissen im Benehmen mit den Parteien anzustreben hat.

Die Höchstarbeitszeit ist nach dem Durchschnitte der Monate zu berechnen. Ein Ausgleich der Arbeitszeit ist sowohl innerhalb der einzelnen Monate wie innerhalb längerer Zeiträume zulässig. Der Anspruch des Dienstverpflichteten bei Überschreitung des Höchstarbeitstages wegen dringender Arbeit geht in erster Linie auf Ausgleich durch Gewährung eines kürzeren Arbeitstages in ruhiger Zeit.

Sonderverträge über vorübergehende Arbeitsleistungen, im besonderen Akkordverträge, werden durch den § 3 nicht berührt. Ist in solchen Verträgen eine bestimmte Arbeitszeit vorgesehen, so haben sie auch Abmachungen über die Entlohnung von Überstunden und anderen Mehrleistungen vorzusehen.

IV. Zu § 4: In die Arbeitszeit ist die für den Weg vom Hofe zur Arbeitsstelle benötigte Zeit auch dann anzurechnen, wenn die Arbeiter sich nicht auf dem Hofe, sondern an einer anderen Stelle versammeln oder wenn sie zerstreut wohnen.

V. Zu § 6: Die Regel der wöchentlichen Lohnzahlung findet keine Anwendung auf dauernde Dienstverhältnisse, für die Art. 20 des Ausführungsgesetzes zum BGB. maßgebend bleibt. Die Regel des § 6 steht anderen tarifvertraglichen Abmachungen nicht entgegen.

VI. Zu §§ 11 und 12: Die Vergütung für Überstunden und außergewöhnliche Sonntagsarbeit ist nach dem tatsächlichen Arbeitsentgelte (einschließlich aller Normalleistungen) zu bemessen.

VII. Zu § 13: Ein Arbeiterausschuß ist in allen Betrieben zu errichten, in denen in der Regel mindestens 20 Arbeiter beschäftigt werden, auch wenn nur zu gewissen Zeiten des Jahres regelmäßig diese Arbeiterzahl erreicht wird (§ 8 der Verordnung über Tarifverträge, Arbeiter- und Angestelltenausschüsse und Schlichtung von Arbeitsstreitigkeiten vom 23. Dezember 1918, RGBl. S. 1456, „Bayer. Staatsanzeiger" Nr. 9, Vollzugsvorschriften vom 20. Januar 1919 im „Bayer. Staatsanzeiger" Nr. 21).

VIII. Zu § 17: Wird das Dienstverhältnis ohne Verschulden des Dienstverpflichteten vor dem Ablaufe des Vertrages aufgelöst, so steht dem Dienstverpflichteten mit eigenem Hausstande die Benutzung der vom Arbeitgeber gewährten Wohnung ohne Vergütung bis zum 21. Tage nach der Beendigung des Dienstverhältnisses, aber nicht über das Ende des Vertrages hinaus, zu.

IX. Zu § 18: Der Dienstverpflichtete hat den Anspruch auf einen entsprechenden Anteil der Früchte.

X. Zu Ziffer I des Schlußabschnittes: Die gemäß § 15 der Verordnung vom 23. Dezember 1918 (RGBl. S. 1456) bestehenden Schlichtungsausschüsse können bei allen Streitigkeiten über die Löhne und Arbeitsverhältnisse in der Land- und Forstwirtschaft angerufen werden. Die Einrichtung besonderer Abteilungen (Spruchkammern) erfolgt durch das Ministerium für Soziale Fürsorge im Benehmen mit dem Ministerium für Land- und Forstwirtschaft, gemäß Ziffer V der Vollzugsvorschriften vom 20. Januar 1919 („Bayer. Staatsanzeiger" Nr. 21).

XI. Zur Durchführung der vorläufigen Landarbeitsordnung ist eine Arbeitsgemeinschaft aus sämtlichen Organisationen der land- und forstwirtschaftlichen Arbeitgeber und Arbeitnehmer in Vorbereitung.

München, den 16. August 1919.

J. V.: Gasteiger, Staatsrat.

Sachverzeichnis.

Die Zahlen bezeichnen die Seiten.

H.

J.

K.

Kolibri 360 GmbH
Ferdinand-Jühlke-Straße 7
99095 Erfurt, Deutschland
produktsicherheit@kolibri360.de